한국어로 내려온
New Bible

새로운
성 경

제160권

10부 | 총10부

하얀마음

하나님 말씀 중에서

1. 사랑의 하나님

- 세상을 창조하신 하나님은 모두를 사랑하신다. 인간만 특별히 더 사랑하지 않고, 우주 만물을 다 똑같이 사랑하신다. 그러니 하나님이 창조하신 천지 만물과 화친하고, 미물까지도 소중히 대하라.

- 하나님은 특정 종파나 민족만을 더 사랑하지 않으신다. 자기 자신만 구원받겠다는 욕심을 버리고, 자기 종파만 구원받는다는 편협한 교리에서 벗어나야 한다. 종파를 초월해서, 모두를 사랑하라.

- 원수까지 사랑하라 했으니, 이 세상에 사랑하지 못할 자가 누가 있겠는가? 종파가 다르다고 해서 부모 형제와 원수처럼 지내는 자는 인간의 근본을 모르는 자다. 가장 가까운 가족부터 사랑할 때 남도 진심으로 사랑할 수 있다.

- 한 사람을 원수같이 생각하던 마음에서 사랑하는 마음으로 돌리면, 자기 자신의 마음이 가장 기쁘고 행복하다. 하나님께서는 인간의 마음속에 무거움이 없이 기쁘고 행복한 삶을 살기를 바라신다.

- 이웃을 "내 몸처럼" 사랑하라 했으니, 마지막 한 장 남은 천국의 티켓도 이웃에게 양보하라. 자기 중심적인 신앙에서 벗어나서 남을 위해 살아야 한다.

- 독초도, 약초도, 이단도 사탄도 천사도 다 필요하기에 존재한다. 독초일지라도 극소량을 사용해서 생명을 살릴 수 있고, 약초라 하더라도 남용하면 생명을 잃을 수 있다.

- 세상 모든 것을 명약으로 활용하는 것은 인간의 지혜에 달렸다. 어떤 것이든 어떤 사람이든 적재적소에 꼭 필요한 명약으로 승화시키라.

- 사탄도 이단도 천사도 모두 하나님의 주관하에 존재한다. 진정한 하나님의 백성은 사탄과 마귀까지도 감화시켜서 천사로 거듭나게 한다.

2. 기도

- 하나님은 인간의 생각까지 모두를 다 알고 계신다. 우리의 소원도 이미 알고 계시기에, 소원의 기도를 할 필요가 없다. 우리가 받을 자격이 되면 내려 주신다.

- 죄를 짓고 아무리 회개를 해도 용서받지 못한다. 도둑질한 자는 용서해 달라고 기도하고, 도둑맞은 자는 도둑을 잡게 해 달라고 기도하면, 공의의 하나님은 누구의 편에 서시겠는가?

- 자기가 잘못한 것은 그 사람에게 직접 갚고 용서를 구하라. 그가 용서하면 하나님도 용서하신다. 땅에서 매면 하늘에서도 매이고, 땅에서 풀리면 하늘에서도 풀리는 이치다.

- "회당에서 기도하지 말고 골방에서 기도하라" 했다. 눈에 보이는 골방이 아니라, 골방과 같이 고요한 마음이다. 잡념을 버리고 하나님을 향해 마음을 집중하며, 사랑하고 용서하는 아름다운 생각만 나오도록 하라.

- "두드리면 열릴 것이다." 하는 것은 육의 소원을 위해 두드리라는 것이 아니라, 진리의 깨달음을 얻기 위해 두드리라는 것이다.

- 기도하는 방법: 생활 속에서 수시로 기도하는 삶을 살아야 한다.

- "저의 죄를 용서하여 주옵소서." 하는 회개의 기도를 하라.
- 범사에 "하나님! 감사합니다." 하라. 현재 가진 것에 감사하며, 과욕하지 말라. 자기 노력 이상의 것을 더 갖고자 기도하는 것은 도둑놈심보다. 공의의 하나님은 각자 노력한 만큼 주신다.
- "하나님 뜻대로 살아가겠나이다." 하며 마음의 각오를 다지라.

- 기도는 하나님의 말씀을 받아서 "행하는 것"이다. 하나님이 계심을 굳건히 믿고, 하늘을 향하여 한 점 부끄럼 없이 사는 삶 자체가 가장 위대한 기도이며, 삶이 곧 예배다.

3. 지도자

- 똑같이 사랑한다는 말을 해도, 순수하게 하는 말은 천사의 말이지만, 사기 쳐서 재산을 가로채려고 하는 말은 사탄의 말이다.

- 종교 지도자가 아무리 훌륭한 설교를 해도, 신도의 재물을 거둬서 더 큰 교회를 짓고 자기의 부귀영화를 바라며 설교하면 사탄의 가르침이 된다.

▪ "저희 교회는 만원사례요, 믿음은 다 같으니 이웃의 개척 교회에 가서 예배를 드리시오." 하며, 이웃 교회의 부흥을 먼저 생각하여 제 신도를 보내는 종교 지도자가 있다면 그를 따르라. 그가 하나님의 사랑을 실천하는 자다.

▪ "부자가 천국에 들어가는 것은 낙타가 바늘구멍을 통과하는 것보다 더 힘들다" 하였거늘, 지금의 교회에서는 부자가 되기만을 기도하고 소원하니, 이는 곧 천국을 포기하고 지옥 행 열차의 티켓을 사는 것과 같다.

▪ 예수는 빈손이었다. 종교 지도자가 예수보다 더 호화롭고 편안하게 살아간다면 잘못된 것이다. 부귀영화와 명예를 바라는 자는 절대로 갈 수 없는 좁고 협착한 길이 종교 지도자의 길이다.

▪ 종교 지도자는 유리로 비춰 봐 한 점의 부끄러움이 없이 살아야 한다. 의식주도 직접 일해서 해결하고, 예수의 가르침과 행함을 그대로 따라야 한다.

▪ 종말은 없다. 지금의 잘못 가는 종교 집단에게만 종말이 있다. 보이지 않는 하나님은 보이는 육의 종말은 관여하지 않으신다. 환경 파괴로 인간이 스스로 멸망을 자초하는 것이다. 종파끼리 싸우기 전에, 무너진 인성을 바로잡고 지구의 몸살을 해결하는 데 뜻을 모으는 게 급선무다.

4. 성전이란

▪ 이 세상 자체가 하나님께서 만드신 성전이다. 자연보다 더 아름다운 성전이 있는가? 보이는 건물이 성전이 아니라, 성스러운 마음가짐이 성전이다.

▪ 반석 위에 교회를 지으라 했나. 세상의 단단한 돌은 인간이 쪼갤 수 있으나, 마음속의 굳은 결의는 세상 무엇으로도 쪼갤 수 없다. 바르고 굳건한 믿음으로 성경의 가르침을 실천하는 것이 마음의 반석 위에 교회를 짓는 것이다.

▪ 손으로 지은 건물의 교회에 모여서 복음을 전하는 것이 아니라, 교회를 개인과 가정에 심어 주어야 한다. 무너지고 부서지는 건물을 짓지 말고, 마음속에 영원히 불변하는 참진리의 교회를 지으라.

5. 십계명

- 십계명은 인간이 죽어서 반드시 통과해야만 하는 열 개의 관문이다.

- 부모를 공경하지 아니한 자는 "네 부모를 공경하라." 하는 제5계명의 관문이 열리지 않으니 구원받을 수 없다.
- 살인, 간음, 거짓, 우상 등의 나머지 계명도 마찬가지다.

- 십계명은 하나님의 친필이다. 모기소리만 한 하나님의 음성이라도 들어 보겠다고 여기저기 찾아 헤매지 말고, 십계명부터 암송하고 지키라.

- 십계명은 영혼을 구원하는 양식이며, 십계명을 지키는 것이 구원을 받는 길이다. 인간이기에 지키고자 노력하고 또 노력한다면 지킬 수 있다.

- 십계명을 지키고 천사처럼 아름답게 살아가는 그 마음 하나면 세상에 이루어지지 않는 것이 없다.

6. 보물

- 하나님은 재물이 아니라 우리의 마음을 받으신다. 사랑을 실천하며 천사처럼 변하는 마음이 하나님께 바치는 보물이다.

- 보이지 않는 하나님께 재물을 바치려 하지 말고, 너희를 길러 준 부모에게 용돈 드리고, 찾아뵙고, 효성을 다하라. 그것이 하나님께 효도하는 것이다.

- 하늘에는 선과 악의 창고가 있다. 자기 창고에 선이 많으면 천국으로 구원을 받고, 악이 많으면 심판받아 지옥으로 간다. 그것이 바로 "선한 일을 행한 자는 생명의 부활로, 악한 일을 행한 자는 심판의 부활로" 나오는 것이다.

- "선악과를 따먹지 말라"는 것은 양심을 지키라는 것이다. 선과 악을 구분할 수 있는 양심을 최초에 인간에게 주셨다. 선한 열매는 취하고, 악한 열매는 버리며, 양심에 비추어 부끄럼 없는 삶을 살아가라.

- 가장 작은 거짓말을 하지 않고, 가장 작은 죄를 짓지 않으며, 가장 작은 선행을 하고, 가장 작은 악행을 멀리하는 것이 율법의 일점 일획도 빠뜨리지 말고 다 지키는 삶을 사는 것이다.

7. 우상

- 박물관에 있는 불상은 하나의 예술품이다. 그 조각품에 대고 제 소원을 빌 때 우상숭배가 된다. 십자가라 하여도 그 앞에서 소원을 빈다면 우상숭배하는 것이며, 하나님께 소원을 빈다면 하나님을 우상으로 전락시키는 것이다.

- 지금 기복신앙에 젖어 있는 모든 사람이 우상 앞에 절을 하고 있다. 조각품을 우상이라며 파괴하지 말고, 네 마음속에 있는 욕심의 우상을 무너트리라.

- 생수를 약초가 먹으면 약을 만들고 독사가 먹으면 독을 만든다. 같은 성경을 봐도 선한 지도자는 신도를 천사로 만드는 데 활용한다. 그러나 욕심이 가득한 지도자는 재물을 거두어들여 제가 부귀영화를 누리는 데 악용한다. 그가 바로 성경을 우상숭배의 도구로 전락시키는 거짓 선지자다.

- 성경을 한 획도 빼거나 더하지 말라는 것은, 그 가르침을 빠트리지 말고 온전히 지키라는 것이다. 성경 속에서 자기에게 유리한 구절만 보는 것은, 자기에게 불리한 구절들을 빼 버리는 것이다. 믿음이 제일이요, 행함은 구원과는 관계없다는 것은 자신에게 유리한 쪽으로 성경을 악용하는 것이다.

- 진정한 종교 지도자는 종파에 관계없이 어떤 종파든 어떤 책이든 접하고 보고 깨우쳐 견문을 넓히도록 인도한다. 참진리를 모르고 자신이 없는 자가 남을 이단이라며 배척하고, 신도들의 눈과 귀를 가린다.

8. 예수

- 예수의 재림은 없다. 예수가 다시 온다 해도, 과연 누가 그를 예수라고 믿겠는가? 예수와 같은 삶의 행함이 곧 예수의 재림이다. 각자 모두가 "재림 예수"가 되는, 차원 높은 믿음으로 가야 한다.

- 예수는 "주여 주여 하지 말고, 아버지의 뜻대로 행하라"고 했다. 예수가 전한 하나님의 뜻이 곧 "길이요, 진리요, 생명"이며, 그 가르침이 예수의 보혈처럼 소중한 것이다. 예수를 믿는 것은, 예수의 가르침을 믿고 따르는 것이다.

- 예수는 낮은 자로서 만백성을 섬기고자 했다. 만나는 모든 사람을 다 하나님이라 생각하라. 돈을 벌수록 겸손하고, 높은 지위를 얻을수록 낮아지라.

▪ 예수는 종파를 만들지 않았다. 인간이 만든 종교와 인간의 교리를 따르지 말고, 예수를 통해 전한 하나님의 참진리를 연구하고 따르라.

▪ 예수가 2천 년 전에 만백성을 위해 죽었으니, 지금 이 땅에는 예수의 가르침대로 사는 천사만 존재해야 한다. 예수가 죽어 가면서 바란 것은 만백성이 천사가 되어 예수의 자리를 채워 주는 것이지, 지금과 같이 재물을 바치면서 중언부언 제 소원만을 비는 백성들을 바란 것이 아니다.

9. 구원

▪ 천사가 사는 천국에는 천사만 갈 수 있으니, 천사 같은 마음을 길러야 한다.

- "천국 열쇠를 네게 주리니 땅에서 무엇이든지 매면 하늘에서도 매일 것이라" 했다. 땅에서 천사같이 사는 자가 하늘에서도 천사가 되어 천국에 들어간다. 모든 사람에게 천사같다는 말을 듣는 삶을 살아야 한다.

▪ 천사의 곱고 아름다운 마음은 부모를 공경하고 어른을 어른으로 대접하는 데에서 출발한다. 효도하는 자는 형제와 화목하게 지내기에 가정이 화목해지고, 이웃과 화목해지고, 국가가 화목해지고, 온 인류가 화목해진다.

- 그러므로 지상의 아름다운 소왕국은 가정에서부터 이루어야 한다.

▪ 선택된 14만 명만 구원받는 것이 아니라, 천사처럼 변하고자 하는 14만 명을 기초로 온 인류가 천사처럼 거듭나는 영적인 개혁이 시작되는 것이다.

▪ 천 년에 걸쳐서 하늘에서 이루어진 것같이 이 세상을 낙원으로 만들어, 만백성이 지상의 천국에서 살다가 죽어서 그대로 하늘의 천국으로 들어가는, 영원한 지상 낙원을 건설하는 것이 하나님의 계획이다.

- 이것이 구약과 신약에 이어 "새로운 성경"으로 역사하시는 하나님의 창조의 완성이다.

▪ 지금의 믿음으로 구원받을 수 있다면 그 길을 가라. 그러나 자신이 없다면 하나님께서 직접 내리신 160권의 "새로운 성경"을 읽고 구원의 길을 보라!

하나님 머리말씀

이 새로운 성경을 읽는 너희 모두는
이 율법에 따라 행하면 영원히 구원받을 것이니라.

너희 인간이 수년, 수십 년, 평생
성서를 공부하고 기도하는 것은
하늘나라 나의 곁으로 오고 싶은 소망일진대,

몇천 년 전의 너희 인성과 생각이
지금의 너희와는 판이하게 다르니,

꺾여 가고 병들어 가는 너희를 고칠 수 있는 길은,
오늘 내가 선지자에게 내리는 새로운 성경과 같이
너희가 변화되는 것뿐이니라.

나의 예수가 태어난 것처럼
내가 아들 선지자를 선택하여
나의 새로운 성경을 온 세계에 전하고자 하니,

묵은 것은 버리고 새로운 것은 취하여,
너희 모두는
'여호와 하나님! 저의 죄를 용서하여 주옵소서.'
하는 기도문으로 기도하고, 죄를 뉘우치라.

이 새로운 성경은
수천 년간 내려온 성서를 요약한 것이니,
너희는 이 책을 정독하여 쉽게 깨달음을 얻고,
이대로 실천하여 하늘에 오르라.

대역자 머리말

■ 하나님의 율법을 지키는 선지자로 선택을 받도다.

저는 남들처럼 그저 열심히 살아온 평범한 사람이었습니다. 그러나 50대 중반에 사업에 실패하여 많은 부채에 시달렸으며, 건강도 악화되어 눈이 잘 안 보이고, 걷기도 어렵고, 두통이 심해서 잠을 이룰 수 없는 고통의 나날을 보냈습니다. 그때 제가 선택할 수 있는 것은 육의 삶을 끝내는 길뿐이었습니다.

죽기 직전에 그동안에 죄를 지은 이들에게 용서를 빌고 인생을 끝내기로 작정하였습니다. 어려서부터 지은 죄를 빌고 빌다 보니 끝이 없었고, 죽음으로도 그 많은 죄를 용서받을 길이 없다는 생각에 하염없이 눈물이 흘렀습니다. 그 순간 '재래식 화장실의 구더기는 죄를 짓지 않는데, 나는 인간으로서 구더기만도 못한 삶을 살았구나.' 하는 생각이 들면서 괴로움에 몸부림칠 때, 갑자기 하나님의 음성이 들렸습니다.

"나는 여호와 하나님이니라. 너는 십계명을 암송하고 내가 내려 주는 메시지를 받아 책으로 만들어 만백성을 구하라." 하시며, 제 눈을 손으로 문지르게 하시고, 아픈 머리와 다리를 손으로 두드리게 하셨습니다. 그러고 나니 눈도 잘 보이고 걸을 수 있었으며 머리의 통증도 말끔히 낫게 되었습니다. 그때부터 십계명을 암송하고 나면 들려주시는 말씀을 기록하였고, 1999년 8월부터 2004년 7월까지 권당 288쪽, 총 160권을 받아서 "새로운 성경"이라는 책으로 펴내게 되었습니다.

그러한 저에게 죽기보다도 힘든 길이 시작되었습니다. 모든 교인들이 저에게 사탄이요, 이단이요, 악마요, 마지막 시대에 온 거짓 선지자라 하면서 공격하였고, 저를 짐승을 보듯이 대하는가 하면, 편협한 종교 지도자들의 선동으로 신도들이 이 책을 직접 읽어 보고 평가할 기회마저 막아 버렸습니다. 그래서 하나님의 말씀을 세상에 내는 데 많은 어려움을 겪으며, 피를 토하는 심정으로 책을 전하고 있습니다.

그러나 아무리 인간의 힘으로 막으려 해도, 하나님의 뜻이 세상에 전해지는 위대한 역사는 계속될 것입니다. 책으로 전해지는 "하나님의 말씀"은 세상 끝날까지 항상 우리와 함께하실 것입니다. 사람은 죽어도, 책에 기록된 말씀은 영원히 남으니까요.

■ 따뜻한 실천

하나님께서는 어려운 사람들에게 삶의 터전을 마련해 주고, 미래를 열어 주는 것을 기뻐하십니다. 어려운 이웃이 스스로 자립할 수 있도록 이끌어 주는 것이 진정으로 이웃을 돕는 것이라고 말씀하셨습니다. 그래서 일자리가 없는 제자들에게 작은 사업장을 만들어 주는 "달란트 사업"을 하고 있습니다. 식당, 반찬 가게 등을 차려 주고, 기존의 어려운 사업장이 자립할 수 있도록 돕고 있습니다(커피숍, 미용실, 의상실 등).

하나님께서는 교회에 나와서 모든 시간과 재물을 쏟기를 원하지 않으시고, 그 시간과 재물을 교육에 투자하여 스스로 미래를 열어 가기를 원하십니다. 그래서 제때 공부하지 못한 제자들에게 학업을 이어 가도록 하였습니다. 중화요리 주방장을 하며 초등학교 검정고시부터 공부하여 2012년에 방통대를 졸업한 36세 남성, 만학도들의 2년제 중학교에 입학해서 2007년에 명지대학을 졸업한 38세 여성, 중학교 검정고시를 시작으로 숭의여자대학을 졸업한 47세 여성 등이 있습니다. 그밖에도 많은 제자들에게 나이를 초월하여 배우고 깨우쳐서 사회 속의 당당한 일원이 되도록 인도하고 있습니다.

학자금 대출로 힘겨워하는 젊은이들을 위해 "따뜻한 바람 장학회"를 발족하여(2016년 12월) 대출받은 학자금 전액을 매월 갚아 주고 있습니다. 또한, 다문화 가정을 위해 "다문화 가족 랜드"를 조성하여, 각종 시설을 무료로 활용하도록 하고 있습니다.

이러한 따뜻한 실천이 아직은 미약합니다. 그러나 책의 수입이 늘고, 저와 뜻을 같이하는 분들이 늘어나면 계속 확대할 것입니다. 지도자로서 신도의 재물을 헌금으로 거둬들여 착복하는 것이 아니라, 하나님께서 기뻐하시는 일에 사용하도록 중매 역할만 하며 살아가고자 합니다. 이런 제가 과연 사탄이고 이단인가요? 하나님께서 기뻐하시는 일이라면, 저에게 사탄이라 하든 거짓 선지자라 하든 굽히지 않고 실천해 나갈 것입니다.

끝으로, 일상의 삶 속에서 "지금 내가 하는 행동이 과연 하나님께서 기뻐하실까, 슬퍼하실까?" 생각하고, 매사에 하나님께서 기뻐하시는 길을 택하기 바랍니다. 교회에 모여서 집단적으로 예배 드리는 것이 아니라, 개인이나 가정 단위로 새루유 성경을 읽어 스스로 깨우치고 그대로 행하면 충분합니다. 그것이 마음속에 성전을 짓고, 신령과 진정으로 예배 드리는 길입니다. 그러면 천국의 문에 들어서게 됩니다.

2017.2.1.

하나님 말씀 대역자 김용철

차 례

십 계 명

이 책은 십계명을 암송하고 나면 내려 주시는 "하나님의 음성"을 듣고 그대로 받아쓴 기록입니다. 하나님께서 십계명을 모세에게 내려 주셨지만, 그것은 만백성에게 내려 주신 것입니다. 마찬가지로 이 책의 모든 말씀도 저에게 내려 주셨지만, 만백성 각자에게 들려주시는 말씀입니다. 여러분도 이 책을 접할 때마다 십계명을 암송하고 나서 정독해 주시기 바랍니다.

제일은, 너는 나 외에는 다른 신들을 네게 있게 말지니라.
제이는, 너를 위하여 새긴 우상을 만들지 말고, 또 위로 하늘에 있는 것이나, 아래로 땅에 있는 것이나, 땅 아래 물 속에 있는 것의 아무 형상이든지 만들지 말며, 그것들에게 절하지 말며, 그것들을 섬기지 말라.
제삼은, 너는 너의 하나님 여호와의 이름을 망령되이 일컫지 말라.
제사는, 안식일을 기억하여 거룩히 지키라.
제오는, 네 부모를 공경하라.
제육은, 살인하지 말지니라.
제칠은, 간음하지 말지니라.
제팔은, 도적질하지 말지니라.
제구는, 네 이웃에 대하여 거짓 증거하지 말지니라.
제십은, 네 이웃의 집을 탐내지 말지니라.

나 여호와가 존재함을 믿는 그 자체가 구원의 길에 들어서는 기본이요, 근본이며, 나의 새로운 성경을 가슴에 안고 정독하는 자, 반석 위에 서서 하늘에 오르는 찬란한 빛을 보게 되는 영광을 얻게 됨이니라. 진정 나를 따르고 믿는 자는 감히 사탄이나 마귀도 근접하지 못하느니라.

〈하나님 말씀〉

2004년 7월

12,245 번째 하나님 말씀

2004년 7월 17일 06시 28분

1 사랑하는 나의 아들아!
2 "네, 아버님! 말씀하옵소서."
3 나 여호와가 160권의 새로운 성경을
너희들에게 내려보내며 그 많은 내용
들을 너희들에게 진하느니라.
4 그리하여 너희들은 이를 보고 변화되
는 삶을 살지 아니하면 아니 되며, 이
를 철저히 지키지 아니하면 아니 됨을
알아야 될 것이니라.
5 사랑하는 나의 아들딸들아! 하늘의
법도가 어떠한 것인가를 알며, 선함이
요, 악함의 길을 선택하여 살아가는
것은 너희들의 자유의지에 있음이니
라.
6 다만, 내가 하늘의 법도를 너희들에게
전함이니, 내가 친필로 쓴 십계명이라
는 것은 너희들이 열 개의 계명을 지
켜야 되는 것이니라.
7 열 개의 계명 중에 너희들이 못 지키
고 지키는 것을 어찌 구분하는가?
8 너희들은 아홉 개를 철저히 지키고 하
나를 못 지킨다 하면, 너희들은 하나
를 못 지키는 백성이 아홉 개는 철저
히 지키는 백성이라 그리 생각할 것이
니라.
9 그러나 너희들은 그와 같은 생각에서
벗어나야 될 것이니라.
10 내가 직접 써 내린 십계명이요, 나의
뜻을 열 계명 중에 아홉 개를 잘 지키
며 하나를 못 지킨다면, 너희들은 그
와 같은 것으로써 나에게 상을 받음이
아니요,
11 하나를 못 지킴으로 너희들은 모두가
다 못 지키는 것이요, 모두를 다 상실
하게 된다는 것, 이게 무서운 하늘의
법도라는 것을 너희들은 알라.
12 또한, 너희들이 하나를 철저히 지키고
하나를 깨우치면, 나머지를 다 지킬
수 있으며 그 아홉 개도 지킬 수 있다
는 것, 이것이 깨달음이요, 하늘에서
너희들에게 내가 주는 상이니라.
13 그러니 너희들이 하나라도 철저히 지
키는 그와 같은 마음으로 가 모두를
지킬 수 있는 마음의 삶을 살아야 될
것이니라.
14 내가 너희들에게 말하니, 내가 열 개
중에 아홉 개를 지키고 하나를 못 지
키면 열 개를 다 못 지키는 것과 같은
것이라는 그 의미를 깊이 깨우쳐 행하
도록 그리하라.
15 내가 내린 160권의 새로운 성경 그 모
두에서 너희들은 일부는 지키며 일부
는 지키지 아니하고 살아가도 상이 있
을 것이라 생각하지 말라.
16 모두를 철저히 지키는 나의 백성민이
나에게 오를 수 있으며 내가 내린 모
든 은혜의 상을 받을 수 있다는 것을
잊지 말라.
17 이것이 하늘의 법도이니라.
18 그리하여 내가 완벽한 백성이요, 완벽
한 길을 갈 수 있도록 최선의 노력을

다하라 함이니,
19 인간인 너희들이 노력해서 아니 되는
것이 없으며, 너희들이 하고자 해서
아니 되는 것이 없으며, 역사하고자
하는 것으로써 역사하지 못함이 없다
는 것을 알라.
20 너희들은 모두를 다 이룰 수 있음이니
라.
21 그리고 내가 너희들에게 어떠한 환경
이요, 어떠한 위치에서도 적응할 수
있으며, 거기를 헤어날 수 있는 기술
과 그 능력을 모두 너희들에게 내려
주었다 하지 않았느냐?
22 그러니 그와 같은 모두를 내려 준 내
가 너희들이 변하고자 역사하고자 하
는 것을 역사할 수 없게 만들었겠느냐?
23 모두는 너희들이 이룰 수 있음이니라.
24 그러니 열 개 중에 아홉 개는 지키며
하나를 못 지키는 것으로도 나에게 올
수 있고 구원받을 수 있다 생각하지
말며, 너희들은 열 개를 다 지켜야만
열 개를 지키는 것이라는 그 의미를
깊이 깨우쳐 그리 마음먹고 가도록 하
라 전하라.

12,246 번째 하나님 말씀

2004년 7월 17일 06시 33분

1 사랑하는 나의 아들아!
2 "네, 아버님! 말씀하옵소서."
3 나의 뜻과 하늘의 뜻을 너희들은 무엇
으로써 구분하며 그를 어찌 생각하느
냐?
4 나의 피조물 만백성 너희들은 나의 메
시지요, 성령을 지키는 백성이 되어서
는 아니 됨이니라.
5 너희들이 지키는 것으로써 모두가 끝
나며 직분을 다했다 생각하면, 과연
지도자요, 선생으로서 가는 것이 무엇
이 힘들다 하겠느냐?
6 너희들은 지키는 것으로써 직분을 다
한 백성들이 아니니라.
7 나의 아들을 따르는 제자들이요, 그리
고 만백성, 너희들은 나의 뜻을 지키
는 것으로써 하늘에 오를 수 있으며
영광을 얻을 수 있다는 생각을 하지
말라.
8 너희는 지키는 것보다 더 귀하고 소중
한 것이 있음이니라.
9 이는 무엇인 줄 알겠느냐?
10 너희들은 나의 뜻을 이루기 위하여 선
택된 백성이요, 지도자요, 선생이니,
나의 뜻을 이루도록 해야 되는 것이니
라.
11 지키는 것으로만 만족하며 지키는 것
으로만 나에게 오를 수 있다 그리 생
각해서는 아니 되느니라.
12 선생과 지도자라는 것이 무엇이더냐?
13 또한, 만백성 너희도 그러하니라.
14 너희들이 지키는 것으로써 모두를 다
했다 하지 말며, 너희들은 내가 이루
고자 하는 그 뜻을 이루는 백성이 되
어야 한다는 걸 잊지 말라.
15 더욱이 새로운 성경을 읽고 깨우치며
나의 아들을 따르는 제자 너희들은 지
키는 것으로써 모든 직분을 다했다 하
지 말며,
16 너희들은 내가 명한 그 뜻을 지상에서
이루는 것을 모두 실천에 옮겨 그 결
과를 얻는 것, 그것이 너희들에게 가

장 중요한 것이라는 것을 알라.
17 나의 아들과 그 제자들, 너희들은 이
루고자 하는 자지, 지키고자 하는 자
가 아니니라.
18 그리하여 너희들이 그 모두를 이루어
열매를 맺이니, 나 여호와가 추수할
수 있는 모든 결실을 맺는 것이 나의
아들을 따르는 제자 너희들이 가야 할
길이니라.
19 그리하여 선생과 지도자라는 것이 어
려운 길이요, 힘든 길이라 함이니라.
20 너희들은 스스로 지키는 것도 하지 못
하며 지키지 못해 몸부림치고 있지 않
더냐?
21 그러니 너희들이 지키기 어려워 지키
지 못하는 것을 지키는 것이 전부가
아니니, 어찌하여 너희들이 지금 지키
는 것에 머물러 있으려 하느냐?
22 사랑하는 나의 아들딸이요, 그리고 나
의 새로운 성경을 읽고 있는 깨우친
너희들은 이미 지키는 것은 모두 지킬
수 있으며, 한 점의 부끄럼이 없는 삶
을 살아가는 그와 같은 너희들이 되
어 있어야 할 것이니라.
23 아직도 그것에서 벗어나지 못함이니,
너희들이 어찌하여 열매를 얻으며 그
모두를 행하는 삶으로 살아갈 수 있단
말이더냐?
24 나의 뜻을 이루는 것이 너희들이니,
스스로 지키는 것도 하지 못하면 어
찌 나의 일을 이룬단 말이더냐?
25 그러니 너희들이 그와 같은 마음 자세
에서 한 계단 더 가야 할 것이 나에게
선택된 백성 너희들이 해야 할 일이니,
26 지키는 것은 이미 다 끝난 백성으로서
나의 뜻에 따라 행하도록 그리하며,
그를 이루는 데 모두를 다 바치는 백
성이 되어야 할 것이니라.
27 내가 지상의 낙원을 이루고자 했으니,
그것을 이루는 것이요, 내가 너희들에
게 세상을 살아가며 사랑으로 베풀며
희생과 봉사로써 자신을 저버리고 남
을 위해 천사와 같은 삶을 살 수 있는
것, 그와 같이 모두를 지키고 역사하
는 것이 너희들이 이루는 것이니,
28 너희들이 모두를 다 지킨다 하는 것,
그와 같은 것으로써 나에게 오를 수
있다 그리 생각하지 말며, 너희들의
직분을 다했다 하지 말라.
29 이것이 나로부터 선택된 영광을 받은
나의 아들을 따르는 제자 너희들이 가
는 길이니라.
30 너희 자신이 지키며 내 뜻을 이루어
가야 됨이니, 그러니 모든 것을 최선
을 다하라.
31 나의 뜻을 지키는 것이 아니라, 나의
뜻을 이루도록 그리하라, 사랑하는 나
의 아들딸들아!

12,247 번째 하나님 말씀

2004년 7월 17일 06시 39분

1 사랑하는 나의 아들아!
2 "네, 아버님! 말씀하옵소서."
3 내가 너희들에게 깨우쳐 선하기를 뭐
라 했느냐?
4 나의 아들을 따르는 백성 너희들은 모
두를 지키는 것으로써 직분을 다했으
며 나에게 사랑을 받을 수 있는 자가
되었나 하시 말라 하였느니라.

5 너희들은 모두를 이루는 것, 그 결실
을 거두는 것이 나의 뜻이요, 내가 역
사하는 길을 가는 선택된 백성들이 가
야 할 길이라 하였음이니라.
6 그러니 지금 세상의 믿음이요, 살아가
는 그 백성들이 어떠한 것에 머물러
있느냐?
7 자신을 지키지 못하는 것에서 헤매고
있다 하지 않았느냐?
8 그러니 너희들이 육적인 깨달음과 하
늘의 이치를 알지 못하며, 정녕 어렵
고 힘든 그 길에서 지금 허덕이고 있
음이니라.
9 너희들은 한 계단 뛰어넘지 아니하면
모두를 알 수 없음이니라.
10 그러니 너희들이 사랑의 실천함도 그
러하니라.
11 너희들이 영적인 사랑이요, 고고한 사
랑을 행하는 것이 아니라, 육적인 사
랑이요, 육적인 한계에서 벗어나지 못
하고 있음이니,
12 나 여호와가 나의 아들을 따르는 제자
들이요, 선택된 너희들에게 바라나니,
너희들은 영적인 하늘나라의 사랑을
실천하고 행하는 자가 되어야 할 것이
니라.
13 지키는 것으로써 만족하지 말며, 결실
을 거두는 것으로써, 결과를 얻는 것
으로써 가야 된다는 그 의미와 같은
이치가 여기에 있음을 알라.
14 지금까지 모든 종교 집단과 그 지도자
너희들은 육적인 사랑에 얽매어 있을
뿐이요, 영적인 사랑의 의미요, 행함
을 전혀 모르고 있으며,
15 그 길이 있다는 것도, 그와 같이 가야
된다는 것도 모르는 것이 오늘의 종교
집단의 지도자요, 믿음에서 구원을 받
았다 광분하는 백성들이니라.
16 내가 성서에 기록하여 너희들에게 뭐
라 했느냐?
17 '모두를 다 바쳐 역사해도, 사랑이 없
는 것은 아무것도 이루어짐이 없는 것
이요, 사랑이 없이 행하는 것은 내 뜻
이 아니라' 한 그 의미를 아느냐?
18 나 여호와가 너희들에게 말하기를 모
두를 다 바쳐 역사하며 모두를 다 바
쳐 어떠한 일을 역사한다 해도, 사랑
이 없이는 아무것도 이루어진 것이 없
으며 그 의미가 없다 하지 아니하였더
냐?
19 이것이 육적인 사랑의 한계를 내가 말
하는 것이 아니요, 영적인 사랑에 너
희들이 도달하도록 하고자 하는 것이
나의 뜻이니 그리 알라.
20 그러니 나의 아들을 따르는 제자 너희
들은 모두를 실천하는 것이 아니요,
그 결과를 얻으며 그 뜻을 실천하고
이루는 것, 그것이 너희들이 가야 할
길이라 했듯이,
21 너희들은 육의 사랑에서 얽매이는 것
이 아니요, 영적인 사랑의 그 위대함
을 알아야 될 것이며 거기에 도달하는
깨달음을 얻도록 하라.
22 육의 사랑의 한계를 넘어야만 너희들
이 모두를 볼 수 있으니, 육의 사랑의
한계를 넘는 것은 정녕 너희들이 이유
가 없으며, 바라는 것이 없으며, 기대
하는 것이 없으며, 거래하는 것이 없
으며, 욕심의 마음이 없으며, 시기하
고 질투하는 마음이 없으며, 너희 자

신을 모두 다 비운 그와 같은 백성이
어야만 나에게 오를 수 있다 함을 알
라, 사랑하는 나의 아들딸들아!
23 이제 너희들은 전진하며 앞으로 갈 수
있음이니라.
24 그리하여 내가 너희들에게 하늘의 뜻
을 하나하나 직접 명하지 않더냐?
25 십계명 중에 너희들이 아홉 개를 잘
지키고 하나를 못 지키면 열 개를 다
못 지키는 것과 같은 것이 너희들이
가는 하늘의 법도라 하였으니,
26 열 개를 다 지켜야 한다는 하늘의 뜻
을 내가 하나하나 심어 주니, 이를 지
나가는 이야기로 듣지 말며 너희들이
이와 같이 행하도록 그리하라.
27 그것이 너희들이 나에게 와 한 점의
부끄럼이 없는 백성이 되는 길이라는
그 무서운 하늘의 뜻을 하나하나 접해
서,
28 그것이 두렵고 무섭다 생각하지 말며,
그를 하나하나 너희들 것으로 소화시
키고 그와 같이 행하고 가면 되느니라.
29 아홉 개를 지킨 나의 백성이 하나를
못 지켜서 열 개를 모두 잃을 수 있겠
느냐?
30 아홉 개를 지킨 백성 너희들은 하나
도 마저 다 지킬 수 있음이니, 최선의
노력을 다하라.
31 목숨을 비쳐 충성을 다하여 너희들이
이루라 하지 아니하였너냐?
32 정성을 다하여 이루면 아홉 개를 이룬
자, 하나도 마저 이룰 것이니, 거기에
서 멈춰서는 아니 된다 함이니라.

12,248 번째 하나님 말씀

2004년 7월 17일 06시 44분

1 사랑하는 나의 아들아!
2 "네, 아버님! 말씀하옵소서."
3 너희가 믿음이란 무엇이더냐?
4 보이지 않는 창조주 나의 뜻이요, 너
희들의 아버지의 말씀이라는 나의 메
시지를 믿는 것이요, 믿고 그리 행하
고 변화되는 삶을 사는 것이 나에게
오르는 길이요, 진정한 믿음인 것이니
라.
5 그러나 지금은 나의 아들을 통하여 내
리는 새로운 성경을 너희들이 믿는
것, 그것으로써 너희들은 나를 믿음이
라는 것을 알아야 될 것이니라.
6 이는 무엇인 줄 알겠느냐?
7 이는 곧 참진리요, 나의 뜻이기 때문
이며, 내가 같이하고 있음을 너희들은
알아야 될 것이니라.
8 그리하여 내가 내리는 참진리요, 하늘
의 뜻을 너희들이 거부하며 이를 믿지
않으며, 이를 사탄이요, 이단이라 그
리 말함이니,
9 너희들이 믿음의 길을 잘못 가는 것이
며, 나 여호와의 위대함을 모르는 것
이며, 내가 역사하고자 하는 것을 모
르기 때문이니라.
10 이 아름나운 나의 새로운 성경이요,
만백성을 구하는 이가 세상에 내려감
이니,
11 너희들이 이를 찢어 버리고 태워 버리
고 방해하려는 것이 얼마나 어리석은
백성들인지 알겠느냐?
12 사랑하는 나의 아들딸들아! 너희들은

들으라.
13 지금 나의 아들을 따르는 제자 너희들
은 두려워하지 말며 주저앉지 말며 겁
먹지 말라.
14 저희들이 아무리 사탄이요, 이단이라
그리 말해도, 새로운 성경이 세상에
내려가는 것을 그들은 막을 수가 없음
이니라.
15 빛이라는 것이 어느 곳은 비추고 어느
곳은 비추지 아니하더냐?
16 빛은 모두를 다 비춰 나가는 그 위대
한 힘이 있음이니라.
17 그러니 그 빛이 비춰 나가되, 어둠이
라는 것이 그 빛을 막으려 아무리 몸
부림치고 저희들이 막으려 애를 쓴다
고 해도, 그 어둠이 과연 그 빛을 막을
수 있다 생각하느냐?
18 어둠이 빛 앞에 저 자신이 어떠한 것
인가를 아직도 모르며 제가 그 빛을
차단할 수 있다고 한다면, 과연 그것
이 이루어질 수 있는 것이라 생각하느
냐?
19 바로 그 어둠이 빛을 차단하고 막으려
하는 그 어리석은 짓을 하는 것이 오
늘의 종교 집단의 지도자들이 나의 새
로운 성경이 세상에 내려가는 것을 막
으며 그를 차단하고자 하는 그와 같은
짓을 하는 자들이니라.
20 아무리 사탄이요, 이단이요, 마귀라
너희들이 그리 말해도 찬란한 그 빛을
어둠이 결코 막을 수 없고 가릴 수 없
듯이,
21 나의 새로운 참진리요, 나의 뜻이 세
상에 나감이니, 너희들은 이를 막지
못하며, 이를 세상에 존재하지 못하도
록 아무리 해도 그와 같은 것은 이루
어지지 못함이니라.
22 이는 바로 나 여호와의 뜻이요, 참진
리이니, 태양과 같기 때문이니라.
23 이미 태양과 같은 진리가 세상을 밝히
며 내려감이니, 너희들은 이를 접하고
깨우쳐 받아들이고 거듭나는 역사를
하도록 그리하라.
24 그렇지 않으면 너희들이 존재할 수 없
음이니라.
25 어둠이 가린다 해서 가려질 수도 없는
것이요, 그 어둠이 아무리 몸부림쳐도
제가 이 세상에 비추고자 하는 나의
태양의 광명한 빛을 절대 가리지 못한
다는 것을 모든 종교 집단의 지도자에
게 그리 전하라.
26 내가 내린 아름다운 이 새로운 성경은
세상을 비추는 나의 빛이요,
27 이를 찢어 버리고 태워 버리며, 나의
아들을 사탄이요, 그 제자들을 마귀라
말하는 너희들은 어둠이 태양을 막으
려는 것이요, 어둠이 빛을 막으려는
어리석은 행위를 하고 있는 백성이라
는 것을 전하라.

12,249 번째 하나님 말씀

2004년 7월 18일 07시 49분

1 사랑하는 나의 아들아!
2 "네, 아버님! 말씀하옵소서."
3 내가 너희들에게 그저 기도는 '앗, 하
나님!' 하고 부르는 것보다도 더 위대
한 기도가 없다 하였느니라.
4 그러니 내가 너희들에게 기도할 수 있
는 것을 가르쳐 주었으며 기도함을 명

했느니라.
5 너의 제자들 또한 그러하느니라.
6 그와 같이 기도하는 것이 너무나 단순
하고 믿음의 길을 오랫동안 간 사람들
은 그를 이해하지 못하는 마음을 가지
고 있는 백성도 있을 것이니라.
7 중언부언 그저 이 이야기 저 이야기를
다 하고 싶어 하는 그와 같은 제자도
있을 것이니, 너는 그들에게 명확히
가르쳐 주어야 될 것이니라.
8 너희들이 기도 중에서 가장 나쁜 기도
요, 잘못된 기도가 무엇인 줄 아느냐?
9 너희들이 온갖 이야기, 좋은 말, 그저
있는 말, 없는 말, 듣기 좋은 말 그 모
두를 다 긁어모아서 기도하는 짓이니
라.
10 좋은 말을 긁어모아서 기도하니, 온갖
세상의 백성들이 다 그와 같은 소리를
하며 똑같은 기도의 내용이 아니더냐?
11 좋은 이야기, 좋은 말들만 붙여서 그
리고 듣기 좋은 소리만 해 대는 그 기
도가 왜 잘못되었으며 가장 추한 기도
라 하느냐?
12 내가 너희들에게 일찍이 뭐라 가르쳤
던가?
13 너희들이 이 세상에 예쁜 사람의 모형
을 다 갖다 붙였을 때, 너희들이 보는
얼굴이요, 너희들이 그 모습이 예쁘다
고 판정하는 사람의 모습을 다 갖다
붙여 사람의 형상을 만든다면, 그것은
가장 추한 모습이 되어 그는 받아들일
수 없는 그와 같은 형국이라 내가 하
지 아니하였더냐?
14 그와 같은 이치를 내가 너희들에게 전
한 것은 바로 너희들이 기도하는 소리
를 내가 말함이니라.
15 기도라는 것을 좋은 말, 좋은 소리를
갖다 짜깁기하여 중언부언하는 그것
처럼 추하고 잘못된 기도가 없다 함을
너희들은 모르고 있단 말이더냐?
16 그리하여 너희들이 오늘의 하는 기도
가 잘못되었다며 그와 같은 기도를 하
지 말라 하였느니라.
17 단 하나요, 한마디라도 정성을 다해서
찾는 것, 그것이 가장 위대한 기도요,
18 좋고 아름다운 걸 붙여서 하나의 형상
을 만들 때 가장 추한 모습이 되듯이,
19 너희들이 좋은 말만 골라서 하는 그
기도, 그것이 바로 추한 말이요, 추한
기도라 함을 알며, 그러기에 내가 듣
지 아니한다 하였느니라.
20 인간인 너희들에게 내가 왜 하나가 되
어 하나의 힘으로 합치라 하였으며,
왜 내가 연필로 찍은 점보다도 더 작
은 점으로 너희들의 마음을 모으며,
모두가 그리되라 했는지 그 뜻을 그리
모르느냐?
21 모든 경기요, 그 모든 경쟁 속에서도
하나로 힘을 모아 결과를 얻겠다는 팀
은 반드시 이기고 그 소속된 자들은
승리하느니라.
22 각자가 잘났다 설치는 자, 각자 개인
주의로 하는 자, 어떠한 난제는 그를
은 이길 수 없으며 결코 승자가 될 수
없음이니라.
23 아무리 유능한 자들이 모였다 해도 저
희들이 개인적으로 무엇을 이루고자,
개인적으로 빛을 내고자, 개인의 이름
을 내고자 한다면 그 팀은 부서짐이니
라.

24 비록 부족해도 저희들이 힘을 합쳐 자
기 직분을 다하는 그와 같은 팀에 소
속된 사람들이 승자가 된다는 그와 같
은 세상 이치를 다 알지 않느냐?
25 그러니 내가 너희들에게 하나가 되라
하였음이니라.
26 하나가 되어 한 점의 핵과 같이, 너희
들이 하나의 점과 같이 마음이 모두
모였을 때, 거기서 나오는 힘은 핵폭
발보다도 더 위대하고 방대한 힘이 나
온다 하지 않았더냐?
27 그와 같은 이치를 깨우쳐, 이제 중언
부언해서는 안 되는 기도요, 그리고
너희들의 마음이 천 갈래 만 갈래 갈
라져서는 아니 됨이니라.
28 너희들이 있는 말, 없는 말, 듣기 좋은
말을 다 갖다 붙이는 것은 각자의 생
각이요, 각자 활동하는 것이니,
29 너희들이 하나의 기도요, 한마디로써
나에게 모두를 다 표현하는 것이 바로
나를 믿는 것이요, 한마음으로 되어
있음이니라.
30 '앗, 하나님! 감사합니다.' 그것보다도
더 위대한 기도가 없다 하였으니, 너
희들은 그와 같은 이치를 깨우쳐 행하
며,
31 너의 제자들도 지금까지 다닌 믿음이
요, 그 종파에서 하던 식으로 중언부
언 수없는 이야기를 다하고 싶을 것이
니라.
32 이 사람도 돕고 저 사람도 돕고, 그와
같이 좋고 듣기 좋은 소리를 하는 것
이 가장 추한 기도라는 것을 알면, 그
와 같은 행위를 하지 말라 그리 전하
라.

12,250 번째 하나님 말씀

2004년 7월 18일 07시 59분

1 사랑하는 나의 아들아!
2 "네, 아버님! 말씀하옵소서."
3 지금의 모든 믿음의 길을 가는 백성
너희들은 나의 참뜻을 알지 못하고 지
금 깨닫지 못하고 전하여 왔음이니라.
4 그러니 너희들의 오늘의 현실이요, 모
든 종교 집단이요, 그 속에 있는 지도
자, 만백성이 정녕 창조주 나 여호와
의 뜻을 알지 못하고 오는 믿음이요,
전해 진 그 복음이라면 과연 어찌하겠
느냐?
5 지금은 완전한 나의 뜻이 간 곳이 없
다는 결론이 아니더냐?
6 너희들이 내 뜻을 모르고 내가 원하는
것을 모르고 가는 그 믿음의 길이요,
종교 집단이요, 신앙생활이라면,
7 그는 결코 나의 뜻과는 아무런 관계가
없는 것으로 가며, 내가 전하고자 한
그 참진리는 찾아볼 수 없는 그와 같
은 형국이 되어 있다는 뜻이 아니더냐?
8 참진리요, 하늘의 뜻을 모르니, 나의
아들 예수가 성령으로 태어난 것, 그
것을 그저 위대한 것이요, 그것으로써
너희들이 나로부터 구원을 받을 수 있
는 그 믿음이요, 신앙의 기본이 되어
가는 그와 같은 형국이 되었으며,
9 동방 박사들이 찾아와 그에게 그 모두
를 다 바치는 그와 같은 모습, 그것으
로써 믿음의 기본이 되며 거기에 모든
믿음을 맞추고 가는 자들이 아니더냐?
10 나의 아들 예수가 살아서 기적을 이룬
것, 그리고 그가 부활한 것, 이것이 믿

음의 근본이 되어 버린 것이 오늘의
너희들의 신앙이니라.
11 참진리요, 나의 뜻에 따라 너희들이
행하고 그 의미를 아는 것이 아니라,
이와 같이 외형적인 것에 대하여 거
기에 모두를 다 바치며, 자신도 그와
같은 은혜와 영광을 얻기 위한 것으로
써 오늘의 믿음의 길을 가니,
12 정녕 너희들이 참진리요, 내 뜻은 모
르고, 그 뜻을 위하여 역사했던 것을
믿고 가는 그와 같은 형국이니,
13 속 알맹이는 모르고 겉을 보고 믿는
그와 같은 형국이 되었느니라.
14 오죽하면 내가 나의 아들을 통하여 수
박이라는 과일을 먹어 보지 아니하고
겉만 핥는 그와 같은 믿음이라 했겠느
냐?
15 너희들은 이와 같이 믿음의 기본이 되
어 버렸으니, 너희들은 이것을 믿음으
로써 구원을 받으며 그와 같이 믿음의
길을 가는 백성이 나에게 가장 기쁨을
주는 일이라 생각하고 지금 착각 속에
헤매고 있느니라.
16 그 모두는 이기적이요, 욕심에 의한
너희들의 마음의 형태이니라.
17 나의 아들 예수가 '나는 부활이요, 생
명이요, 나를 믿는 자는 죽어도 살겠
고 무릇 살아서 나를 믿는 자는 영원
히 죽지 아니한다.' 한 이것을 너희들
은 어찌 믿으며 그를 어찌 생각하는가?
18 너희는 들어야 될 것이니라.
19 너희는 예수가 죽어 가면서 너희들에
게 한 이야기가 무슨 뜻인지 알겠느냐?
20 예수는 죽어 가면서 그리하였느니라.
21 자기를 죽이는 모든 자들을 '저들을
용서하여 주옵소서.' 하는 기도를 예
수는 드리지 아니하였더냐?
22 그러니 너희들이 그와 같이 예수가 기
도를 드리는 의미를 알면, 생명이요,
부활이라는 그 의미를 깨닫게 될 것이
니라.
23 나의 아들 예수는 고통에서 벗어나고
자 기도하지 아니하였으며, 그와 같은
생각을 하지 아니하였음이니라.
24 그는 스스로 벗어날 수 없으며 그 고
통에서 면할 수 없다는 것을 잘 알고
있었느니라.
25 다만, 나를 통하여 모두가 역사할 수
있으며, 나를 통하여 이루어질 수 있
다는 걸,
26 나 여호와가 그를 다스려야만 제가 그
고통이요, 그 죽음에서 면할 수 있다
는 것을 너무나 잘 알고 있는 나의 아
들 예수이었느니라.
27 그러한 나의 아들 예수를 너희들이 성
경의 순리대로 그대로 해석하고 읽는
다면, 곧 어떠한 결과가 오겠느냐?
28 구원의 길이요, 너희들이 생명을 얻을
수 있는 것이 그와 같이 가면 되는 것
이라는 것을 의미함이니라.
29 나의 아들 자신이 부활이요, 생명이
니, 자신을 믿는 자는 죽어도 산다 그
리 말하고 그 뜻을 그리 선한 것이라
생각하느냐?
30 오로시 나의 아들은 너희들이 거듭나
며, 역사하는 것은 나 여호와의 뜻이
요, 나의 성령을 받아들이는 것이요,
31 육의 세상에서 너희들이 거듭나는 것
이요,
32 생명이요, 새로운 보혜사의 새로운 빛

씀을 받아들여 너희들이 변하는 그와
같은 시대를 알고 있었으며, 그와 같
은 것이 구원의 길이라는 것이니라.
33 즉 다시 말하면, 성서에 기록된 내용
대로 읽고 그대로 행하고 사는 것이
생명이요, 곧 길이요, 예수에게 와 너
희들이 구원을 받는다는 그와 같은 외
침임을 알라.
34 나의 아들이 그 고통 속에서도 나 여
호와가 아니면 모두를 이루어질 수 없
다는 것을 잘 알기 때문에,
35 나의 아들이 자신이 부활이요, 자신이
생명이요, 자신을 믿는 자는 죽어도
산다 그리 말하였겠는가?
36 그와 같이 오만한 말을 하지 아니하였
음이니라.
37 나의 아들은 나의 성령의 내 뜻대로
살아가는 것, 그리고 나의 아들 예수
가 전하고자 했던 그 뜻을 너희들이
그대로 살아 은혜를 입는 것,
38 그리고 거듭나는 삶을 사는 자가 곧
부활이요, 생명이요, 예수를 믿는 자
는 죽어도 산 자라 하였으니, 그 믿는
것은 예수를 믿는 것이 아니요, 나 여
호와를 믿으라 함이니라.
39 스스로가 모두 역사할 수 없으며, 죽
음 속에서도 고통이요, 그를 면할 수
없다는 것을 예수는 잘 알고 있었으며,
40 나 여호와가 모두를 역사하지 아니하
면 아니 된다는 그와 같은 것을 알고
있는 나의 아들 예수가, 자신이 부활
이요, 생명이요, 자신을 믿는 자는 죽
어도 산 자라 그리 오만한 말을 하였
겠느냐?
41 나 여호와의 뜻에 따라 너희들이 행하
고 살라는 그와 같은 뜻임을 알아야
될 것이니라.
42 '내가 전해 주는 나를 보낸 이의 뜻을
알면 너희가 나와 같이 부활하고 죽지
아니하고 다시 태어난다.' 함을 전하
고 깨우치고자 함이니라.
43 '무릇 살아서 아버지를 믿고 그 말씀
을 믿는 자는 영원히 죽지 않는 나라
에 올 것이라' 그리 전하고 깨우친 예
수의 그 의미를 잘 알라.
44 너희는 나를 믿으라, 예수를 믿는 것
으로 죽지 아니함이 아니라는 것, 그
것을 나의 아들은 너희에게 깨우쳐 주
고자 함이니라.
45 나의 뜻대로 살라, 나의 새로운 성경
대로 살라, 그리고 너희들이 지금 나
의 아들을 통하여 내리는 새로운 성경
대로 그대로 지키고 살라.
46 그러면 그것이 바로 부활이요, 생명이
요, 너희들이 거듭남이니,
47 그와 같이 가르치고 전하는 사람, 그
와 같이 뜻을 이루고자 하는 사람, 그
들과 더불어 너희들이 그를 읽고 깨우
쳐 그대로 행하면 나에게 오는 길을
볼 수 있게 되어 있음이니라.

12,251 번째 하나님 말씀

2004년 7월 18일 11시 38분

1 사랑하는 나의 아들아!
2 "네, 아버님! 말씀하옵소서."
3 모든 백성들이 살아가면서 나의 계명
을 지키고 살아감이니, 그들은 하나를
못 지키면 하나를 못 지키는 것이요,
둘을 못 지키면 둘을 못 지키는 것이

라 그리했느니라.
4 그러나 나의 아들을 따르는 제자들이
요, 그리고 하늘의 명을 받아 역사하
는 너희들은 나의 십계명 중에 너희들
이 아홉 개를 지키고 하나를 잘못 지
켜도, 모두를 다 하나도 지키는 것이
못 되며, 지키는 역사의 은혜와 상이
없다 하였느니라.
5 이것이 바로 지도자 너희들이 가는 길
이라 하였음이니, 너희들이 가는 길이
얼마나 힘들고 어려운 길이더냐?
6 내가 나의 아들을 통하여 내리는 새로
운 성경, 이는 나의 성령이요, 이 모두
를 지키지 아니하면 나의 피조물 만백
성이 결코 구원의 길을 갈 수가 없음
이니라.
7 그러니 나의 성경에 기록된 것이, 이
게 정답이며 법이니라.
8 그러니 법이 수만 가지가 있다고 해도
너희들이 하나를 거역하면 그 대가를
받는 것처럼, 그리고 인생의 명예요,
모두를 다 잃는 것처럼,
9 나의 새로운 성경에 기록하여 전하는
것을 지켜 행하지 아니하였을 때, 모
두를 다 버리는 그와 같은 너희들이라
는 것을 잊어서는 아니 될 것이니라.
10 그러나 너희들은 수만 가지 법이 있다
하여, 인간 세상의 그와 같은 조례가
있다고 해도,
11 너희들이 그것의 하나를 놓고 따질 때
불안하고 두려우며 그 가짓수를 지킬
수 없다 하나,
12 정의로운 삶을 사는 사람은 그 모두가
다 하나로써 지킬 수 있는 것이 아니
더냐?
13 그러니 너희들이 나의 새로운 성경을
읽고 깨우쳐 간다 해도 그 많은 것을
지킬 수 없으며 어찌 지키겠느냐 그리
말하나,
14 그것은 너희들이 정의로운 삶이요, 선
한 삶이요, 저 자신을 비우는 마음이
면, 그 모두는 다 하나로써 지킬 수 있
는 그와 같은 것이 하늘의 뜻이요, 법
도라는 것을 너희들은 알라, 사랑하는
나의 아들딸들아!
15 모든 믿음의 길을 가는 종교 집단의
지도자들이 그 이치를 모르기에, 저희
들이 만 가지면 만 가지를 놓고 지키
려 하니, 그 모두를 다 지킬 수 없다
하느니라.
16 그러나 너희들은 네 마음 하나를 다스
리고 비웠을 때 그 만 가지는 하나로
써 지킬 수 있는 것이니,
17 너희들은 그와 같은 이치를 깨닫고 나
의 새로운 성경대로 살라 해도 두려워
하지 말며 겁먹지 말라.
18 너희들이 거듭나는 순간에 그것은 다
하나로써 역사하고 지켜지는 것이요,
모두가 다 하나의 고리요, 끈으로써
이어졌음을 알라.
19 내가 너희들에게 명하는 것은, 너희들
만큼은 하늘의 뜻을 역사하는 백성이
기에, 너희들이 열 개 중에 아홉을 지
키고 하나를 못 지켜도 너희들은 그
열 개를 다 못 지키는 자니, 스승으로
서의 자격이 없기 때문이니라.
20 너희들이 아무리 잘 가르치고 아무리
잘 지도한다 해도 하나를 잘못 가르치
고 잘못했을 때, 나의 160권의 새로운
성경이요, 그 모두는 다 네 뜻이 아니

며 이는 사탄의 것이라 말할 수 있기
때문에, 너희들의 하나의 실수도 용서
할 수 없는 것이 나 여호와이니,
21 너희들은 완벽한 삶을 살아가라.
22 모든 것에서 완벽하기 힘들고 어려우
나, 마음 하나를 비우고 세상을 보라.
23 어찌하여 그 마음의 고리를 놓지 못하
고 그리 가는가?
24 너희들은 나의 뜻이요, 나의 아들을
통하여 역사하며 전하는 것, 그것을
듣고 깨우쳐 너희들만큼 변하는 백성
이 지금 없으며 앞에 가는 백성이 없
음이니라.
25 그러니 앞에 가는 백성들이 모범을 보
이며 앞에 가는 백성들이 모범적으로
살아가지 않으면 다음 백성들이 따라
올 수 없음이니,
26 모든 인연의 고리를 끊고 네 마음을
비우는 데 우선 최선을 다하라.
27 그리하여 너희들이 세상을 보는 눈을
얻지 아니하면 아니 될 것이니 그리
전하라.

12,252 번째 하나님 말씀

2004년 7월 18일 18시 10분

1 사랑하는 나의 아들아!
2 "네, 아버님! 말씀하옵소서."
3 너희들이 어머니 앞에서 처음에 글을
배우니, 그때는 즐겁고 또 즐거움이니
라.
4 그러나 너희들이 성장하면서 학문에
돌입하기 시작하면 성장하는 만큼 그
학문은 어렵고 힘들며 너희들에게 어
려운 부담이 되는 그와 같은 길을 가
지 않더냐?
5 바로 너희들이 하늘에 오르는 길이요,
깨달음이 그러하니라.
6 너희들이 나의 아들을 만나 내가 내리
는 새로운 성령을 듣고 깨우침이니,
처음에는 쉽고 즐거움으로써 시작했
으나, 가면 갈수록 하늘의 이치요, 내
뜻을 깊이 가야 함이니,
7 너희들은 점점 어렵고 힘든 길을 가게
되어 있으며 가야만 하느니라.
8 그 어렵고 힘든 고비를 넘기지 아니하
면 만백성의 선생이요, 지도자로서 역
사할 수 없기 때문에, 너희들은 그와
같이 어려운 학문이요, 계속되는 깨달
음의 길을 가지 아니하면 아니 되기
때문이니라.
9 이것이 지도자와 일반 나의 백성과의
그 차이점임을 너희들은 알아야 될 것
이니라.
10 내가 이 세상에 한 사람의 의인이 있
으면 모두를 바꾸지 아니한다는 것은,
한 사람의 의인이 얼마나 귀하고 소중
하며 그가 얼마나 위대한 역사를 하는
것인가를 너희들은 깨달아야 될 것이
니라.
11 그러니 지금 나의 아들을 따르는 몇
명의 그 제자가 바로 서고 바로 감으
로 인해서 무슨 역사를 하며 무슨 뜻
이 있을 것인가 그리 생각하나, 너희
들이 의인이 된다면 과연 어떠하겠는
가?
12 너희들이 몇 사람의 천사와 같은 의인
이요, 하늘을 향하여 한 점의 부끄럼
이 없는 삶을 살아가는 자라면, 내가
한 명과도 세상을 바꾸지 아니하는데,

수십 명이 그와 같은 백성이 세상에 있음이니,
13 과연 너희들이 못 이룰 것이 무엇이 있으며, 못 역사할 것이 무엇이 있으며, 얼마나 위대한 역사를 이룰 수 있는 것인가?
14 그러니 너희들이 그와 같은 의심이요, 의혹의 마음을 갖는 것은 믿음이 약한 것이니라.
15 다만, 내가 너희들에게 그와 같은 백성이 나올 때 모두를 다 이룬다 했으면,
16 너희들은 보지 못하며 만지지 못하며 듣지 못해도 그를 나 여호와의 뜻이라 믿고 행하는 그와 같은 삶을 살면 되는 것이니라.
17 나의 아들을 통하여 너희들에게 뭐라 말하였느냐?
18 너희들은 나로부터 선택된 백성이요, 부름을 받은 백성이니, 너희들이 비틀거리고 잘못 가고 실수를 한다 해도,
19 너희들의 그 악습은 '내 아버지께서 반드시 다스려 줄 것이며, 내 아버지께서 너희들을 바로 세워 줄 것이란 굳건한 믿음을 믿고 가라.' 하지 아니하였더냐?
20 그리하면 너희들이 넘을 수 없는 그 모두를 넘을 수 있는 힘과 용기가 생기며 그 지혜를 얻는다, 내가 그리하지 아니하였더냐?
21 그것이 너희들이 가야 하는 자세요, 가는 마음이니라.
22 나로부터 받은 은혜만큼 너희들이 어렵고 힘든 길을 가지 아니하면 아니 됨이니라.
23 나의 새로운 성경이요, 내 틀에서 사는 너희들은 어떠한 백성이라 했느냐?
24 하늘과 땅을 왕래하는 백성이라 그리 말하지 아니하였더냐?
25 그와 같은 은혜와 영광을 받는 것만큼, 너희들이 거기에 버금가는 학문이요, 배움이요, 깨달음을 위해서 노력해야 되는 것이니라.
26 참진리를 위해서, 나 여호와의 뜻을 위해서, 내가 역사하고자 하는 그 어렵고 힘든 그 과제들을 하나하나 풀어가는 데 너희들이 최선의 노력을 다하지 아니하면 낙오자가 됨이니 그리 알라.

12,253 번째 하나님 말씀

2004년 7월 19일 09시 10분

1 사랑하는 나의 아들아!
2 **"네, 아버님! 말씀하옵소서."**
3 내가 예수를 통하여 너희들에게 전하기를, 부모와 형제와 가족이요, 그 모두를 떠나는 것, 그리고 그를 다 지우는 것, 그와 같은 마음의 자세로써 가야 한다 함이니,
4 정녕 너희들은 그것을 믿음의 길에서 같이 가지 않는 자, 믿음의 세상을 같이 동반하지 않는 자를 다 버리고, 형제요, 부모의 의를 끊는 그와 같은 마음 자세로 가라는 것이 아님을 내가 나의 아들을 통하여 너희들에게 일찍이 전하지 않았더냐?
5 그러나 내가 나의 아들을 통하여 지금 따르는 그 제자들에게 부모와 형제와 인간의 이웃의 관계가 끊을 수 없는

것이기에, 그를 끊고 정리하기가 어렵
고 힘든 길이라 내가 그를 교훈으로
너희들에게 전했다 하지 않더냐?
6 그러니 내가 나의 아들을 따르는 제자
들이요, 나의 새로운 성경을 읽고 깨
우친 백성 너희들에게 뭐라 말하였느
냐?
7 모두를 대중적으로 똑같이 보라 하였
음이니, 과연 너희들이 지금 그와 같
은 마음을 가지고 있느냐?
8 그것이 너희들의 믿음의 한계요, 나를
믿고 안 믿고 나의 역사하는 것에 동
참하고 안 하는 자격의 기준이 거기에
있음이니라.
9 과연 너희들이 자식과 부모 사이에서
남의 자식을 내 자식처럼, 내 자식을
남의 자식 보듯이 똑같은 마음으로 과
연 그리 보고 가는가?
10 그리고 너희들이 사랑하는 사람이요,
좋아하는 사람을 과연 모르는 사람과
똑같이 할 수 있는 마음이 되어 있는
가, 그리고 네 이웃과 모든 사람들을
똑같이 볼 수 있는 마음이 되어 있는
가?
11 너희들에게 다정히 하는 사람, 너희들
에게 가까이하는 사람, 그 사람들을
더 생각하며 그들과 더 깊은 의논을
하며 그 모두를 하지 않는가?
12 그리고 너희들이 똑같은 것을 줄 수
있을 때, 똑같이 나눠 주지 못하며 편
파적으로 나눠 주는 그와 같은 마음은
아닌가?
13 너희들이 이와 같은 마음 자세를 한번
보도록 그리하라.
14 너희들이 인간을 똑같이 사랑하지 못
한다면, 어찌하여 이 자연의 모두를
다 내가 세상에 내려보낸 것이니, 너
희들이 똑같이 바다와 같은 마음으로
그들을 포용하며 다 사랑하고 안을 수
있겠는가?
15 그러니 그것이 어렵고 힘든 길이라 하
였음이니라.
16 그리하여 너희들이 부모 형제와 인연
을 끊는 그와 같은 마음의 각오요, 그
와 같은 자세가 아니고는 결코 모두를
대중적으로 볼 수 있는 마음이 못되며
그리 갈 수 없다는 것이니라.
17 그러니 사랑하는 사람을 더 생각하는
것, 그리고 너희들이 자주 만나는 이
웃을 더 생각하는 것,
18 그리고 너희들이 알게 모르게 너희들
에게 더 다정하게 하는 사람, 그리고
너희들에게 가까이하는 사람, 너희들
을 칭찬하는 사람, 그와 같은 사람들
에게 너희들이 마음을 더 주는 것은
아닌가?
19 그러니 너희들이 그와 같은 사람들에
게 똑같이 잘잘못을 시시비비할 때,
너희들의 마음이 편파적으로 흘러서
행동하는 것은 아닌가?
20 최소한도 너희들이 아무리 가깝고 아
무리 다정다감한 사람이라도, 옳고 그
른 것을 평가할 때 편파적인 마음을
갖지 않는 그 훈련부터 임해야 되며
역사해야 될 것이니라.
21 그와 같은 훈련을 너희들이 하지 아니
하고는 아무것도 이룰 수 없으며 역사
할 수 없는 것이 너희들임을 알아야
될 것이니라.

12,254 번째 하나님 말씀

2004년 7월 19일 09시 15분

1 사랑하는 나의 아들아!
2 **"네, 아버님! 말씀하옵소서."**
3 '무덤 속에 있는 자가 그 음성을 들을
때가 오나니, 그리하여 너희가 무덤에
서 살아난다.'고 믿고 또 그리 가르치
고 있음이니라.
4 그러나 성서에 기록된 내용을 너희들
이 과연 제대로 알고 깨우치는가?
5 '선한 일을 행한 자는 생명의 부활로
써, 악한 일을 행한 자는 심판의 부활
로써 너희 죄의 대가를 치른다.' 그리
가르치고 있지 않은가?
6 너희는 육의 행위가 중요함을 알라.
7 여기서 너희들에게 전하는 것은, 부활
의 의미가 과연 무엇이던가?
8 너희들은 죽어 거듭나는 은혜요, 그와
같은 것을 부활의 의미로 가르치나,
너희들은 여기서 알아야 될 것이니라.
9 예수와 같이 다시 살아나는 것으로 너
희들이 잘못 가르치고 있으니, 그리하
여 믿는 자만이 죽은 자 가운데서 나
의 아들이 그를 구하러 올 것이며, 하
늘에서 보혜사가 내려와 믿는 자는 구
원할 것이며,
10 믿는 자는 무조건 선한 백성이요, 선
한 인간의 삶을 살았다 그리 말하는
것과 무엇이 다르더냐?
11 믿음의 길을 가면서도 사악한 인간의
죄를 지은 자가 그와 같은 은혜를 입
을 수 있다 생각하는 그것이 얼마나
어리석고 잘못된 것인가 그 이치 하나
도 모르고 있음이니라.
12 그러니 너희들이 아무리 어떠한 형국
으로 살았더라도, 때가 되어 구분하고
자 올 때는 믿음의 길을 가다 죽은 자
는 구원을 받을 것이요,
13 그리고 믿지 않는 자는 죄 속에서 살
았으니, 그들은 심판으로써 모두를 받
게 된다 그리 말하나,
14 너희들은 여기서 알아야 될 것이니라.
15 예수가 세상에 내려와 너희들에게 그
문제를 해결하고자 역사하는 것이 아
니요,
16 너희가 나의 참진리의 뜻에 따라 내가
명하는 것, 내가 행하며 살라는 그 삶
을 사는 것,
17 지금의 죄 속에서 살던 나의 아들을
따르는 그 제자들이 이제는 나의 새로
운 성경을 읽고 죄가 무엇이며, 육의
세상에서 죄를 지음이 얼마나 두려우
며, 너희가 어찌 살아가야 되는 것이
며, 하늘의 뜻이 무엇이며, 나 여호와
가 역사하는 것이 무엇인가를 깨달아,
18 죄 속에 살던 백성이 그를 벗어나며,
너희들이 아름답게 사랑을 베풀며 살
아갈 수 있는 마음으로 변화되는 백성
이라면,
19 그리고 너희들이 새로운 성경을 읽고
깨우쳐 너희 자신이 변화되는 모습을
볼 때, 그것이 바로 거듭남이요, 곧 부
활이라는 것을 너희들은 알라.
20 살아 있되 너희들은 죽은 자요, 지금
살아 있되 무덤 속에 있는 자와 같다
한 나의 아들 예수의 그 뜻을 모르는
가?
21 그러니 살아 있되 죽음의 무덤 속에
있는 백성들이 나의 새로운 성경을 읽

으며 나의 아들을 통하여 내리는 강론
을 듣고 거듭나는 삶을 살 때, 그것이
곧 부활의 의미요,
22 내가 내리는 새로운 성경을 접하여 변
하는 그것이 곧 부활의 의미라는 것을
잊지 말라 그리 전하라.
23 너희가 살아서 참진리의 길을 알며 나
여호와가 추구하는 뜻에 따라 사는
자, 살아서 나의 뜻을 깨달아 너희들
이 내가 이루고자 하는 그 역사에 동
참해 부름을 받는 자, 그것이 바로 새
로운 생명이니, 이는 곧 부활이라는
것을 잊지 말도록 그리하라.
24 너희가 나의 새로운 성경을 읽고 깨우
치면 죽은 자 가운데 산 자이니, 죽음
의 무덤 속에서 살아난 백성, 그것이
바로 부활이요, 이 의미를 너희들이
깊이 깨우치라.
25 그러니 새로운 성경을 접하고 읽고 깨
우치지 아니하면 아니 되며, 그를 읽
고 깨우쳤다 하여 너희들이 알고만 있
으면 무엇하는가?
26 행하고 실천하는 백성이 되어 열매를
거두는 그와 같은 삶을 사는 자가 곧
부활의 영광의 은혜를 얻는 백성이라
는 것을 잊지 말라.
27 그리고 너희들이 다시 성경의 뜻을 깨
달으며 성경의 뜻을 알도록 그리하라.

12,255 번째 하나님 말씀

2004년 7월 19일 09시 18분

1 사랑하는 나의 아들아!
2 "네, 아버님! 말씀하옵소서."
3 지금의 종교 집단과 지도자, 그를 따
르는 모든 백성들이 나의 뜻과 나의
아들 예수를 통하여 이루고자 했던 하
늘의 뜻을 연구하고 공부하여 너희들
이 참진리의 길을 찾는 것, 그것이 너
희들이 나에게 오를 수 있는 길이라
내가 그리 수없이 전했음이니라.
4 그러나 모든 백성들이 나에게 오르는
길을 깨우쳐 연구하며, 내가 전하고자
한 그 참뜻이 무엇인가를 알아 그 길
을 오고자 하는 것이 아니라,
5 그저 예수를 믿기만 하면 구원의 길이
요, 하늘에 오르는 길이라 그리 말하
며, 너희들은 재물을 바치며 주일을
지키는 것으로써 나에게 오르는 길이
라 그리 가르치며,
6 십자가에서 고통스럽게 죽어 간 나의
아들 예수를 믿는 것으로써 구원이요,
죽음에서 너희들이 천국으로 이르는
길이라, 그리고 부활의 역사를 얻는
것이라 그리 말함이니,
7 너희들은 모든 기적과 역사의 변화를
믿느니라.
8 그와 같이 믿는 것을 가지고 너희들이
나에게 오르는 것이 아니요, 참진리
요, 내 뜻이요, 하늘이 역사하는 것을
아는 것, 그 지혜를 얻어 그 길을 가는
백성이 곧 구원을 받을 수 있음이니라.
9 그 백성만이 변화될 수 있으며 거듭날
수 있는 그와 같은 역사를 이루기 때
문이니라.
10 기적을 보고 십자가에 죽은 나의 아들
예수의 그 죽음을 보고 그와 같은 것
으로써 이 세상의 모두가 구원의 길이
요, 하늘에 오르는 길이라 그와 같이
생각하지 말라.

11 그러니 하늘의 뜻이요, 이치를 모르니
너희들이 오류를 범하고 있으며, 그
오류를 범하는 것은 곧 알맹이 없는
껍데기만 가지고, 알맹이 없는 쭉정이
만 가지고 매달려 하늘에 오르겠다고
하는 자들이요,
12 그리하여 그를 가지고 매달리는 자들
이 되다 보니, 너희들이 기복 신앙의
대표자요, 너희들로 하여금 이 세상에
욕심이 그득 찬 기복 신앙의 백성이
지금 세상을 덮어 가고 있음을 알라
그리 전하라.

12,256 번째 하나님 말씀

2004년 7월 19일 09시 26분

1 사랑하는 나의 아들아!
2 "네, 아버님! 말씀하옵소서."
3 죄에서 벗어나고 죄에서 해방되어 죄
를 짓지 않도록 살아가야 하는 것이
나의 백성들이요, 너희들이 가야 할
길이며 역사할 길이니라.
4 그러나 죄 속에서 살아서는 아니 될
나의 백성들이 지금은 잘못된 종교 집
단의 지도자들 때문에 죄를 짓도록 하
였으며,
5 그리고 죄 속에서 사는 백성으로 만들
어 사탄에게 잡히고 사탄에게 노예요,
종이 되도록 그리 지금 만든 것이 오
늘의 종교 집단의 지도자 너희들이 하
고 있는 짓이라 함을 알겠느냐?
6 '예수를 믿으면 구원이요, 믿지 않으
면 지옥'이라 길거리에서 헤매고 소리
지르고 다니는 자, 너희들이 잘못된
종교 집단에 나의 피조물 만백성을 끌
어들여 노예요, 종으로 부리고자 하는
행위라는 것을 알겠느냐?
7 너희들이 참진리요, 하늘의 뜻을 거역
하고 사는 자들이요, 하늘의 뜻대로
성서의 뜻대로 행하고 사는 백성이 과
연 얼마나 있는가?
8 모든 집단 그 자체가 성경에 기록된
내용대로 행하지 아니하며 그리 살지
아니함이니라.
9 모든 것은 너희들에게 유리한 쪽으로
네 것으로 만들어 지금 가고 있는 자
들이니라.
10 그러니 모든 백성들이 종교 집단 지도
자들 속에 세뇌되어 그 속에서 헤어나
려야 헤어날 수 없는 지경에 지금 이
르렀으며,
11 종교 집단이 늘어나는 것은 그 신도들
이 죄를 짓기 위하여 모여드는 백성이
라는 것을 너희들은 알겠는가?
12 지금 교회요, 성당이요, 성막이요, 성
전이요, 회막에 모여드는 백성 너희들
은 들어야 될 것이니라.
13 죄를 짓지 않고 아름답게 살아야 되는
나의 백성들이 죄를 짓기 위해 죄의
소굴로 지금 찾아드는 그와 같은 형국
이라는 것을 알라.
14 진정한 참진리요, 나 여호와의 뜻이
요, 하늘의 뜻을 역사하고 가르치는
것, 그와 같은 것을 성경대로 살아가
는 집단, 성경대로 행하고 가는 백성
들을 찾도록 그리하지 아니하면 아니
될 것이니라.
15 내가 간단한 예로써 뭐라 했느냐?
16 '우리 교회는, 우리 성당이요, 우리 회
막은 만원사례이니, 하나님의 말씀이

요, 하나님의 뜻을 배우고 가르치는 것은 다 똑같으니, 옆의 교회로 가십시오.' 하는 그와 같은 명패를 내걸 수 있는 곳을 찾아가라 했느니라.
17 그리고 저희들의 교회의 신도를 떼어 보내 이웃 교회를 부흥시킬 수 있는 그와 같은 종교 지도자, 그와 같은 교회가 있거든 너희들이 찾아가라 했으니, 그는 사랑을 실천하는 자가 아니더냐?
18 그렇지 아니하면 잘못된 것이라 내가 너희들에게 구분하는 방법을 가르쳐 주었으며,
19 울고불고 광란의 짓을 하며 끝나면 결론은 재물을 바치라, 헌금을 많이 바치라, 하늘에 많이 쌓아 놓아야 구원을 받는다, 그리고 울고불고 소원을 하고 울면 줄 것이며, 매달리면 줄 것이라 그리 가르치는 자들이 대표적인 잘못된 자들이라 내가 나의 새로운 성경에 기록하여 전했음이니,
20 너희들이 이를 읽고도 그 길을 계속 가는 자, 그는 결코 나에게 오를 수 없다는 것을 너희들은 알아야 될 것이니라.
21 죄를 짓고, 죄보다도 이제는 죄라는 것이 너무 덩어리가 커지고 그 죄의 사악한 방법이 이루 말할 수 없기 때문에, 이제 너희들은 웬만한 죄는 죄라는 감각을 잃어버렸으며 죄의식마저도 저버린 자들이니,
22 너희들이 얼마만큼 죄 속에서 살아왔으며 거기에 세뇌되어 있으며, 거기에 섞여서 너희들의 정신이 얼마나 부패하고 썩어져 있는 백성들인지를 너희들은 모를 것이니라.
23 그러나 내가 보는 너희들은 모든 죄의 식이요, 하늘에 오르는 길이요, 무엇이 나의 뜻에 의하여 역사하는 것인가, 그 모두를 다 잃어버리고 사는 백성들임을 알라.

12,257 번째 하나님 말씀

2004년 7월 19일 09시 30분

1 사랑하는 나의 아들아!
2 "네, 아버님! 말씀하옵소서."
3 지상의 낙원을 이루어야 되며 아름답게 살며 저희들이 나의 나라에 올 수 있는 그와 같은 삶을 살아가야 될 나의 백성들이 지금 어느 지경에 도달했는지 알겠느냐?
4 이들은 돌이킬 수 없는 지경에 와 있느니라.
5 이제 이들이 방법과 이들의 것으로써는 도저히 돌이킬 수 없으며, 나에게 오를 수 없는 이와 같은 험악한 지경에 와 있음을 너희들도 스스로 자인할 것이니라.
6 그러니 오늘의 믿음에서 80퍼센트가 그 마음이 지금 공허하며 잘못된 것을 인정하고 있는 형국이니라.
7 이 모두는 나의 뜻을 너희가 받아들이지 아니하였음이니라.
8 너희들이 받아들이지도 아니하였으며, 받아들이지 아니하여 알지 못하기 때문에 내 뜻대로 행하지 못하며 너희들이 살지 못한 자들이니라.
9 나는 모든 선지자를 통하여 너희들에게 나의 뜻을 내렸으며, 모세를 통하

여 나의 뜻을 내려 너희들이 바르게
살기를 바랐으며,
10 나의 아들 예수까지도 내가 세상에 내
려보내 나의 뜻을 그들이 정확하게 전
했으며, 그와 같이 너희들이 행하고
살라는 것을 명확히 너희들에게 깨우
쳐 주었느니라.
11 그러나 그와 같은 정확한 깨달음을 전
달받고 들은 너희들이 인간의 간교한
생각이요, 사악한 생각으로 그 모두를
접어 버렸으며 그를 덮어 버렸으며 받
아들이지 아니하였으며,
12 받아들인 자도 그 길이 어렵고 힘들기
에 모두를 다 지워 버렸느니라.
13 그리하여 너희들의 생각이요, 인간의
교리대로 지금 이끌고 왔으니, 오늘의
이와 같이 험악한 세상이 되었다 함을
알라.
14 지금의 나의 아들을 통하여 내리는 새
로운 성경이 또 무엇이더냐?
15 선지자요, 모세요, 나의 아들 예수를
통하여 전했던 그 모두를 그와 같이
정확하게 너희들에게 가르치고 전하
고자 하여,
16 내가 이제는 너희들이 변질되지 못하
며 고치지 못하며 너희들의 임의대로
할 수 없도록 이 모두를 풀어 상세한
내용을 자세히 기록하여 지금 모든 백
성 너희들에게 전함이니라.
17 그러니 누구나 이를 알 수 있으며 누
구나 읽으면 깨달으며, 이를 변조시킬
수도 없으며 더하고 뺄 수도 없는 것
이니,
18 그리하여 내가 이와 같은 완벽한 새로
운 성경을 내려보내면서 그를 따르는
제자들이요, 나의 새로운 성경을 읽고
깨우친 백성, 너희들을 완벽한 백성으
로서 훈련시켜 이끌고 가려는 것이 나
의 뜻임을 너희들은 명심하여 그리 행
하도록 하라.

12,258 번째 하나님 말씀

2004년 7월 19일 19시 49분

1 사랑하는 나의 아들아!
2 "네, 아버님! 말씀하옵소서."
3 너희들이 정녕 인간의 세상에서 살면
서 너무나 썩어졌으며 너무나 무너졌
으며 너무나 병이 들어 있음이니라.
4 그와 같이 병든 그 백성들을 바로잡고
바로 이끌어 가기 위해서는 모두를 다
고쳐야 되는 어렵고 힘든 삶이니, 그
와 같은 길을 가지 아니하고 거듭날
수 없음이니라.
5 나 여호와는 너희들에게 모든 자유의
지를 주었으니, 나의 피조물 만백성
너희들이 형식적인 것이 아니요, 위장
이 아니요, 진실된 변화요, 진실된 사
랑이요, 진실된 믿음의 그 길을 가지
아니하면 결코 너희들은 아니 됨이니
라.
6 너희들은 나를 속일 수 없으며 하늘을
속일 수 없음이니라.
7 믿음의 길을 가는 백성, 너희들이 나
에게 구원을 받고자 하는 백성, 다 나
의 사랑하는 아들딸이니라.
8 그러나 지금 너희들이 진실된 마음이
요, 진정한 믿음의 길을 가지 아니하
고는 결코 아무것도 이룰 수 없음을
알아야 될 것이니라.

9 정녕 나의 뜻대로 살아가며 나의 계명
대로 살아가는가, 그리고 내가 새로운
성경에 내린 그 뜻대로 살아가는가?
10 그대로 살아가는 그 어렵고 힘든 고통
의 길을 가지 아니하면 아니 됨이니라.
11 이를 명심하고 행하도록 그리하라.
12 그렇지 아니하면 너희들이 얻을 수 없
으며 구할 수 없으며 이룰 수 없음이
니라.

12,259 번째 하나님 말씀

2004년 7월 19일 19시 53분

1 사랑하는 나의 아들아!
2 "네, 아버님! 말씀하옵소서."
3 얼마나 어렵고 힘든 길을 가야 되는가?
4 인간의 삶의 그 모두를 다 벗어던지지
아니하면 너희들이 나에게 오를 수 없
는 것이 너희들의 운명이요, 삶이 아
니더냐?
5 그러니 나의 아들 예수의 기적과 죽음
이 과연 너희들이 구원을 받는 길이
요, 하늘에 오르는 길이라 할 수 있겠
느냐?
6 너희들은 말은 그리하느니라.
7 나의 아들 예수의 죽음과 그 기적의
모두가 진정한 믿음이요, 그 자체가
믿음이 된 것처럼 생각하나,
8 그는 결코 진정한 믿음이요, 구원의
길이 아니라는 것을 알라.
9 너희들이 어렵고 힘든 길을 다스려 나
가며 거듭나며 진심으로 한 점의 부끄
럼이 없는 그와 같은 삶을 사는 백성
이 아니고는 결코 너희들이 나에게 오
를 수 없음이니라.
10 나의 사랑하는 백성 너희들은 들으라.
11 내가 너희들에게 가장 귀하고 소중하
게 내린 가훈이 있지 않더냐?
12 '하늘을 향하여 한 점의 부끄럼이 없
는 삶을 살라, 나의 아들딸들아!'
13 정녕 너희들이 나에게 한 점의 부끄럼
이 없는 삶을 사는가, 그리고 그와 같
은 삶을 위하여 너희들이 얼마나 노력
하는가, 너희들 자신을 한번 들여다보
도록 그리하라.
14 너희들은 육의 삶에 얽히고설키는 대
로 그저 넘어가며 편한 대로 해석하며
너희들이 편안한 길을 찾아가는 것이
아니더냐?
15 그와 같은 믿음으로써 너희들이 결코
나에게 올 수 없음이니라.
16 그러면서 너희들은 나의 아들 예수의
죽음과 부활과 기적이요, 그 모두가
하늘에 오르는 길이라 그리 믿고 있음
이니, 그 믿음이요, 그 신앙생활이 잘
못되었다 함이니라.
17 오로지 너희는 진실된 변화요, 진실된
마음으로써 믿음의 길을 가는 것, 그
리고 하늘을 향하여 한 점의 부끄럼이
없는 참진리의 길을 갈 수 있는 것, 그
모두를 너희들에게 깨우치고자 그는
역사한 것뿐이니라.
18 나 여호와에게 너희들이 가까이 올 수
있는 것, 그리고 나를 볼 수 있는 것,
그와 같이 너희들이 나의 나라에 가까
이 올 수 있고 나의 나라에 들어올 수
있는 그 방법과 너희들 각자에게 무엇
인가를 깨우쳐 주고 지도하는 것이
나의 아들 예수요, 구약과 신약의 그
모두가 역사한 것이지,

19 너희들을 구원하고 속죄해 주는 것이
아니라는 것을 깊이 깨우치라.
20 너희들이 나를 알도록 나에게 올 수
있는 그 길을 안내하고 그를 접목시키
는 중요한 역할로서 구약과 신약이요,
나의 아들 예수가 존재함이요, 그 이
상의 것이 아니라는 것을 너희들은 알
라.
21 그리하여 너희들이 구원에 오르는 것,
그리고 너희들이 거듭나는 것, 그것은
너희들이 피보다 진한 고통과 역경 속
에서 깨우치고 변하여,
22 인간으로서 넘을 수 없는 그 한계의
선을 넘어 너희들이 변하는 역사를 하
지 아니하면, 결코 나에게 올 수 없다
는 것을 알라.

12,260 번째 하나님 말씀

2004년 7월 19일 20시 01분

1 사랑하는 나의 아들아!
2 **"네, 아버님! 말씀하옵소서."**
3 나의 아들 예수의 죽음과 그 기적과
그 모두가 나의 진정한 참뜻을 이루기
위하여 행하여진 것이지, 너희들을 구
원하고 너희들의 죄를 속죄해 주는 그
와 같은 다른 뜻이 거기에 없음을 알
라.
4 오로지 참진리요, 나 여호와의 뜻을
따르고 행하도록 나의 백성들에게 깨
우쳐 주기 위한 것이지,
5 너희들을 구원해 주는 것이요, 너희들
이 지은 죄를 속죄해 주는 다른 의미
가 거기에 있을 수 없으며 뜻이 있을
수 없음을 너희들은 알라.
6 더욱이 그 자체가 하늘에 오르는 길이
요, 진리의 뜻이라는 것은 너희들이
더욱 거기에 말을 해서 그와 같은 것
으로 해석해서는 아니 됨이니라.
7 너희들이 기적과 이적은 참진리의 길
이 아니며, 다만 너희들이 깨우칠 수
있도록 그 길을 안내해 주는 것이요,
너희들을 깨우쳐 주기 위한 하나의 교
육이었을 뿐이니,
8 그것이 참진리요, 너희들이 하늘에 오
르고 구원을 받는 그와 같은 것은 아
니라는 뜻을 알아야 될 것이니라.
9 너희들이 지금 모두가 믿음이 잘못 가
고 있으며 잘못된 것이 바로 그 모두
가 진정한 믿음이요, 구원이요, 하늘
에 오르는 길이요, 참진리라 너희들이
그리 알고 있기 때문이니라.
10 그리하여 나의 아들 예수가 말하지 아
니하였더냐?
11 예수는 그리 말하였느니라.
12 너희들은 한 가지를 들어도 그 글을
그대로 읽는 것이요, 그 의미를 모르
고 읽기 때문에 오늘에 이와 같이 험
악한 세상이 되었느니라.
13 예수 자신이 '길이요, 진리요, 생명이
라, 너희가 참진리의 길을 가지 아니
하고는 나에게 올 수 없다.' 깨우쳐 준
그 뜻의 가르침을 너희들은 어찌 믿고
어찌 가는가?
14 너희들의 그 해석의 오류는 이루 말할
수 없음이니라.
15 지금 나의 아들이 새로운 성경을 가르
치며 너희들에게 전하기를 뭐라 하느
냐?
16 이 160권의 새로운 성경이 하늘에 오

르는 길이요, 너희들이 거듭나는 생명
이요, 그리고 나 여호와에게 오를 수
있는 길이라 나의 아들이 그리 가르치
고 전하지 않더냐?
17 그러니 너희들이 이를 읽지 아니하고
는 하늘에 올 수 없으며, 이를 너희들
이 정독하지 아니하고는 하늘에 올 수
없다 하였음이니, 너희들은 여기서 깨
우침을 얻도록 하라.
18 내가 나의 아들을 통하여 내리는 160
권의 새로운 성경 그 책이 길이요, 진
리요, 생명이요, 하늘에 오르는 길이
아니라는 것,
19 너희들은 지금 나의 160권의 책이 하
늘에 오르는 길이요, 진리요, 생명이
라 그리 생각할 것이나, 그 책이 아니
라 그 책 속에 담겨 있는 그 내용이라
는 것을 알라.
20 지금 나의 아들을 통하여 내리는 160
권의 '하늘에 오르는 길'이요, '하나
님! 말씀하옵소서.' 이 책, 그 자체가
길이요, 진리요, 거듭나는 생명의 길
이 아니라,
21 160권의 새로운 성경 속에 담겨 있는
그 내용 자체가 길이요, 생명이요, 진
리요, 거듭나는 역사를 얻는 것이니라.
22 그러니 너희들이 예수 자체가 길이요,
진리요, 생명이라는 것이 아니요,
23 예수가 담고 있던 그 뜻이요, 나 여호
와의 뜻에 따라 그가 만백성을 구하기
위해 전하고자 했던 그 내용이요, 그
가 역사하고자 하던 것이 길이요, 생
명이요, 참진리요, 하늘에 오르는 길
이라 하는 것을 너희들은 알라.
24 이것이 하늘의 뜻임을 너희들이 명확
히 알아야 될 것이니라.
25 160권의 그 책 자체가 구원의 길이 아
니요, 생명이 아니라, 나의 아들 예수
그 자체의 이름이요, 그 모두가 너희
들을 구원해 주며 죄를 용서해 주는
것이 아니라,
26 나의 아들이 가슴에 담고 있던 내가
명한 내용을 그대로 행하고 지키는 것
이 생명이요, 진리요, 나에게 오르는
길이라 한 그 의미를 깨우치도록 그리
하라.

12,261 번째 하나님 말씀

2004년 7월 19일 20시 06분

1 사랑하는 나의 아들아!
2 "네, 아버님! 말씀하옵소서."
3 나의 아들 예수가 담고 있던 하늘의
뜻이요, 나 여호와가 이루고자 하는
그 뜻을 너희들이 그를 알지 못하며
그를 깨닫지 못했기 때문에,
4 너희들은 지금 죄의 세상이요, 불법을
행하는 세상을 만들어 나의 피조물 만
백성들이 참진리의 길을 못 오고 죄를
만드는 백성으로서 지금 전락되었음
을 너희들은 알고 있는가?
5 너희들이 지금 나의 아들 예수가 담고
있었으며 그가 전하고자 한 그 뜻을
몰라 저희 세상을 만든 것처럼,
6 지금 내가 나의 아들을 통하여 내리는
새로운 성경 160권의 이 책을 너희들
이 읽고 접하지 아니하면 결코 거듭날
수 없음을 너희들은 알아야 될 것이니
라.
7 모든 백성 너희들은 들으라.

8 내가 나의 아들을 통하여 그 제자들로
하여금 새로운 160권을 세상에 만들
어 책으로 내어 '하늘에 오르는 길'이
요, '하나님! 말씀하옵소서.'라 하여
너희들이 보고 들으면 다 알 수 있도
록 상세히 내려보내는 것,
9 지금의 시대에 와서 너희들이 이를 읽
고 깨우치지 아니하는 자는 결코 나에
게 오를 수 없다는 것을 알라.
10 2천 년 전에 나의 아들 예수가 가슴에
담고 내려가 나의 뜻을 너희들에게 전
하고자 하는 것을 훼방했으며 그것을
이루지 못하게 하여, 오늘의 너희들이
불법을 저지르며 죄 속에 사는 백성들
이 되었으며,
11 그리하여 지금 벗어나지 못하며 인간
이 인간을 불신하는 그와 같은 험악한
세상이 되었음이니라.
12 그리하여 내가 그를 바로잡기 위하여
나의 아들을 통하여 지금 너희들에게
한 번의 기회를 더 줌이니,
13 이제 새로운 시대는 160권의 새로운
성경을 읽고 접하지 아니하고는 절대
나에게 올 수 없으며, 그 내용을 너희
것으로 만들지 않고는 하늘의 뜻을 알
수 없음을 너희들은 알아야 될 것이니
라.
14 너희들이 모나시 쇠 속에서 헤매며 서
듬나지 못하는 그와 같은 삶을 살지
밀도록 그리하라.
15 이제 나의 아들을 따르는 제자들이요,
그리고 나의 새로운 성경을 읽은 백
성, 너희들은 들으라.
16 너희들이 이 모두를 너희 것으로 만들
며, 이를 실천하고 믿드는 그와 같은
결과를 얻는 삶을 살도록 그리하지 아
니하면 아니 될 것이니 그리 전하라.

12,262 번째 하나님 말씀

2004년 7월 19일 20시 38분

1 사랑하는 나의 아들아!
2 "네, 아버님! 말씀하옵소서."
3 지금의 모든 종교 집단의 지도자, 그
신도들이 본질의 뜻을 모르니 너무나
썩고 썩어 부패해져 있느니라.
4 그리하여 지금의 종교 집단이요, 그들
의 믿음이요, 그 교리를 가지고는 나
의 피조물 만백성들을 거듭나게 할 수
없으며, 그들을 깨우칠 수 없으며, 하
늘의 길을 볼 수 없다 내가 그리하지
않았느냐?
5 그러니 지금 그와 같은 형국이 되어
있음이니라.
6 그리하여 너희들이 인도하며 깨우친
다는 것은 지금의 집단으로써는 결코
그 힘든 역경을 이겨 낼 수도 없으며,
7 참진리요, 그 뜻을 아는 자가 없으니,
결코 너희들은 그 모두를 다스릴 자격
이 없다 내가 하지 아니하였더냐?
8 그러면 너희들도 생각할 것이니라.
9 너무나 잘못된 뿌리요, 썩은 뿌리가
깊이 박혀 있으며, 그리하여 지금으로
써는 그와 같은 모두를 도려내고 다스
린다는 것은 너무나 늦었으며 늦었다
너희들이 그리 생각할 것이며, 이는
바로잡을 수 없으며 다스릴 수 없는
지경에 와 있다 그리 생각할 것이니라.
10 그러나 너희들은 들으라.
11 나 여호와가 존재하는 이 세상에 거짓

으로써 온 그 믿음이요, 종교 집단이
요, 그들이 지금까지 해 온 것이 내 뜻
을 거역하고 왔기에 그들은 결코 존재
할 수 없으며,
12 참진리가 세상에 내려올 때 그들은 밀
려나게 되어 있으며, 제자리를 지키지
못하게 되어 있음을 너희들은 알아야
될 것이니라.
13 지금은 저희들이 세상을 지배하는 방
대한 집단으로서 무너지지 아니할 것
이며 견고한 것같이 보이나,
14 결국 비진리요, 거짓된 믿음으로써 온
그 신앙은 참진리요, 진정한 나 여호
와의 뜻이 세상에 내려왔을 때 견딜
수 없으며 겨룰 능력이 없음이니라.
15 그리하여 너희들이 지금 믿음이라는
게 글자에만 매달렸으며, 그 깊은 의
미요, 뜻을 모르고 그를 가지고 해석
하고 너희들이 진리요, 하늘의 뜻이라
하여 지금 왔기에,
16 그를 해석하며 참진리요, 나 여호와의
뜻이 세상에 전해질 때 결코 그들은
견딜 수 없을 것이니 그리 알라.

12,263 번째 하나님 말씀

2004년 7월 19일 20시 44분

1 사랑하는 나의 아들아!
2 "네, 아버님! 말씀하옵소서."
3 오늘의 믿음의 길을 가는 모든 백성
너희들이 매달리고 애원하며 가는 길
이 무엇이더냐?
4 나의 아들 예수를 믿으며 나를 믿기만
하며, 그리고 너희들의 손으로 지은
죄의 온상에 나가기만 하면, 너희들이
모두 구원받으며 거듭나는 영광을 얻
는다 하느니라.
5 그리하여 예수가 그때 다시 와 너희들
을 구원할 자, 구원하지 아니할 자를
구분함이니, 지금의 믿음의 길을 간
백성 너희들은 다시 다 부활되며, 그
렇지 아니한 자는 죄의 심판의 대가를
치른다 그리 알고 가고 있음이니라.
6 그리하여 믿기만 하면 나의 아들 예수
가 다시 와 너희들을 구원한다 하니,
그 세월이 과연 얼마나 흘러왔던가?
7 너희들이 그것 하나를 믿고 신앙이요,
믿음생활을 해 왔으며, 종교 지도자는
그것을 가지고 나의 피조물 만백성들
을 이리 우리고 저리 우려 얼마나 고
통스러운 세상에서 그들을 끌고 갔으
며 그들을 살게 만들었던가?
8 너희들의 그 가혹한 행위는 일일이 다
나열할 수 없을 만큼 사악한 짓을 했
음이니라.
9 재물을 거둬들이며 시간을 뺏으며, 그
들을 모두 속박된 생활로써 얽매는
그와 같은 삶으로써 끌고 오지 아니하
였더냐?
10 그와 같이 너희들이 끌고 온 것이 지
금까지 2천 년이라는 세월이 흘렀음
이니, 과연 너희들은 이 동안에 울고
불고 온갖 짓을 다하고 왔던 그 믿음,
그것이 과연 2천 년 동안에 그러한 백
성을 단 한 사람이라도 보았으며, 너
희들이 나의 아들 예수가 부활하여 이
끌어 가는 것을 보았으며 구원하는 것
을 봤더냐?
11 너희들은 그걸 보지 못했으며 2천 년
동안 기다리며 모두 다 죽어 갔느니라.

12 그러거늘, 너희들이 무엇을 더 기다리며 여기서 무엇을 더 찾고자 울고불고 한단 말이더냐?

13 너희들은 시작이 잘못된 자들이니라.

14 나 여호와가 예수를 통하여 너희들에게 깨우치고 전하고자 했던 내 뜻을 따르고 행하지 아니한 자들이요, 이를 거역하는 행위만 한 자들이요,

15 그러니 너희들이 그 믿음이요, 내가 원하는 그것을 첫 단추를 잘못 끼우고 온 자들이 고쳐 끼우지 아니하며 바로 잡아 준 자가 없기에,

16 너희들은 지금까지 그대로 흘러오는 대로 흘러왔으며, 악습이요, 폐습이요, 그와 같은 것을 그대로 전수한 자들이 아니더냐?

17 그리하여 악습이요, 악습에서 또 악습을 낳으며, 모진 곳에 더 모진 짓을 하는 것이 오늘의 종교 집단의 지도자 너희들이 아니더냐?

18 너희들이 나의 백성들에게 그만큼 재물을 거뒀으며 헌금을 거둬들였으며, 호화로운 성전이요, 교회라는 것을 지어 가면서 했던가?

19 그 모두가 얼마나 사악한 행위로 지금 타락되고 변질되었는지 알겠느냐?

20 그러니 죄지은 자가 지금 죄지은 나의 백성을 더욱 죄를 짓도록 하는 것이 오늘의 종교 집단이지, 나의 피조물 만백성을 구하는 그와 같은 역사를 하는 곳이 아니니라.

21 죄지은 자가 나의 피조물 만백성들을 더 죄를 짓도록 이끌어 가는 것이 오늘의 너희들이 역사한 것이 아니더냐?

22 내가 그리하여 뭐라 말하였느냐?

23 죽은 자의 장례를 죽은 자가 치르는 그 꼴이 오늘의 너희들의 믿음이라 미리 내가 깨우쳐 주고 전했음이니,

24 너희들이 죄지은 자가 지옥에 가는 것을 저 자신이 어디 가는지 모르면서 천국으로 간다, 그리고 구원을 받아 하늘나라에 간다 그리 말하며,

25 저 자신도 지옥으로 가는 자가 지옥으로 가는 백성을 이끌어 가면서 너희들이 알지 못하기에, 그 무엇인가를 깨닫지 못하며 하늘의 지혜가 없기 때문에,

26 그저 믿기만 하면 구원을 받으며, 믿기만 하면 부활이 된다 하여, 너희들이 나의 아들 예수가 구원할 자와 구원하지 않을 자를 구분할 때, 믿는 자는 구원을 받는다는 그와 같은 약장사만도 못한 만병통치약을 가지고 나의 피조물 만백성들을 얼마나 우롱하고 고통 속에 끌고 갔는가?

27 그 사악한 행위를 이제 중단하도록 그리하라.

28 그렇지 아니하면 너희들이 살아 있을 때 새로운 성경이 세상에 내려감이니, 그때 너희들이 어떠한 고통을, 어떠한 시련을 겪게 될 것인가 너희는 생각을 못 할 것이니라.

12,264 번째 하나님 말씀

2004년 7월 19일 20시 49분

1 사랑하는 나의 아들아!

2 **"네, 아버님! 말씀하옵소서."**

3 참진리의 길을 깨달아 너희들이 나 여호와가 원하는 나의 뜻에 의하여 살이

가는 백성이 되어야 할 것이니라.
4 그리하여 너희들이 나의 참진리요, 내
뜻대로 살아가야 너희와 내가 하나의
끈으로써, 하나의 고리로써 연결되는
것이며, 그리 연결되었을 때 너희들이
나에게 오를 수 있다는 것을 어찌하여
모른단 말이더냐?
5 나의 나라에 나에게 오른다는 백성들
이 나와 하나의 끈으로써 고리로 연결
되지 아니하고 어찌 너희들이 나에게
온단 말이더냐?
6 그러니 그와 같은 것은 참진리요, 내
가 성경에 기록되어 있는 베풀고 살라
는 것을 하나하나 찾아 그리 행하고
베풀며 살면 되느니라.
7 너희들이 그를 행하지 아니하였기에
내가 160권으로써 온갖 것을 다 하늘
의 뜻을 예를 들어 너희들에게 하나하
나 깨우쳐, 너희들이 바로 보고 바로
서는 백성을 만들고자 하는 것이 나의
뜻이니라.
8 나의 참뜻을 알지 못하고 너희들이 거
역하는 행위만 지금 계속해 왔기에,
9 내가 나의 아들을 통하여 새로운 성경
으로써 하나하나 예를 들어 누구든 이
를 읽고 들으면 깨우칠 수 있고 하늘
의 뜻을 알 수 있도록,
10 그리고 하늘의 뜻이 무엇인가를 너희
들이 알 수 있도록 내가 오늘의 이 역
사를 이룬다는 것을 알아야 될 것이니
라.
11 나 여호와가 예수를 통하여 이루고자
했던 그 뜻 또한 거기에 모두 다 기록
되어 있음이니라.
12 너희들이 무엇인지 어떠한 것인지 모
르고 지금 흘러왔기 때문에 오늘의 너
희들이 각종 종파요, 수많은 이름의
헤아릴 수 없이 많은 종파가 생겼으며,
13 그들이 저희만이 하늘에 오른다는 거
짓된 믿음에 나의 피조물 만백성들을
매달리게 했으며, 거기에 매달려 있는
백성들은 그것이 구원이요, 나에게 오
르는 길이라 지금도 아직 그리하고 있
음이니라.
14 내가 나의 아들을 통하여 너희들에게
뭐라 말하였느냐?
15 자신의 구원이라는 것은 작은 것에 불
과하니, 거기에 매달리지 말고, 나 여
호와가 이루는 뜻이 무엇인가를 깨달
아 내가 불러 쓰는 백성이 되는 길을
먼저 너희들이 가야 한다 하지 아니하
였더냐?
16 그러니 내 뜻을 모르기 때문에 작은
구원이요, 거듭나는 것만 매달려 나의
피조물 만백성들을 너희들이 이리 치
고 저리 치고 그들의 있는 모두를 다
박탈하고 갈취하는 사악한 자가 되어
버렸음이니라.
17 그리하여 나의 피조물 만백성들은 스
스로 판단할 수 있는 모든 것을 다 잃
어버리고 지금 그저 맹종 맹신하는 그
와 같은 믿음의 길을 가고 있느니라.
18 그저 부르는 대로 악을 쓰며 그저 찾
는 대로 너희들이 악을 쓰고 그저 바
치라는 대로 갖다 악을 쓰고 바치는
이와 같은 형국이 되어 있으니, 나의
뜻과 내가 역사하는 것과는 전혀 관계
가 없음을 알아야 될 것이니라.
19 이 세상이 나의 뜻과 나의 계획에 의
해 그대로 이루어지고 그대로 존속하

여야 될 것이거늘,
20 잘못된 인간이요, 사탄의 그 꿀맛에 넘어진 그 사악한 백성들이, 사탄의 노예가 된 자들이 저희들 마음대로 모든 교리를 만들어 전하며, 간교한 방법으로써 이 세상을 이렇게 혼돈케 만들었으니,
21 모든 행복과 자유로움이요, 그 모두를 다 저희들이 지금 베풀어 주고 내려주는 그 자격을 가진 것처럼,
22 더욱이 구원도 저희들이 마음대로 할 수 있는 것처럼 하는 그 종교 집단의 지도자, 그 변질된 자들에게 너희들이 노예가 되어 있으니,
23 거기서 뛰쳐나오는 백성이 아니 되고는 나에게 오를 수 없다는 것을 알라.

12,265 번째 하나님 말씀

2004년 7월 19일 20시 56분

1 사랑하는 나의 아들아!
2 "네, 아버님! 말씀하옵소서."
3 너의 제자들이요, 너를 따르는 모든 백성들, 그리고 나의 새로운 성경을 읽고 깨우친 만백성, 너희들은 알아야 될 것이니라.
4 이제 너희들이 나의 아들을 통하여 내리는 그 말씀을 수없이 들었으며 나의 새로운 성경을 읽고 깨우쳤음이니,
5 너희들은 이제 나름대로 한계에 전진하고 있으며, 그리고 노력한 만큼 지금 깨달음을 얻고 있으니, 내가 너희들에게 전하고자 함이니라.
6 너희들은 오늘의 이 삶이요, 여기에서 인간 세상의 모든 삶이요, 모두를 다 정화하는 과정을 거치지 아니하고는 결코 나의 진리를 알 수 없음이니라.
7 너희들이 겪을 수 있는 그 고통이요, 시련 그 모두를 너희들이 겪지 아니하면 결코 내 뜻을 알 수 없음을 알아야 될 것이니라.
8 힘들고 어려운 그 과정에 너희들이 나 여호와를 믿으며, 그리고 나의 아들을 따르며, 새로운 성경을 읽으며,
9 너희들이 편안한 길, 그리고 남들보다는 부유한 길을 가며, 그리고 남들과 같은 고통의 길을 가지 아니하려는 생각을 하지 말라.
10 나는 너희들에게 말하느니라.
11 나 여호와가 너희들에게 평화요, 향락을 주기 위하여, 그리고 즐거움을 주기 위하여, 너희들에게 무엇인가 편안한 삶을 주기 위하여 160권의 새로운 성경을 내려보내는 것이 아니라는 것을 너희들은 알라.
12 모든 백성들은 그와 같이 은혜를 받는다 생각할지 몰라도, 나의 아들을 따르는 제자 너희들은 절대 그것이 아니됨이니라.
13 미꾸라지라는 그 미물에 소금이라는 것을 듬뿍 부어 그가 모두를 다 토해내듯이,
14 너희들이 고통과 시련이요, 내려갈 때까지 내려가면서 그와 같이 토해 내고 변하며 모두를 다 토해 내지 아니하면,
15 너희들은 나 여호와의 뜻을 알 수 없으며 너희들이 내 참진리의 의미를 알 수 없음이니라.
16 그리하여 내려가고 내려갈 때까지, 너희들이 죽음의 직전까지 내려가고 또

처졌을 때, 그리고 더 이상 내려갈 수
없을 때, 그때 너희들이 인간의 삶의
존재를 알며, 나 여호와의 뜻을 알며,
거기서 깨달음이라는 것을 얻을 것이
니라.
17 너희들이 거기까지 내려가지 아니하
면, 아무리 변화되었다 하며, 너희들
이 모두를 대중적으로 보며, 새로운
삶을 산다 해도 너희들은 정녕 그 뿌
리를 버리지 못한 백성들이니라.
18 그러니 너희들은 알라.
19 죽음의 직전까지 너희들이 내려가고
추락하고 무너지고 그저 쓰러지는 그
지경까지 가서,
20 인간이라는 그 자체의 삶이요, 인간의
인연이요, 지금까지 가지고 있는 너희
들이 인간의 죄의 그 모두를 다 토해
내고 토해 내지 아니하면,
21 나를 볼 수 없으며 내 뜻을 알 수 없으
며, 거듭날 수 있는 기회를 얻지 못함
이니라.
22 또한, 너희들이 그리 내려가고 또 내
려가 토하고 또 토해서 너희들이 지치
고 지쳐서 나 여호와의 뜻을 알며 하
늘의 이치를 깨달았다 하여, 내가 너
희들에게 부귀와 영화를 내리는 것은
없음이니라.
23 다만, 그때부터 너희들이 나의 일꾼으
로서 쓰임을 받을 것이며, 그때부터
너희들이 내 뜻에 따라 역사할 수 있
으니,
24 그러니 너희들이 그와 같이 내려가서
거듭난 백성이 될 때, 기적이요, 너희
들이 바라는 그 모든 역사를 얻을 자
격이 있으며 행할 자격이 됨을 알라.
25 너희들은 내려가야 될 것이니라, 더
내려가야 될 것이니라.
26 그리고 더 고통을 받아야 될 것이니
라, 더 고통 속에서 행해야 될 것이니
라.
27 너희들이 고통과 시련을 접하는 것,
너희들이 견딜 수 없는 그 아픔을 견
디는 것, 그 속에서 너희들이 거듭나
며 거기서 너희들이 새로운 꽃을 피운
다는 것을 절대 잊지 말라.
28 나 여호와는 너희들에게 고통이요, 고
통에 고통을 주기 위하여 지금 새로운
성경을 내려보냈으며, 나의 아들로 하
여금 선택된 너희들을 교육시킴을 잊
지 말라.

12,266 번째 하나님 말씀

2004년 7월 19일 21시 00분

1 사랑하는 나의 아들아!
2 "네, 아버님! 말씀하옵소서."
3 너를 따르는 제자들이요, 나의 새로운
성경을 읽고 깨우친 만백성, 너희들은
들으라.
4 너희들이 과연 이와 같이 새로운 성경
이 내려오며 나의 아들로부터 너희들
이 주옥같은 그 강론을 들으면서도,
5 이것이 창조주 나 여호와의 뜻인가,
과연 사탄의 뜻이 아닌가는 알지 못하
는 속에서 지금 가고 있지 않은가?
6 그리고 그 의혹을 버릴 수 없는 것이
너희들이니라.
7 그러나 너희들은 나 여호와의 뜻인지
알지 못하든, 사탄의 뜻인지 알지 못
하든, 그와 같은 속에서 견딜 수 있는

그 믿음이요,
8 그러면서 거기서 누구도 거칠 수 없는
정화 과정을 거쳐서 너희들이 거기서
스스로 깨닫는 그와 같은 위대함을 얻
어야 될 것이니라.
9 너희들이 나 여호와의 뜻인지, 사탄의
뜻인지 그것을 분간하지 못하는 속에
서 지금 견디고 나가면서 내려갈 때까
지 내려가며, 너 자신을 정화시킬 때
까지 정화시키는 그와 같은 삶을 살아
갈 때,
10 변화의 역사를 얻을 것이며, 하늘의
뜻이라는 기적을 보게 될 것이며, 하
늘의 뜻의 증거를 볼 수 있을 것이며,
나 여호와가 주관하는 나의 아들이요,
새로운 성경이라는 것을 거기서 볼 것
이니라.
11 너희들이 내려가고 내려갈 데까지 내
려가야 되느니라.
12 너희들이 사막에서 물 한 컵을 얻지
못하여 죽음 직전에 모두를 다 버리
고 포기하고 쓰러져서 죽어 갈 때,
13 지나가는 사람이 너에게 물을 주며 너
를 구원하는 그와 같은 고통과 시련까
지 내려가야 되느니라.
14 그보다 더한 고통이요, 그보다 더한
데까지 내려가고 너희 스스로 겪어야
만 너희들 마음속에 있는 인간 세상
의 고리요, 그 모두를 다 끊을 수 있으
며, 정리할 수 있으며, 거기서 거듭날
수 있음이니라.
15 그러니 너희들이 그 고통을 겪는 속에
서만 모든 걸 얻을 수 있으며 볼 수 있
다 전하라.
16 내가 그리하여 네 부모요, 형제요, 그
모든 끊을 수 있는 마음의 고리, 그와
같은 독한 마음이요, 인내하는 마음이
없이는 이룰 수 없다 하였음이니라.
17 다시 한 번 내가 너희들에게 전함이니
라.
18 너희들이 견딜 수 없는 그 고통의 순
간까지 내려가서 네가 다 토해 내고
인간의 삶을 다 지우고 버렸을 때, 거
기에서 너희들이 포기를 할 것이니라.
19 이제 너희들이 사막에서 물을 마시지
못하여 죽음 직전이니, 독수리들이 네
머리 위에 돌고 있으며, 그 독수리가
너를 향하여 공격하는 것을 의식을 하
고 있는 그 순간에,
20 네가 그를 저항할 수 없으며 거기서
지킬 수 없으며 네 몸을 보호할 수 없
어 네가 모두를 포기하는 그와 같은
순간에,
21 네가 사람의 도움으로 거듭나는 그와
같은 내려가고 내려가고 고통에 고통
을 겪지 아니하면 아니 될 것이니라.
22 그 속에서만 너희들이 모두를 다 비울
수 있으며, 모두를 잊어버릴 수 있으
며,
23 너희들의 육신의 생각이요, 육신의 욕
심이요, 인간 너희들의 부모와 형제
요, 자식이요, 아내요, 남편이요, 그 모
두를 다 포기하는 그 순간처럼,
24 그때 같은 마음으로써 내려가지 아니
하면 너희들은 내 뜻을 알 수 없으며,
거듭날 수 없으며, 하늘의 뜻을 역사
할 수 있는 그와 같은 은혜가 없는 것
이니,
25 그때까지 내려가라, 그리고 그 고통을
마다하지 말라.

26 그 고통을 스스로 견디고 체험하라,
그리고 그 고통을 네 것으로 만들라.
27 그와 같은 체험이 없이는 나의 뜻으로
써 거듭나는 백성이 되지 못함이니,
그것은 네 마음속에, 네 가슴속에 썩
고 더러운 것이 남아 있으니,
28 너희들이 죽기 전에 독수리가 너를 이
제 공격하니, 네가 먹이가 되는 직전
에 거부할 수 없으며 보호할 수 없으
며 방어할 수 없이 모두를 포기하고
독수리에게 네 몸을 맡기는 그와 같은
죽음의 직전까지 내려갔을 때만이 너
희들이 거듭날 수 있는 것이니,
29 거기서만이 변화될 수 있다는 것을 만
백성에게 전하고, 너의 제자들에게 전
하며, 그리고 이 새로운 성경을 읽고
깨우치는 백성들에게 전하라.

12,267 번째 하나님 말씀

2004년 7월 19일 21시 10분

1 사랑하는 나의 아들아!
2 "네, 아버님! 말씀하옵소서."
3 사랑하는 나의 아들아! 내가 이 세상
에 역사하는 것, 그리고 내가 너희들
에게 모두를 역사하는 것은 화평과 평
화요, 너희들의 안위를 위해서 내가
새로운 성경을 세상에 내려보냄이 아
님을 너는 알고 있지 않은가?
4 "네, 아버님! 저는 그를 깊이는 모르
오나, 제가 아버님의 뜻을 조금은 알
고 있사옵나이다.
5 결코, 아버님의 뜻에 따라 새로운 길
을 가는 백성, 저와 더불어 가는, 저를
따르는 선택된 제자 그 모두에게 평화
와 화평이요, 행복을 주기 위하여,
6 그리고 모든 백성들이 새로운 성경의
길을 가는 백성들에게 화평과 축복의
영광을 위해서 새로운 성경이 존재하
는 것이 아니라,
7 그 모두가 그들이 다 버릴 것, 그리고
그들의 그 고통이요, 거듭나는 그와
같은 시련을 위해서 모두가 다 존재한
다 저는 그리 생각하고 있사옵나이다.
8 아버님께서 말씀하시는 그 뜻은, 저희
들이 고통이요, 시련을 겪을 만큼 겪
지 아니하고는 거듭날 수 없으며 깨달
을 수 없기 때문에, 오늘의 새로운 성
경에 존재하는 것을 그대로 따르고
그대로 행하기에는 인간으로서 어렵
고 힘든 길이기에, 그 고통의 길 밑에
까지 내려가지 아니하면 거듭날 수 있
는 영광이 없기 때문에,
9 지금은 모든 고통과 시련을 즐거움이
요, 그걸 상이요, 은혜로 받고 가야만
된다는 것, 그것이 아버님께서 역사하
시는 뜻이라 저는 그리 생각되옵나이
다."
10 사랑하는 나의 아들아!
11 모세가 역사했던 그 과정은 어떠하던
가?
12 그가 스스로 왕자의 자리를 내려놓고
광야의 생활을 하기까지 그가 얼마나
많은 고통과 죽음의 고비를 넘기고
체험했는가?
13 그리하여 결국은 어찌 역사했느냐?
14 그가 내려갈 데까지 내려갔으며, 왕자
의 자리에서 양을 치는 목동까지, 그
리고 광야의 생활을 하는 사람으로서
더 이상 내려가며 더 이상 육의 고통

과 시련이 있을 수 없었을 것이니라.
15 너희들이 과연 왕자의 자리를 버리고
그와 같은 길을 갈 수 있는 백성이 있
겠는가?
16 그는 그리 내려놓았으며 낮아졌으며
그 고통의 길을 서슴없이 갔기에, 그
는 나로부터 그 영광의 은혜를 받을
수 있으며 모두를 역사할 수 있는 지
도자로서 거듭날 수 있었음이니라.
17 노아의 방주의 역사는 과연 어떠하더
냐?
18 그것을 만들기 위해 그는 전 재산을
다 털었으며, 그리고 그 모든 세월 속
에서 많은 사람에게 웃음거리요, 비아
냥을 당하면서도, 그는 물질적인 고통
이요, 생활의 고통을 겪으면서도 다
역사하며 그는 견디고 나갔지 않았더
냐?
19 그 이상 더 내려갈 길이 없으며 더 이
상 고통당할 길이 어디 있느냐?
20 욥은 어떠했느냐?
21 모든 재산을 다 털었으며, 그리고 그
벌레가 몸을 파먹는 그와 같은 형국에
까지 가지 않았더냐?
22 그보다 사람이 더 이상 고통이요, 시
련을 어찌 겪겠는가?
23 그 속에서도 변하지 않고 거기까지
내려갔을 때, 그가 받을 수 있는 은혜
요, 영광이요, 축복을 받지 않았더냐?
24 그러니 그와 같은 것을 읽고 깨우치면
서, 어찌하여 너희 자신이 그와 같은
길을 감으로써 거듭나며, 하늘의 뜻을
알 수 있으며, 너희들이 낮아질 데까
지 낮아져야 된다는 것을 어찌하여 깨
닫지 못하고,
25 너희들과는 관계없는 것같이 생각하
며 그 믿음으로 가면서 나에게 오를
수 있으며 구원을 받을 수 있다 말하
는가?
26 아브라함의 고충은 또 어떠했는가?
27 그 자식을 어찌했는가?
28 그는 그 모두를 다 바치려 했음이니라.
29 그러니 그가 그 이상 무엇을 더 버리
며 무엇을 놓을 수 없으며, 금화와 은
화와 그 자식을 바꿀 수 있겠는가?
30 그는 그와 같이 마음이 낮아졌으며
그 모두를 다 포기하는 그와 같은 역
사를 했을 때, 그는 모두를 깨우칠 수
있는 것을 얻었음이니라.
31 그와 같은 역사 속에서 그와 같은 생
활이요, 그와 같이 낮아지지 아니하면
아니 됨을 너희들은 알아야 될 것이니
라.
32 인간인 너희들이 견딜 수 없는 한계까
지 쓰러지고 또 내려가며, 어렵고 힘
든 그 과정을 거치면서 싸워서 이기는
백성으로 되었을 때,
33 그리고 인내하는 백성으로서 너희들
이 다시 태어나는 그와 같은 용기를
가지고 버티고 나갈 때,
34 그리고 나에 대한 신뢰요, 믿음을 가
지고 갈 때, 거듭 하늘의 이치를 알게
되는 그와 같은 영광을 얻게 됨이니
그리 알라.
35 나의 아들 예수는 무엇으로써 증거했
으며 그는 얼마나 고통스러운 길을 갔
는가?
36 나의 아들 예수의 죽음이요, 그 고통
이요, 그 시련은 너희들이 다 감당치
못할 것이니라.

37 그와 같이 그 모두를 겪으며 그는 낮
은 자세로 가면서 그는 꿋꿋이 그 자
세를 지키지 않았던가?
38 그러니 너희들이 그와 같이 낮은 자의
시련과 고통을 겪는 오늘의 모두를 접
하고 체험할 때, 너희들은 낮아질 수
있는 것이니라.
39 지금의 나의 아들과 그 제자들 너희들
은 다시 한 번 생각해 보라.
40 과연 너희들이 얼마나 비운 자요, 얼
마나 고통 속에서 거듭난 백성들인가?
41 그러니 지금 나의 아들을 따르는 제자
너희들이 그 고충의 한계를 과연 넘는
역사를 했는가, 그리고 너희들이 그와
같은 체험을 했는가?
42 오늘의 삶이 너희들은 그보다 더한
고통 속에 있다 생각하는가?
43 너희들은 한계를 넘어야 될 것이니라.
44 그리고 그 속에서 너희들을 찾는 그
위대함을 알아야 될 것이니라.
45 너희들은 고통이요, 견딜 수 없는 시
련을 축복이요, 영광이라 그리 생각하
는 마음을 갖고 살라는 나 여호와의
뜻을 알겠느냐?
46 내려가고 내려가고 고통과 시련 속에
서 너희들이 마지막 단계에서 거듭남
이니라.
47 그리하여 너희들에게 평화와 행복을
주기 위하여 새로운 성경이 세상에 내
려오는 것이 아니니라.
48 예수가 너희들에게 고통과 시련을 주
기 위해 역사했던 것처럼,
49 그가 화평이요, 행복이요, 부귀영화를
위하여, 울고불고 기도하는 너희들의
죄를 사해 주기 위하여, 너희들을 구
원하기 위해 나의 아들 예수가 그리
갔다 생각하는가?
50 나의 아들 예수가 세상에 내려가 내
복음을 전한 것은 너희들에게 고통과
시련을 주기 위함이니라.
51 너희들이 육의 세상에 살면서 스스로
체험할 수 없는 고통과 시련 속에서
깨달음을 얻도록, 그를 깨우치기 위해
나의 아들이 그와 같은 것을 역사했음
을 너희들은 어찌 모르는가?
52 그와 마찬가지로 오늘의 나의 아들 또
한 160권의 새로운 성경이 그와 같은
역사를 이룸을 알라 전하느니라.

12,268 번째 하나님 말씀

2004년 7월 19일 22시 16분

1 사랑하는 나의 아들아!
2 "네, 아버님! 말씀하옵소서."
3 지금의 종교 집단이요, 그들이 얼마나
어리석은 자요, 얼마나 잘못 가며 광
란의 짓을 하느냐?
4 저희들은 모여서 집회요, 행사를 함이
니라.
5 그 행사요, 집회의 화려함이 인간의
상상을 초월할 정도로 그리하느니라.
6 너희들이 그리 화려한 행사를 치르며
그 모든 재물은 누구한테서 거둬들이
는가?
7 나의 사랑하는 백성들로부터 너희들
이 갈취하는 것이 아니더냐?
8 너희들이 그와 같은 낭비요, 그와 같
은 재물을 함부로 쓴다면, 네 교회라
는 곳의 담 밑에 더불어 사는 불쌍하
고 가련한 사람, 그리고 네 이웃에 너

희들 주변에 불쌍하고 가련한 백성들
에게 그와 같은 경비를 가지고 그들에
게 빵으로써 한 끼의 어려운 자들을
도울 수 있는 행위를 하는 것이 나의
뜻이요, 당연한 것이거늘, 너희들이
얼마나 화려하고 호화로운 행위를 하
는가?
9 그리고 너희들은 호화로운 행위요, 그
행사요, 집회를 하면서 뭘 하느냐?
10 울고불고 각종 음악 소리에 맞춰 춤
추고 노래 부르며 그리하느니라.
11 '주여! 이 밤이 가기 전에 기적을 보여
주옵소서.' 그리하면 너희들이 또한
따라서 악을 쓰느니라.
12 '주여! 이 밤이 가기 전에 저희들에게
기적을 보여 주옵소서. 주여! 이 밤이
가기 전에 저희들에게 하늘의 빛을 보
여 주옵소서.' 그러니 너희들이 또 부
르짖느니라.
13 '주여! 이 밤이 가기 전에 아버님의 음
성을 들을 수 있도록 하여 주옵소서.
주여! 이 밤이 가기 전에 아버님의 형
체를 보여 주옵소서.' 그러면 그럴 때
마다 그 신도라는 자들이 울고불고 팔
을 들고 노래 부르며 눈물 흘리고 하
느니라.
14 그러면서 또 그 지도자가 뭐라 하느냐?
15 '주여! 이 밤이 가기 전에 증거를 보여
주옵소서.' 그러니 너희들이 또 거기
에 따라서 외치느니라.
16 '주여! 이 밤이 가기 전에 성령이 임하
도록 하여 주옵소서, 성령이 임하도록
하여 주옵소서.' 울고불고 그리하느니
라.
17 그리고 입으로써 너희들은 성령이요,
성령이요, 악을 쓰고 발악을 하면서
고래고래 소리를 지르느니라.
18 그것이 과연 너희들이 나에게 드리는
경건한 경배의 기도요, 나에게 드리는
기도라 그리 말할 수 있겠는가, 과연
그러고도 너희들이 내 뜻에 의해 가는
백성들이냐?
19 그저 너희들은 울고불고 악을 쓰느니
라.
20 '이 밤이 가기 전에 증거를 보여 주옵
소서. 이 밤이 가기 전에 아버님의 빛
을 보여 주옵소서. 이 밤이 가기 전에
아버님의 형체를 보여 주옵소서. 이
밤이 가기 전에 아버님의 음성을 들려
주옵소서.' 입이 벌어질 만큼 벌려 너
희들이 악을 쓰고 '주옵소서, 이루어
주옵소서, 보여 주옵소서.' 그리하느
니라.
21 그걸 따라서 악을 쓰면서 '아멘, 할렐
루야!' 찾는 것이 너희들이니라.
22 너희들은 들으라.
23 인간인 너희들이 가지고 있는 것, 삶
의 오늘의 생각이요, 정신이요, 행동
이요, 그 모두를 반대로 바꾸지 아니
하면 아니 된다 하였음이니, 반대로
바꾸지 아니한다면 무엇이더냐?
24 너희들이 지금 가지고 있는 그 모두를
다 토해 내야 되며 벗어던져야 되니,
그렇지 않으면 너희들이 나에게 오를
수 없으며 나와 교통할 수 없다는 것
을 알라.
25 너희들이 정녕 하늘에 오르는 길이라
면 선지자요, 지도자요, 모세요, 욥이
요, 그리고 나의 아들 예수요, 그들이
살아간 것, 그들이 어떠한 길을 갔으

며 어떠한 삶을 살아갔으며 어떠한 형
태로써 그들이 이어졌는가, 그와 같은
것을 보라.
26 그들은 고통과 시련 속에서 끝없이 자
기를 지키며, 인내 속에서 나로부터
뜻을 받아 역사하는 그와 같은 기적을
이룬 자들이니라.
27 그러니 너희들이 하늘을 향하여 악을
쓰는 소리를 그만 중단하며, 그 악을
쓰는 것으로써 구원이요, 나에게 오를
수 있다 생각하는가?
28 온갖 소리를 갖다 대며 같이 악을 씀
이니라.
29 너희들이 이 밤이 가기 전에 너희들에
게 무슨 기적을 보여 줘야 되며 역사
가 이루어져야 되며 빛을 보여 줘야
된다 그리 악을 쓰니,
30 달라 달라 하다 안 되니까, 이제 나 여
호와가 존재하느냐 존재하지 아니하
느냐 그 증거를 제시하라는 자들이 아
니더냐?
31 정녕 저희들이 가고 있는 것이 나 여
호와의 진리에 의해 가는 백성인가,
그렇지 않으면 너희들이 어떠한 길을
가고 있는가, 그 자체를 너희들이 지
금 분간치 못하기에, 나에게 보여 달
라 하는 것이 아니더냐?
32 그러니 스스로 지도자는 제가 사탄의
길을 가고 있는 것인지, 창조주 나 여
호와의 뜻에 의하여 길을 가고 있는
지, 저 자신이 불안하고 저희들이 공
포에 젖어 있기에,
33 그리하여 보여 달라 외치고 소리 지르
며, 들려 달라 하여 외치고 소리 지르
는 것이 아니더냐?
34 그러니 너희들은 알라.
35 지금 너희들이 사탄이냐 아니냐 그와
같은 생각 속에 너희들 자신이 지금
무엇인가를 구분하지 못하고 있는 자
들이 바로 그러니라.
36 사탄이요, 참진리요, 그와 같은 것을
생각하지 말며, 나 여호와의 뜻에 의
해 살아가는 것, 그리고 그리 살아가
나에게 심판을 기다리는 것, 그와 같
은 마음 자세로 가도록 하지 아니하면
아니 될 것이니라.
37 달라 달라 하며 소원을 하다 하다 안
되니, 너희들이 이제 나에게 보여 달
라, 비춰 달라 그와 같은 것으로써 나
의 피조물 만백성들을 더 이상 우롱하
지 말도록 그리하라.

12,269 번째 하나님 말씀

2004년 7월 19일 22시 19분

1 사랑하는 나의 아들아!
2 "네, 아버님! 말씀하옵소서."
3 너희들이 금식 기도요, 기도원이요,
온갖 곳을 다 다니면서 기도하느니라.
4 그리고 너희들이 얼마나 굶었으며 며
칠을 금식했느냐 그것을 자랑하느니
라.
5 그러니 너희들은 금식의 의미가 무엇
인지 그 뜻도 모르는 자들이 아니더냐?
6 그리하여 너희들은 금식이라는 기도
를 하며 제 소원을 빌며 제가 무엇인
가를 이루고자, 갖고자 하는 것을 얻
고자 그리하는 것이 아니더냐?
7 여기서 이제 나의 아들을 따르는 제자
들이요, 나의 새로운 성경을 읽고 깨

우친 백성 너희들은 들으라.
8 너희들이 금식의 기도요, 그와 같은 시간을 갖는다면, 거기에서 인간의 고통이요, 그 한계요, 인간의 고통 속에서 견디는 그 인내로써 낮은 자요, 그리고 그 고통 속에서 무엇인가를 깨닫는 그와 같은 믿음의 길을 가야 될 것이니라.
9 너희들이 다 체험하지 못하며 다 겪지 못함이니, 금식이라는 것을 통하여 그 고통을 느끼며 그와 같은 아픔을 느끼는 가르침의 교육장으로써, 교육의 방법으로써 그는 사용할 수 있으나,
10 무엇을 이루어 달라, 소원을 들어 달라는 그와 같은 것으로써 금식하며 그와 같은 기도원에서 기도를 하는 것, 너희들 마음대로 만들어 하는 짓을 하지 말라.
11 내가 너희들에게 다시 한 번 전함이니라.
12 인간 너희들이 모두를 체험할 수 없기에, 금식의 기도요, 고통으로써 너희가 가지고 있는 모두를 토해 내며, 잘못 살아온 것을 회개하고 반성하며, 인간의 한계에 도전하는 거기에서 무엇인가를 얻는 그와 같은 영광의 은혜를 입을 수 있도록 하는 것은 너희들이 할 수 있는 길이나,
13 그 이상의 방법이요, 그 이상의 요구사항을 가지고 금식이라는 것, 기도원이라는 곳에서 밤낮 울고불고 철야 기도를 하는 것은 다 부질없는 것이라는 것을 그리 전하라.

12,270 번째 하나님 말씀

2004년 7월 19일 22시 24분

1 사랑하는 나의 아들아!
2 "네, 아버님! 말씀하옵소서."
3 너를 따르는 제자들이요, 그리고 나의 새로운 성경을 읽고 깨우친 백성, 너희들은 그리 전하라.
4 너희들이 이제 나의 새로운 성경을 읽고 깨우쳤음이니, 나 여호와의 뜻이요, 하늘의 뜻이 무엇이며, 역사하는 것이 무엇이며, 너희들이 세상에 존재하는 그 의미가 무엇인지를 알고 있을 것이니라.
5 그러니 내가 또한 너희들은 누구라 했느냐?
6 내가 너희들을 불러 쓰는 자요, 내가 너희들을 쓰고자 부른 자라 하였음이니라.
7 그러니 너희들은 하늘의 선생이요, 하늘의 지도자로서 모두를 역사해야 될 것이니라.
8 그러니 하늘의 지도자요, 하늘의 선생으로서 역사하는 백성 너희들은 남들이 지킬 수 없는 것을, 남들이 해낼 수 없는 것을 지키고 해내야 되며, 남들이 포기하는 것을 견디고 이겨 내야 되는 것이 너희들이니라.
9 그러니 하늘의 지도자는 인간의 모두를 토해 내 버리는 고통과 시련을 겪지 않으면, 진정한 하늘의 선생으로서 거듭날 수 없음을 알라.
10 남들이 인내할 수 없는 것, 남들이 견딜 수 없는 그 고통의 어려움 속에서 견디고 이기는 것, 그리고 남들이 행

할 수 없는 것을 행하고 실천하면서
그 고통 속에서 너희 자신을 발견하며
자신을 찾으며 자신을 아는 그와 같은
삶을 살지 아니하면 아니 됨이니라.
11 인간의 마지막 한계에 도전하는 극한
상황에서 주저하지 아니하며 포기하
지 아니할 때, 너희들은 정녕 인간 세
상의 모든 인연의 고리를 끊을 수 있
는 자가 될 것이며,
12 그 고리를 끊어 버린 그 속에서만이
거듭나는 새싹을 심을 수 있기 때문이
니라, 사랑하는 나의 아들딸들아!
13 나 여호와가 너희들에게 내리는 그 명
령이요, 그 뜻을 너희들은 알겠는가?
14 알았으면 너희들이 그리 행하도록 하
며, 그를 고통이라 괴로움이라 생각하
지 말며, 나를 원망하지 말라 내가 그
리 전함이니 그리 알라.
15 그 모두는 내가 너희들을 사랑하며 내
가 너희들을 아끼며, 소중한 나의 아
들딸이기 때문에 그러하니라.
16 그 속에서 너희들이 그 어려움 속에서
모두를 토해 내는 그와 같은 삶이요,
토해 내는 한계를 너희들은 누구도 넘
을 수 없는 부분까지 모두를 토해 내
야만 되는 것이니라.
17 그렇지 아니하면 너희들은 결코 나에
게 오를 수 있는 그 선을 넘지 못하며,
너희들은 나에게 올 수 있는 그 영광
의 빛을 보지도 못하며, 그 길을 따라
오지도 못하며 그 축복된 것을 볼 수
도 없는 것이 너희들이니라.
18 내가 나의 아들을 통하여 너희들에게
뭐라 전하였느냐?
19 너희들이 거듭나는 것, 그리고 인내하
는 것, 모두를 토해 내는 것, 인간 세
상에 가지고 있는 마음이요, 육이요,
그 모두를 다 토해 내야 된다는 것이
니라.
20 그러니 사막에서 모두가 다 죽어 가는
그와 같은 속에서도 살아남는 그와 같
은 어려운 고비를 넘기는 백성, 죽음
의 계곡에서 넘어 살아나는 자,
21 그와 같이 모두를 다 저버릴 수 있으
며 포기할 수 있는 상태까지 내려갔을
때, 너희들은 내 뜻을 알 것이며, 새로
운 성경의 의미를 알 것이며, 그 모두
를 너희 것으로 만들 수 있음이니라.
22 사랑하는 나의 아들딸들아! 내가 너
희들에게 명함이니, 나 여호와가 새로
운 성경 160권을 세상에 내보내는 것
은 너희들이 평화롭고 편안한 삶을 살
며 너희들을 살리고자 하는 의미요,
뜻을 가지고 160권을 내려보내는 것
이 아니라는 것을 알라.
23 이제는 너희들이 그 의미를 알았을 것
이니라.
24 나 여호와는 새로운 성경을 내려보내
면서 너희들을 죽이고자 하는 것이요,
죽은 자로 만들기 위한 것이니라.
25 그리하여 너희들이 죽은 자가 되어 남
이 넘길 수 없으며 인내할 수 없는 데
까지 내려갔을 때,
26 너희들이 새로운 성경의 위대함을 알
것이며, 내 성경의 위대함을 알 것이
며, 내 뜻이 위대한 것을 알 것이며,
내가 이루고자 하는 것을 너희들이 직
접 체험하고 듣고 볼 수 있기 때문이
니라, 사랑하는 나의 아들딸들아!
27 화평과 편안한 삶이 아니라, 너희들의

육을 죽이기 위하여, 너희들의 육을
죽이는 그와 같은 훈련, 이것이 바로
새로운 성경이요, 나의 아들이 내려가
세상에 역사하는 뜻이라는 것을 너희
들은 오늘 이후부터 깨닫도록 그리하
라.

12,271 번째 하나님 말씀

2004년 7월 19일 22시 29분

1 사랑하는 나의 아들아!
2 "네, 아버님! 말씀하옵소서."
3 내가 세상에 너희들을 내려보냄이니,
천사처럼 아름답고 고운 마음을 가지
고 세상에 나갔음이니라.
4 너희들은 그와 같은 마음을 지키고 육
의 세상에 살다 나에게 오르는 것이
너희들의 운명이요, 가야 할 길이고
역사해야 할 것이니라.
5 너희들이 그와 같이 아름다운 마음을
가지고 세상에 나갔으나, 살면서 육의
욕심이요, 육에 대한 지배를 받게 됨
이니,
6 너희들의 정신은 무너지며 너희들에
게 있는 성령이요, 영혼은 무너지는
형국이 되어 버려 모두가 다 죄악에
물든 이와 같은 형국으로써 끌어왔음
이니라.
7 그러니 너희들이 그 죄 속에서 살아가
는 백성이요, 혼탁하고 정화되지 못한
물처럼 된 너희들을 거듭나게 하는 역
사를 이루게 하기 위해서는 어떠한 길
을 가야 되는지 알겠느냐, 그리고 너
희들이 어떠한 대가를 치러야 되는지
알겠느냐?
8 너희들이 너무나 무너져 있고 너무나
정화되지 아니하였기에,
9 너희들은 견딜 수 없는 고통과 시련
속에서 거듭나는 백성이요, 다시 태어
나는 그 체험을 하지 아니하면 하늘의
뜻을 알 수 없으며,
10 너희들이 소중한 걸 모르며, 귀한 것
을 모르며, 이 세상에 존재하는 의미
를 알 수 없다 내가 너희들에게 그리
전하지 아니하였더냐?
11 그러니 너희들이 나에게 오르고자, 구
원을 받고자 한다면, 그리고 내 뜻을
안다면, 너희들은 고통과 시련 속에서
내려갈 수 있는 데까지 마지막 바닥까
지 내려가는 그 모두를 인내하는 자만
이 거듭날 수 있는 길이 있으며, 거듭
나는 위대한 역사를 이룰 수 있다 내
가 말하지 아니하였더냐?
12 그와 같이 시련과 고통 속에 내려갈
데까지 내려가 다시 시작하는 그와 같
은 신앙이요, 믿음의 생활을 해야 되
는 것이거늘,
13 바닥까지 내려가지 못하며, 아직 육의
욕심이요, 육의 욕망이요, 모두를 아
직 다 지워 버리지 못하며 버리지 못
하고 가슴에 그득히 가지고 있는 자들
이 나 여호와에게 더 달라, 무엇을 이
루어 달라 애걸복걸하는 기복 신앙의
대표인 그와 같은 행위를 절대 하지
말라.
14 나 여호와의 가슴이 얼마나 아프고 슬
픈지 너희들은 알겠느냐?
15 너희들이 오늘 그와 같은 행위만 일삼
고 있느니라.
16 사랑하는 나의 아들을 통하여 내가 제

3의 시대에 새로운 역사를 함을 알라.
17 이 역사함은 무엇이라 했느냐?
18 너희들의 육을 죽이기 위한 내 가르침
이요, 육을 죽이는 자만이 거듭난다는
그 뜻을 너희들에게 오늘 깨우쳐 주었
으니,
19 그와 같은 변화를 역사함으로써 내 뜻
을 이루는 전사로서 선택받음에 손색
이 없으며, 거듭나는 세상에 오를 수
있는 백성으로 다시 태어나게 됨을 알
라.

12,272 번째 하나님 말씀

2004년 7월 19일 22시 31분

1 사랑하는 나의 아들아!
2 "네, 아버님! 말씀하옵소서."
3 이 세상 피조물 만백성 너희들이 어찌
살아가느냐?
4 너희들은 기회와 때만 있으면 나 여호
와를 속이는 삶을 살며, 나를 속이기
위해 살아가는 백성으로서 나에게 비
친다면, 너희들은 과연 어찌하겠는가?
5 이제 사랑하는 나의 아들을 따르는 제
자들이요, 그리고 나의 새로운 성경을
읽고 깨우친 만백성 너희들은 들으라.
6 너희들은 절대 나를 속일 수가 없음을
알라.
7 너희들은 나를 속이려 들지 말라.
8 너희들은 결코 나를 속일 수 없으며
나 여호와가 너희들에게 또한 속아 주
는 하나님도 아니요, 속는 창조주도
아님을 알라, 사랑하는 나의 아들딸들
아!
9 나의 새로운 성경대로 살아가지 않는
그 백성들, 그러면서 종교 지도자요,
그 신도요, 구원을 받았다 말하는 그
백성, 모두가 그대로 살지 아니하며
그대로 행하지 않는 것은 바로 무엇이
더냐?
10 나를 속이고자 하며 나를 속이는 것이
아니더냐?
11 기록된 내용대로 살고 역사하면 구원
의 길에 오를 수 있으며 나에게 오를
수 있는 백성이거늘,
12 그를 행하지 아니하며, 육의 향락에
너희들이 만든 교리에 맞춰서 삶을 산
다면, 곧 그것이 무엇이더냐?
13 나 여호와를 속이는 자요, 속이려 대
드는 자들이니라.
14 그러니 내가 만백성에게 전하느니, 너
희들은 창조주 나 여호와를 속일 수도
없으며 속이려 하지 말라 그리 전하라.
15 그리고 나의 아들을 따르는 제자 너희
들은 내가 모를 것 같으나 내가 모두
를 다 알고 있음이니,
16 세상에 살아가면서 너희들이 한 점의
부끄럼이 있는 행위는 절대 하지 말라.
17 그를 속이고 그것이 넘어갈 것이며 속
을 것 같으나, 인간 세상에서 너희들
이 인간은 속일 수 있으나 결코 나를
속일 수 없다는 것, 그리고 내가 속아
주지 아니한다는 것을 명심하도록 그
리하라.
18 너희들이 모두를 지키지 아니하고 행
하지 않는 그것이 다 나를 속이는 자
요, 속이는 죄를 짓고 있다 함을 알라
그리 전하라.
19 너희들이 속이는 것에 내가 속아 주며
속는 것이면 되겠으나, 하나도 속아

줄 수가 없으며 속는 것이 하나도 없
다는 것을, 나를 속이려 들지 말라, 속
일 수가 없다 그리 전하라.

12,273 번째 하나님 말씀

2004년 7월 19일 22시 35분

1 사랑하는 나의 아들아!
2 **"네, 아버님! 말씀하옵소서."**
3 이제 너는 너의 제자들에게 깨우쳐 주
고 전할 때가 오지 않았더냐?
4 나의 새로운 성경이 세상에 내려가는
것은 너희들의 부귀영화요, 남들보다
편안한 삶을 살며, 나로부터 가종 은
혜와 영광의 축복을 받아 너희들이 나
에게 오르는 그와 같은 것으로써 존재
하는 백성이라 생각하지 말라.
5 새로운 성경을 접하고 그를 보고 깨우
치는 백성 너희들은 그것으로써 나로
부터 받을 수 있는 은혜요, 영광은 더
이상 없다 하였음이니라.
6 그러니 내가 너희들에게 원하는 새로
운 성경 160권을 세상에 내보내는 그
뜻이 무엇인 줄 알겠느냐?
7 내가 나의 아들을 통하여 전했듯이,
이는 진리요, 하늘에 오르는 길이라
하였느니라.
8 진리요, 하늘에 오르는 길의 가르침은
무엇이더냐?
9 육의 세상에 가지고 있는 너희들의 육
의 그 모두를 죽이지 아니하면 아니
되기에, 스스로 육을 죽이는 그 모두
를 행할 수 있도록 도와주기 위하여
이 새로운 성경이 내려감을 알라.
10 너희들이 나를 속이는 것, 악습을 버
리지 못하는 것이 모두 다 무엇인 줄
알겠느냐?
11 너희들이 모두를 비우지 못하였기 때
문이니라.
12 그리고 너희들이 그 모두를 지우지 못
했기 때문이니라.
13 너희들은 그와 같은 것을 다 지우고
버리는 삶을 살지 아니하면 결코 아니
됨이니라.
14 그리하여 내가 새로운 성경을 내려보
내는 것, 그 모두를 역사하는 것을 인
도해 주며 너희들을 지도하고 다스리
기 위한 교본이라는 것을 절대 잊지
말라.
15 이를 보지 아니하고는 역사할 수 없으
며 이를 보지 아니하고는 하늘의 뜻을
알 수가 없는 것이니라.
16 그러니 내가 그와 같은 백성들을 위해
서 내려보내는 것이 무엇이더냐?
17 새로운 성경은 내가 말했듯이, 너를
통하여 내리는 새로운 성경 160권을
읽고 깨우쳐 너희들을 죽이는 훈련이
요, 너희 자신을 죽여 버리는 그와 같
은 훈련을 하도록 하라.
18 자신을 죽이는 그와 같은 시련과 고통
을 겪었을 때, 거기에서부터 모두를
알게 되며, 하늘의 지혜를 얻을 것이
며, 하늘의 영광됨을 보게 될 것이기
때문이니라.
19 나의 새로운 성경을 너희들의 평화로
운 삶을 위해서, 너희들이 부귀영화를
누리는 것을 위해서 내린 것이 아니요,
20 너희들의 육을 죽이는 그 고통이요,
힘든 길을 가기 위해 내렸다는 이 뜻
을 나의 새로운 성경에 수없이 전하고

전함이니,
21 이 의미를 깊이 깨우쳐 너희 것으로
만들도록 하라 그리 전하라.

12,274 번째 하나님 말씀

2004년 7월 20일 06시 34분

1 사랑하는 나의 아들아!
2 "네, 아버님! 말씀하옵소서."
3 정녕 너희들이 하나를 깨우치는 것,
하나가 변하는 것, 그 모두가 진실된
마음에서 변화되어야 되며 진실된 마
음에서 거듭나는 너희들이 되지 아니
하면 아니 됨이니라.
4 너희들의 마음속의 한 자리에 뿌리가
있으며, 그 뿌리를 뽑아내지 못하고
변화된다는 것은 언젠가 그 뿌리가 성
장함이니, 스스로 넘어지는 결과가 됨
이니라.
5 그러니 하나를 깨닫고 하나가 변화된
다 해도, 너희들은 진실된 마음에서
모두를 다 비우고 모두를 뽑아내는 마
음 자세요, 그와 같은 것으로써 변화
되지 아니하면 아니 됨이니라.
6 너희들이 쉽게 얻는 것은 쉽게 잃는
것처럼, 쉽게 재물을 모은 자는 그 재
물을 모으는 고통이요, 어려움을 모르
듯이, 그와 같이 모은 자는 실패하는
것이 인간 세상에 사는 삶의 형태가
아니더냐?
7 그러기에 너희들이 어렵고 힘든 그 노
력과 노력 속에서 스스로 깨우치고 변
화되어 진심으로 너희들 것으로 만들
었을 때, 그것이 영원히 너희 것이 되
는 것이라 그리하였느니라.
8 너희들이 훈련과 훈련 속에서 악습이
요, 잘못된 것을 하나하나 버림이니,
그때야말로 너희들이 모든 뿌리를 뽑
아내고 깨끗하게 정리된 자와 같으니
라.
9 근원의 뿌리를 놔두고 너희들이 아무
리 수술을 하고 고친다 해도 되겠느냐?
10 그 뿌리가 또 나면서 그가 성장하게
됨이니, 결국 너희들은 고통만이 더할
것이며, 거기에서 난 그 뿌리는 강하
고 더 강해 꺾고 뽑아내기가 힘들 것
이니라.
11 그러니 한 번의 수술로써 뽑아내고 제
거하고자 생각할 때, 완전히 뽑아내는
믿음의 길을 가야 됨이니라.
12 그리하여 너희들이 깨우치고 변화되
고 또 느끼고 가며, 결국 그를 뽑아냈
을 때는 완전히 그 악의 뿌리의 씨를
뽑아내는 그와 같은 것으로써 변화되
어야 함이니라.
13 거기에는 너희들이 진실된 마음이요,
진정 나 여호와를 믿으며 나를 생각하
는 마음이 굳건히 자리를 잡았을 때
모두가 이루어지느니라.
14 나 여호와의 존재함을 의심하며 믿음
을 의심하며 오늘의 가는 마음을 불안
한 마음을 가지고는 너희들은 아무것
도 이루어질 수 없다는 것을 알라.

12,275 번째 하나님 말씀

2004년 7월 20일 06시 38분

1 사랑하는 나의 아들아!
2 "네, 아버님! 말씀하옵소서."
3 너희들이 거듭나는 그 시기요, 거듭나

기 시작함은 세상 것을 다 포기할 때
까지 너희 모든 것이 내려가는 것이라
는 것을 잊지 말라.
4 너희들 자신이 세상 것을 다 포기하
며, 세상 것을 바라보지 아니하며, 세
상 것의 욕심을 버릴 수 없는 것을 버
리고 지치고 지칠 때까지, 내려갈 때
까지 그리 내려가야만 거기서부터 깨
달음을 얻기 시작할 것이며,
5 거기서부터 다시 시작하는 그것이 진
정한 시작이요, 믿음의 길이라는 것을
알라.
6 그것이 하늘의 지혜요, 나 여호와의
음성을 들으며 나를 보고 진녕 나의
전사로서, 나의 백성으로서, 만백성을
구하는 하늘의 선생으로서 시작된다
는 것을 알라.
7 지금의 너희들이 세상 것을 다 포기하
지 아니하며 육의 생각을 가지고 있으
며, 세상사에 더불어 사는 그 삶에 대
한 끈을 놓지 못하며, 거기에서 남들
보다 더 나은 것, 남들보다 나은 생활
을 하고자 하는 그와 같은 마음, 그 모
두가 다 내가 너희들에게 부질없는 것
이라 하였느니라.
8 그러니 그와 같은 것에 연연해 가지고
는 너희들이 깨달을 수가 없음이니라.
9 세상 것을 다 포기하고 다 놓을 때, 그
리고 더 이상 지탱할 수 있는 끈의 힘
이 없을 때까지 내려가고 또 내려가야
될 것이며,
10 완벽하게 거기까지 내려간 상태에서
세상을 다시 보며, 하늘의 뜻을 다시
보며, 그리하여 거기서부터 거듭남이
니, 그게 바로 나의 아들을 따르는 세
자들이 시작함이니라.
11 세상 것 모두를 놓아 버린 그때 진정
한 나의 백성이니라.
12 그리고 나의 백성으로서 모두를 역사
할 수 있으며 모두를 이룰 수 있는 것
이니,
13 그것이 바로 그때 시작함이요, 지금은
시작함도 아니요, 지금은 믿음도 아니
니라.
14 인간의 생각이요, 너희들의 마음을 정
리하지 못하며, 욕심의 마음이요, 시
기하고 질투하는 마음이요, 다른 백성
들과 똑같은 마음의 형태로써 지금 존
재하고 살아간다면, 그것이 다 너희들
에게 부질없는 짓이요,
15 거기서부터 시작하는 것은 새싹이 날
수 없으며, 거기서부터 시작하는 것은
새로운 진리요, 내가 내리는 새로운
성경의 그 의미를 알 수 없으며, 하늘
의 이치 또한 알 수 없음이니,
16 그와 같은 것이 너희들이 가야 할 길
이며, 모두가 거쳐야 하는 가장 큰 태
풍이요, 너희들의 가장 큰 시련이라
내가 전한 뜻을 너희들은 알라.

12,276 번째 하나님 말씀

2004년 7월 20일 09시 47분

1 사랑하는 나의 아들아!
2 "네, 아버님! 말씀하옵소서."
3 모든 지금 믿음의 길을 가는 그 백성
들이 구원을 받고 못 받는 것, 나에게
오르고 안 오르는 것, 그것은 너희들
이 지금 가고 있는 종교 집단이요, 종
파가 이끄는 그 믿음의 길을 가고 있

느냐, 그렇지 않으면 그 믿음의 길을
가지 않느냐, 이것으로써 모두가 지금
평가를 하며,
4 그 길을 가는 자는 선택된 백성이요,
구원을 받는다 그리하지 않느냐?
5 나의 아들 예수를 믿고 안 믿는 것으
로써, 그리고 나를 믿고 나를 경배하
고 따르느냐 따르지 아니하느냐 이것
으로써 너희들이 모든 믿음을 결정지
으며 구원을 받고 못 받는다 그리 생
각하지 말라.
6 그와 같은 생각이요, 그와 같은 마음
의 행동으로써 너희들이 나에게 오를
수 있으며 무조건 구원을 받는 백성이
라 그리할 수 있다면, 과연 얼마나 편
안한 길이며, 나에게 오지 못할 백성
이 어디 있겠는가?
7 믿기만 하면 된다면, 죄를 짓든, 사악
한 짓을 하든, 어떠한 행위를 하든 그
건 관계없이 그저 믿는 것으로써 구원
을 받는다면, 얼마나 어리석고 가련한
백성이더냐?
8 너희들은 들어야 될 것이니라.
9 똑같은 음식을 똑같은 장소에서 같은
사람이 먹는다 해도, 그 음식이 건강
에 좋은 사람이 있는가 하면, 그 음식
으로 하여 탈이 나는 백성이 있는 것
이 아니더냐?
10 이와 같이 천태만상의 변화가 있으며,
똑같은 것을 가지고도 그리 차이가 나
듯이, 믿음이라는 것이 그러하니라.
11 믿는다 하여 모두 진정한 믿음이요,
나에게 오르는 길이며 구원을 받는 것
이라 생각하지 말라.
12 너희들이 나를 믿고 안 믿고 경배한다
는 것, 그 자체가 구원을 받고 못 받는
것이라 그리 결정하지 말라.
13 너희들이 참진리요, 나 여호와의 뜻에
의한 길을 가느냐, 나의 뜻에 의한 길
이 아니고 나를 거역하는 길을 가느냐,
14 어찌 가면서 너희들이 나를 찾느냐 하
는 이것이 하늘과 땅의 차이이니라.
15 반대의 길이요, 나에게 순종하지 아니
하면서 나를 찾는 믿음의 길을 가는
자요,
16 나를 믿는 믿음이요, 그리고 순종하며
참진리를 따라가는 그 믿음의 길을 가
는 백성들은 하늘과 땅의 차이라 함을
명심하도록 그리하라.
17 나의 뜻을 아는 믿음의 길을 가는 백
성은 너희들이 모두를 다 이룰 수 있
는 것이요, 나의 뜻을 알지 못하는 백
성은 아무런 가치가 없으며 나와 관계
없다는 것을 알라.
18 나와는 관계없음이니, 나를 찾고 믿는
다는 그 자체로 구원받고 못 받는다
너희들이 판단하지 말며 그리 평가하
지 말라.
19 너희 자신이 어떠한 길을 가며, 네가
가고 있는 믿음이 정녕 어떠한 믿음에
있는지 그것부터 들여다보도록 그리
하라.
20 다만, 너희들은 알아야 될 것이니라.
21 나로부터 선택된 백성이요, 나 여호와
의 참진리의 길을 가는 백성 너희들은
모두를 지우고 버려야 되며, 너희 자
신이 존재하는 것을 버려야 되기 때문
에,
22 그때까지 너희들이 내려가고 깨닫기
는, 스스로 그와 같은 걸 느끼고 지키

고 행하는 데까지 내려갈 때는 고난의
길이요, 힘들고 어려운 길이니라.
23 그리고 그 어렵고 힘든 길이요, 좁고
협착한 그 길을 가지 아니하면 절대
아니 됨이니라.
24 너희들이 거기까지 내려가지 아니한
백성이라면 나의 뜻에 의해 거듭난 백
성이라 할 수 없으며, 나에게 구원을
받은 백성이라 그리 말하지 말라.
25 너희들이 내려갈 데까지 내려가서 지
울 때까지 완전히 너희 자신을 지워
버리고 자신을 의식하지 않는 그 바닥
까지 내려가는 그 어렵고 힘들며 협착
하고 좁은 길을 선택하고 가지 아니하
면 결코 거기서 거듭나는 역사를 이룰
수 없다는 걸 알라.
26 그러니 그와 같은 길을 가지 아니하는
백성, 너희들이 찬란한 궁궐 같은 곳
에서 호의호식하는 생활로써 이끌어
가며, 육의 세상의 삶의 향락을 다 즐
기고 느끼며 그 속에서 진리를 찾을
수 있다 생각하는가?
27 오늘의 종교 집단의 지도자 너희들이
어찌하는가?
28 많은 재물을 거둬들이며, 많은 신도를
거느리며, 궁궐 같은 성전을 지으며,
호화로운 삶을 엮으며, 그와 같은 속
에서 행사를 하며 내 뜻이라 울고불고
그와 같은 행위를 하는 것,
29 거기에 좁고 협착한 길이며, 인간의
바닥까지 내려가며, 고통의 한계까지
내려가며, 자신을 비울 수 있는 그 한
계에 어렵고 힘든 그 길까지, 과연 그
바닥까지 내려가 본 백성이던가?
30 너희들은 너무나 찬란하며 너무나 호
의호식하는 생활 속에 젖으면서 그저
'주여! 성령을 부어 주옵소서. 주여!
기적을 보여 주옵소서.' 하며, '주여,
주여!' 너희들이 나의 아들을 찾으며
나를 찾으며 '하늘의 빛을 보여 주옵
소서, 음성을 들려 주옵소서, 모세와
같이 타는 불길로써 저희들을 인도해
주옵소서.' 하며 너희들이 울고불고
광란의 짓을 하는 것이 그 믿음이니,
거기에 무슨 진리가 있으며 참진리의
뜻이 어디 있단 말이더냐?
31 너희들이 고통의 길이요, 어렵고 힘든
길, 너희 자신을 버리는 그와 같은 최
악의 고통까지 내려갔을 때, 너희들은
모세가 타지 않는 불을 봤듯이, 불기
둥과 바람 기둥을 볼 수 있듯이, 모두
를 다 역사하는 그와 같은 것을 얻을
것이니라.
32 너희들이 모두를 다스리지 아니하고
는 절대 역사할 수 없다는 것을 알라.
33 시련과 고통을 벗어난 백성이 지금 이
세상에 과연 어디 있느냐?
34 시련과 고통을 모두 다 겪고 겪어 거
듭나며, 그와 같이 그 모두를 벗어던
지고 새로 태어난 백성이 과연 어디
있다 하느냐?
35 그와 같은 백성이 없었음을 너희들은
알아야 될 것이니라.
36 나 여호와가 너희들에게 다시 한 번
말함이니, 너희들은 지금 모든 믿음이
요, 허상의 믿음이요, 헛된 믿음으로
가고 있다는 것, 헛된 신앙생활이요,
거짓된 자의 말에 현혹되어 참진리요,
하늘의 뜻을 모르고 그저 편안하게 나
의 아들 예수를 믿기만 하면, 나를 믿

기만 하면 구원을 받는다는 그 부질없
는 허상 속에서 빨리 벗어나도록 하라.
37 그 헛된 꿈에서 벗어나지 아니하면 너
희들은 아니 될 것이니라.
38 모세가 이끄는 그 백성들이 광야에서
40년이라는 그 세월을 방황하지 않았
느냐?
39 그들이 가나안 땅에 가기 위해 멀지
않은 그 길을 40년 동안 광야에서 방
황하며 고통의 길을 역사한 것은 무엇
이더냐?
40 인간 너희들이 가지고 있는 온갖 생각
을 다 토해 내어 하얀 눈과 같이 되는
백성들이 되게 하기 위하여 그 기간
을 기다렸으며 그 세월을 주었음이니
라.
41 그러나 거기서 거듭나지 못하여 갈 자
와 가지 못할 자가 구분되는 슬픔을
알고 있지 않은가?
42 그와 같이 광야의 생활에서 모든 것을
털어내고 벗어 내듯이, 나의 사랑하는
백성 너희들은 그보다도 더한 고통과
시련 속에서 너희 자신을 버리는 그
한계에 빨리 도달해야 되느니라.
43 너희들이 고통과 시련 속에서 '나'를
지우는 그와 같은 위치에 도달할 것인
가,
44 그렇지 않으면 오늘의 생활 속에서 나
의 새로운 성경을 읽고 깨달아 '나'를
모두 지우고 '나'를 버리는 삶에서 거
듭날 것인가, 그는 너희들에게 달렸음
이라 전하라.

12,277 번째 하나님 말씀

2004년 7월 20일 09시 52분

1 사랑하는 나의 아들아!
2 "네, 아버님! 말씀하옵소서."
3 구약의 성서요, 신약의 성서요, 모든
계명이요, 그 모두는 사랑하는 나의
백성 너희들을 구원하는 것이 아니라
내가 가르친 뜻을 너희들은 깊이 새겨
들으라.
4 어찌하여 너희들은 잎과 줄기를 가지
고 열매를 맺을 수 있는 것이며 추수
할 수 있다 그리 생각하느냐?
5 그 어리석음에서 너희들이 벗어나라
함을 명심하도록 하라.
6 나의 백성 너희들이 나에게 걸어오는
그 길이요, 그 방향을 모두 제시해 주
고 알려 주는 것, 그것으로써 구약과
신약의 임무는 다하며, 그리하여 신약
과 구약이 존재하는 것이지,
7 너희들을 구원을 받도록 하는 것이 아
니요, 그를 지킴으로써 구원받으며,
그로써 너희들이 추수할 수 있는 영근
열매를 맺게 하는 것이 아니라는 것을
알도록 그리 전하라.
8 너희들은 들으라.
9 예수가 역사한 것도 또한 무엇인 줄
알겠느냐?
10 나에게 너희들이 오르는 길을 가르쳐
주었으며 그 길을 제시해 준 것이라는
것을 알라.
11 너희를 구원해 주었다 하며 나의 백성
을 혼동케 하는 그와 같은 종교 집단
지도자는 더 이상 나의 백성들을 우롱
하지 말며, 그들을 지옥의 벼랑으로

끌고 가지 말도록 그리하라.
12 너희들은 예수의 보혈이나 신약이나
그 모두가 새로운 시대를 열어 가기
위한 것임을 알라.
13 그리고 새로운 시대가 열리는 곳에 너
희들이 부름을 받아 그곳에 들어가는
위대한 과정이라는 것이 바로 구약과
신약이 존재한 것이요, 모든 계명이
존재한 것이라는 것을 알도록 그리하
라, 사랑하는 나의 아들딸들아!
14 너희들이 제3의 시대에 새로운 성경
이 내려오니, 새로운 성경 속으로 들
어오기 위한 과정이요, 이 과정을 거
쳐서 새로운 성경 속에 들어올 수 있
는 역사가 이루어지는 것이요, 그를
준비하기 위한 것이 구약과 신약이었
느니라.
15 그러나 그 백성들이 너무나 사악하며
모든 욕심이요, 욕망에 찌들어 모두를
보지 못하며, 너희들은 거기에 들어올
수 있는 준비를 하지 못하며, 그를 거
부하며, 그를 용서하지 아니하며 받아
들이지 못하는 어리석은 백성들이 되
어 있느니라.
16 너희들이 제3의 새로운 성경을 접하
는 것, 그 세상에 들어오는 것이 무엇
이더냐?
17 선택된 백성들이 가나안에 들어가는
그와 같은 영광을 얻는 것처럼 너희들
이 지금 모든 고통과 역경을 겪고 가
나안 땅으로 선택된 백성이 들어가듯
이,
18 구약과 신약이 존재한 것은 선택된 백
성들이 제3의 시대요, 새로운 성경의
시대에 이를 접하고 그 세상에 들어살
수 있는 것으로써 역사하기 위한 것이
요,
19 여기에서 너희들이 나의 뜻에 의하여
변하는 삶을 살아 하늘에 오르고 못
오르는 그와 같은 역사가 이루어짐을
알라 전하라.

12,278 번째 하나님 말씀

2004년 7월 20일 09시 59분

1 사랑하는 나의 아들아!
2 "네, 아버님! 말씀하옵소서."
3 인간 세속의 너희들이 얽히고 살아가
는 그 세상 속에 너희들을 다스리기
위하여 그 법이라는 것을 만들며 기준
이라는 것을 세워 놓고 지키며 살지
않더냐?
4 단체와 단체 간에, 나라와 나라 간에
그 모두를 지키고 살아가는 법도가 있
느니라.
5 그러나 너희들이 인간 세상에서 지켜
야 할 법도를 무시하고 산다면 과연
그것이 인정되더냐?
6 너희들이 선을 행한다 하여 선을 행하
기 위하여 불법적인 행위를 한다면,
과연 너희들은 그를 받아들이며 그들
을 인정할 수 있겠는가?
7 너희들이 악을 행하여 그 설로 선을 베
푼다면 또한 그것이 인정되며 그것을
용서할 수 있는가?
8 아무리 너희들이 선한 일이요, 착한
일을 하기 위해서 도적질을 한다면,
어려운 자요, 가난한 자를 돕기 위해
서 남의 물건을 훔치는 짓을 한다면,
9 과연 너희들은 그것이 법의 제재를 빈

지 아니하며 그것을 칭송받으며 너희
들은 그것이 세상에 통할 수 있는 일
이라 생각하는가?
10 그는 통하지 아니하며 그 대가를 치르
는 것이 인간 세상에 살아가는 삶의
법도가 아니더냐?
11 더욱이 너희들이 믿음의 길이요, 구원
의 길을 간다 해도 너희들이 나의 뜻
에 의한 길을 가지 아니한다면 아니
되며,
12 그것을 어기는 자는 바로 법을 준수하
지 않는 자들이요, 하늘의 법을 준수
하지 아니하며 하늘의 법을 무시하고
가는 자들임을 너희들은 알라.
13 구약과 신약에서 너희들에게 명하는
계명과 너희가 행하고 실천해야 할 일
을 뒤로 하고 나를 찾고 예수를 찾음
으로 만사형통이 되는 것처럼 생각하
지 말라.
14 그 모두가 다 불법을 행하는 자요, 불
법을 앞세워 우리 부자의 이름을 팔아
인간 세상의 삶의 부귀와 영화를 위한
수단으로 쓰고 있는 것이 오늘의 종교
집단 지도자 너희들이니, 이는 불법을
행하는 자요, 불법의 믿음이니라.
15 오늘의 모든 종교 집단의 지도자 그
모두가 불법의 믿음을 행하고 있으며
불법의 신앙으로써 나의 피조물 만백
성을 이끌어 가니,
16 너희들이 나의 아들 예수를 찾고 아무
리 울고불고한다 해도 그는 나의 뜻이
아니라는 것을 알아야 될 것이니라.
17 너희는 예수의 보혈로써 그 공로로 인
하여 모두가 다 구원을 받았다 하는
것으로써 모두를 종결짓는 그와 같은
믿음이요, 신앙의 생활로 가지 않느냐?
18 그리하여 나의 피조물 만백성들을 너
희들의 죄의 온상으로 끌어들일 때도
예수를 믿기만 하면, 나를 믿기만 하
면 예수의 보혈로써 너희들이 모두 다
구원을 받은 것이라 그리 만사형통이
되는 것처럼 나의 피조물 만백성을 현
혹하여 지옥으로 끌고 가는 것이 아니
더냐?
19 너희는 들으라.
20 새로운 변화의 시대를 향하여 전진하
는 백성의 삶을 살아야 하느니라.
21 너희들은 구약과 신약을 지나 새로운
시대가 열림이니, 너희들이 변화되는
새로운 시대에 참여하는 백성으로 모
두가 거듭나지 아니하면 아니 됨이니
라.
22 너희들이 목적지를 향하여 서로가 달
리기를 경주하는 선수처럼, 새로운 시
대에 최선을 다하여 질주하는 마음으
로 돌입하지 아니하면 아니 될 것이니
라.
23 그러니 너희들이 새로운 성경이요, 새
로운 시대에 모두를 다 바쳐 질주하는
삶을 살도록 그리하라.
24 그렇지 아니하면 너희들은 아니 됨이
니라.
25 나의 법으로써 너희가 지켜야 나에게
오르는 것이요, 나 여호와의 뜻을 지
키지 아니하며 내가 내린 법도를 지키
지 아니하고 너희들이 어찌 오른단 말
이더냐?
26 그래서 나 여호와가 나의 법도인 160
권의 새로운 성경을 세상에 만들어 책
으로 근거하여 이를 내려보내니,

27 이 법전을 너희들이 보지 아니하며 이
새로운 성경을 접하지 아니하면,
28 진정한 죄를 짓는 것이요, 죄를 짓지
않는 것이요, 참진리요, 비진리를 구
분하지 못하기에, 160권을 꼭 접하라
하는 것이며 이를 읽어 보라 함이니라.
29 너희들이 이를 지키지 아니한다면 불
법으로써 선행을 하는 자가 되며, 그
와 같이 빠지고 흘러가는 길밖에 없
다는 것을 전해 줌이니, 160권의 새로
운 성경을 정독하도록 그리하라.

12,279 번째 하나님 말씀

2004년 7월 20일 16시 07분

1 사랑하는 나의 아들아!
2 "네, 아버님! 말씀하옵소서."
3 너희들이 '나 여호와가 존재함을 믿는
그것으로써 그 순간부터 축복이요'
4 그러기에 지금까지 나로부터 받은 그
은혜요, 영광을 생각한다면, 너희들의
기도문은 지금 중언부언하여 짜깁기
하는 그와 같은 기도를 하지 말며,
5 오로지 '여호와 하나님! 저의 죄를 용
서하여 주옵소서.' 그와 같은 경건한
마음으로써 항상 나에게 기도하고 경
배하라 하였느니라.
6 '저의 죄를 용서하여 주옵소서.' 그 마
음속에 너희들이 모두 거듭나는 그와
같은 마음의 나스림이 있기 때문이니
라.
7 '이와 같은 기도로써 너희들은 모든
축복을 받으리라.' 나 여호와가 그리
전하지 아니하였던가?
8 그것은 무엇이더냐?
9 너희들이 나에게 무엇을 원하고 갈구
하지 말라 함은, 너희들의 머리카락
수까지도 모두를 다 아는 나 여호와라
하며, 너희들의 과거와 현재와 미래의
그 모두를 나 여호와는 다 알고 있으
며, 너희들이 생각하는 것까지도 내가
다 알고 있으며, 너희들이 모르는 변
화되는 것까지도 내가 다 알고 있음이
니, 이 모두를 다 알고 있느니라.
10 그리하여 너희들의 생각으로써 만들
어 하는 욕심에 찬 기도를 하지 말라
함이니라.
11 너희들이 생각에 따라서 중언부언 짜
깁기하고 또 얽히고설켜 만든 그와 같
은 울고불고하는 추한 짓을 하지 말라
함이니라.
12 그것은 너희들이 욕심에 찬 생각이요,
요구하는 것이요, 이루고자 하는 기도
이니, 그것은 욕심에 찬 기도요, 그 무
엇인가를 이루고자 하여 나와 거래하
고자 하는 생각이기에 그와 같은 마음
을 갖지 말라 내가 너희들에게 말하지
아니하였더냐?
13 오늘의 신약의 시대에 믿음의 길을 가
는 백성 너희들이 나에게 죄를 지어
부끄러운 줄 알며, 오늘의 새로운 성
경이 세상에 나오는 그것을 부끄러운
줄 알며, 고개 숙여 코를 땅에 박고 길
어가야 하는 그와 같은 것이 종교 집
단의 지도자요, 구원을 받았다 하는
백성 너희들이 가야 할 길이라 내가
그리 말하지 아니하였더냐?
14 그 의미가 어디에 있는지 너희들은 아
느냐?
15 내가 가장 아름다운 모습으로써 그 형

체를 나와 비슷하게 가장 예쁘게 만든
것이 나의 백성 너희들이라 하였느니
라.
16 그리하여 이 세상을 창조함이니, 내가
아담과 하와를 세상에 내보내 지상의
낙원이요, 하늘의 천국이 지상에서 이
루어지는 그와 같은 삶을 살도록 그리
하였다 하지 아니하였더냐?
17 그러나 아담과 하와가 내 말을 지키지
아니하였으며, 그를 따르지 아니하였
으며, 그를 어기지 아니하였던가?
18 너희들이 더 얻고자, 무엇을 이루고자
하는 그 욕심에 의하여 그를 지키지
아니하므로 구약의 시대라는 것이 이
루어졌으며, 그로 하여 구약의 그 어
렵고 힘든 고난의 역사가 이루어지지
않았던가?
19 광야의 생활이요, 십계명을 받은 그
백성들이 우상을 섬기고 울고불고 광
란의 음란한 짓을 하니, 은혜를 입고
입은 백성들도 그와 같이 변하며 너희
들의 마음이 그리 간사한 것이니라.
20 그리하여 이루어진 것이 바로 무엇이
더냐?
21 거기에서 이루어진 것이 바로 신약의
시대요, 신약의 시대가 역사한 것이
아니더냐?
22 그러니 너희들이 구약을 제대로 지키
고 역사했다면 신약은 결코 오지 아니
하였을 것이니라.
23 그러나 신약의 시대는 또한 어떠한 것
을 이루었더냐?
24 나의 아들 예수를 믿는 자요, 내 뜻에
따라 가야 되는 그 백성들이 예수를
가장 슬프고 고통스러운 방법으로 죽
게 하였음이니라.
25 그리하여 신약을 너희들이 지키지 아
니하였으며 그리 행하지 아니하여 지
금 새로운 성경이요, 즉 내가 160권의
새로운 성경을 내려보내며,
26 이를 내가 너희들에게 심판하는 것이
요, 심판의 기준이라 하여 그 명칭을
'법전'이라 정하여 세상에 내려보내는
이와 같은 형국이 이루어졌으니,
27 이 모두는 너희들이 이룬 것이요, 너
희 스스로 역사한 것이라는 것을 알아
야 될 것이니라.
28 그러니 모든 것은 너희들이 저지른 일
이요, 너희 스스로 죄를 만들어 그 죄
속에서 살아가는 자들이요,
29 제가 만든 죄에서 벗어나고자 발버둥
치고 사는 것이 너희들의 오늘의 삶이
요, 믿음이요, 신앙의 생활에 젖어 있
다는 것, 그것이 너희들의 전부라는
것을 알라.

12,280 번째 하나님 말씀

2004년 7월 20일 16시 12분

1 사랑하는 나의 아들아!
2 "네, 아버님! 말씀하옵소서."
3 나 여호와는 너희들에게 베푸는 하나
님이요, 너희들에게 사랑을 내려 주는
하나님이라 그리하였느니라.
4 너희들이 세상에 나갈 때, 너희들이
살아가며 나에게 올 때까지 쓰고 입고
마실 수 있도록 모두를 다 내려보냈으
며,
5 일찍이 한 생명을 세상에 내려보내면
서 너희들에게 줄 것을 다 내려 주었

으니, 더 이상 울고불고 나에게 달라
는 그와 같은 기도를 하지 말라 하지
아니하였더냐?
6 너희들이 노력하는 결과에 따라서, 너
희들의 삶에 따라서 모두 이루고 못
이루는 것은 너희들의 자유의지에 달
렸다 하였느니라.
7 나에게는 모든 재물과 헌금이 필요 없
으며, 너희들을 위해 모두를 다 내려
준 나 여호와이거늘,
8 어찌하여 너희들은 나의 사랑하는 백
성들에게 하늘에 재물을 쌓아 놓는
것, 보물을 쌓아 놓는 것이 구원이요,
하늘에 오르는 길이요, 내가 존재함을
믿으며 나에게 사랑을 실천하는 것이
라 하며,
9 천사와 같이 아름답게 변하는 마음으
로 거듭나는 것은 보물을 많이 바치라
그리 가르치고 있음이니, 이것이 과연
나의 백성들이 할 수 있는 말이더냐?
10 나는 헌금과 재물이라는 것을 받을 필
요가 없으며 하늘에 쌓아 놓을 곳이
없다 전한 그 뜻을 명심하라.
11 내가 너희들에게 가장 귀하고 소중한
보물이란 무엇이라 말하였더냐?
12 너희들이 변화되는 것, 아름다운 천사
와 같이 삶을 사는 것, 의인이 되고자
하는 것, 고통과 시련 속에서 하늘의
지혜를 깨닫는 것, 그것이 너희들이
천사가 되는 것이요,
13 아름답게 사는 것, 그리하여 곱고 아
름답게 변하는 너희들의 마음이 나에
게 가장 귀한 보물이요, 보석임을 알
라 그리 전하며,
14 그 모두를 하늘에 쌓아 놓는 것이 나
에게 와 상을 받는 것이라 함을 잊지
말라.
15 나 여호와와 나의 아들 예수의 이름을
팔아 지금 도적질하며 거짓 하며 사기
행각을 하니, 그를 더 이상 하지 말라
내가 전하지 아니하였더냐?
16 너희들이 모두 그와 같은 행위를 하는
자들이니라.
17 나의 피조물 만백성들에게 내 이름을
팔며 나의 아들 예수의 죽음의 고통의
피를 팔아,
18 너희들이 재물을 바치면 더 많이 내려
주니, 그것에 열배 백배 더 받으니, 많
이 바치라, 그와 같이 나의 피조물 만
백성들을 우롱하고 있으며, 그들에게
서 너희들이 모두를 갈취하고 있음이
니,
19 그 죄 또한 감당키 어려울 것이라는
것을 너희들은 알아야 될 것이니라.
20 나 여호와는 부서지고 깨지는 것, 그
것을 너희들에게 주려는 것이 아니니
라.
21 도적 맞고 잃어버리는 것을 너희들에
게 주는 것이 나 여호와가 아님이니라.
22 나는 너희들에게 말하였느니라.
23 너희는 보이지도 않으며 만질 수도 없
는 것, 그와 같은 역사요, 나를 믿으며
내 뜻에 따라 나에게 바치려 하는 곱
고 아름다운 그 마음이 가장 큰 보배
요, 선물이라 하였지,
24 너희들이 보고 만질 수 있는 그 선물
을 나에게 주는 것이, 그 재물을 바치
는 것이 나에게 바치는 것이요, 나를
공경하며 위대한 삶이 아니라 함을 알
라.

25 내가 너희들에게 가르쳐 전하기를 뭐
라 했느냐?
26 십계명이라는 그 계명 중에 '너희 부
모를 공경하라.' 함을 거기다 기록하
였으니,
27 너희들을 낳아 길러 주고 보호한 그
부모에게 효도하며 공경을 다하며 정
성을 다하라,
28 그와 같은 마음으로 살아갈 때, 너희
들이 나 여호와를 사랑할 수 있으며
나를 알 수 있기 때문이라 내가 그리
하지 않았더냐?
29 제 부모를 공경하고 사랑하지 않는 자
는 나를 경배할 수 없으며 나를 사랑
할 수 없음이니라.
30 작은 육의 부모에 대한 은혜에 감사하
며 그 공을 갚고자 작은 노력이라도
하는 자, 그리고 너희들이 부모의 그
큰 은혜를 그래도 일부의 작은 부분이
라도 갚고자 노력하는 효성스러운 자
식,
31 그 백성이 곧 나의 아들딸이요, 내가
그를 보기가 내 마음이 기쁘며, 그들
이 나를 따르고 나를 경배할 수 있는
백성이라는 것을 너희들은 알라.
32 그리하여 부모를 공경하며, 너희들이
가지고 있는 재물이요, 그 모두를 어
렵고 불쌍한 자에게 나눠 주고 베풀어
주는 사랑을 실천할 때,
33 바늘구멍이라는 그 작은 구멍을 낙타
가 통과할 수 있는 위대한 역사가 이
루어진다는 것을 너희에게 깨우침이
니, 이를 더 깊이 명심하도록 그리하
라.

12,281 번째 하나님 말씀

2004년 7월 20일 16시 19분

1 사랑하는 나의 아들아!
2 "네, 아버님! 말씀하옵소서."
3 얼마나 나의 뜻을 거역하고 사는 것이
오늘의 종교 집단의 지도자들이더냐?
4 그러니 나를 찾고 울고불고하는 그 백
성보다 너희들이 말하는 이방인이라
하는 그 백성들을 내가 더 사랑한다는
이 무서운 말을 전하는 나 여호와의
아픈 마음을 알겠는가?
5 그들이야말로 죄를 짓지 아니하며 양
심껏 살려 함이니라.
6 그러나 너희들은 죄를 지으면서 나 여
호와와 예수의 이름 앞에 나를 기쁘게
하며 예수의 은혜에 보답하는 행위이
기 때문에 죄를 짓는 것이라는 변명
아닌 변명을 하고 지금 살아가는 자들
이 아니더냐?
7 그러니 내가 너희들에게 이 세상에 뭐
라 말하였느냐?
8 손으로 짓는 성전이요, 교회라는 곳,
그리고 성당이요, 회막을 짓지 말라
하였느니라.
9 그대로 이 세상 자체가 내가 만든 가
장 위대한 성전이니, 이 세상 흐름 속
에서 그리 가르치고 전하라 하였느니
라.
10 의인이 가서 앉아서 강론하고 전하는
곳, 그곳이 아름다운 성전이요, 내가
만든 성전에서 모든 백성들이 그를 듣
고 깨우칠 수 있는 길이 있다 하지 아
니하였더냐?
11 이 세상에 풀 한 포기요, 나무 한 그루

요, 백사장의 모래알이요, 깊은 바닷
속에 물고기요, 조개 하나까지도, 풀
잎 하나까지도, 고산에 사는 어떠한
풀잎 하나까지도,
12 겨울이 되면 눈이 내리며 비가 오고
봄이 되면 꽃이 피는 것, 그와 같은 모
든 역사가 나의 창조물이요, 나의 계
획에 의하여 내 뜻에 의하여 이루어지
지 아니한 것이 없지 않더냐?
13 나 여호와가 창조하여 만든 것이며,
내가 조화를 이루는 이 자연보다 더
아름다운 것이 어디에 있으며, 이 세
상의 아름다운 성전보다 더 위대하고
곱고 아름다운 성전이 어디 있단 말이
더냐?
14 너희들의 손으로 지은 건축물이라 하
는 것은, 그 두꺼비집 같은 곳은, 너희
들의 교회요, 법당이요, 성전이라 하
는 그 모두는 다 나와는 관계없는 곳
이며, 그곳은 죄의 온상이라 했으며,
그곳에서 내가 같이하지 아니함이니,
15 너희들이 나의 진리를 아무리 가르치
고 전한다 해도 그는 나와 관계없다
한 그 뜻을 알아야 될 것이니라.
16 나 여호와는 자연의 세상에서 그대로
전파하여 가르치도록 하게 함이니라.
17 그러니 이제 내가 새로운 성경 160권
을 내려보내니, 아무나 글을 아는 백
성들이 들에서 일하다 말고 휴식 시간
에, 잠자기 전에 너희들이 읽고 깨우
치는 그와 같은 것을 역사함이니,
18 이게 바로 자연의 세상이요, 생활 속
에서 모두가 교회가 이루어지며, 네
마음속에 교회가 이루어지는 것이며,
내가 이루고자 하는 뜻이 여기에 있음
이니,
19 지금과 같은 방법으로써 전도하지 아
니하며 복음을 가르치지 아니하고 전
하지 아니한다는 뜻을 알겠느냐?
20 지금까지 하는 방법은 내 뜻을 거역하
는 것이며, 나와는 아무런 관계도 없
는 짓을 너희들이 하고 있음을 알라
그리 전하라.
21 사랑하는 나의 아들딸들아! 아무런
관계도 없는 지도자들이 지금 나의 종
이요, 하늘의 종이요, 만백성의 종이
라 내세워 성전을 차려 놓고 그와 같
이 유혹하며 너희들 앞에서 작은 신의
역할을 하지 않느냐?
22 하늘의 종이요, 만인의 종이라 하는
자들이 하고 있는 짓을 보라.
23 그들이 서 있는 단상을 보며, 그들이
있는 그 궁궐을 보며, 그들이 행하고
있는 것을 보며 생활하는 것을 들여다
보라.
24 과연 그들이 하늘의 종이요, 나의 종
이더냐?
25 나의 종은 무엇이더냐?
26 죽음의 직전에 가 거기서 다시 깨닫고
모두를 다 놓을 수 있으며 포기하는
그 순간에 새로 얻는 그 지혜요, 그곳
에서 거듭나는 것, 그것이 바로 만인
의 종이요, 만백성의 종이라 함을 잊
지 말라.
27 너희들이 교회에 모여 복음을 전하는
것이 아니라, 교회를 개인과 가정에
심어 주는 것, 나아가서 만백성들의
가슴에 심어 주는 것이 바로 진정한
내가 원하는 교회요, 성전이라는 것을
알라.

28 너희들의 손으로 지은 건물이요, 그
모두는 죄의 온상이며 그것은 무너지
고 부서지며 파괴되는 것, 그리고 지
워지는 것이니, 그 속에는 너희 마음
에 영원한 믿음이요, 진리가 없음이니
라.
29 나는 변하지 않는 것, 지울 수 없는
것, 부술 수 없는 것, 그리고 기억에서
지워 버릴 수 없는 것, 그리고 도둑맞
을 수 없는 것, 잃어버릴 수 없는 것,
잊으려 해도 잊을 수 없는 것, 그 소중
한 변화들이 영원한 나의 참진리요,
내 뜻이라는 것을 알라.
30 그러니 참진리의 교회를 너희들의 가
슴에 짓도록 그리하며,
31 나의 새로운 성경을 가지고 만백성에
게 전하니, 그들이 쉬는 시간에, 잠자
기 전에, 들녘에서, 식사하기 전에, 어
린아이와 노는 시간에, 그네를 뛰며
유원지에서 놀면서, 놀이터에서 놀면
서 나의 성경을 꺼내서 그 자리에서
읽을 수 있는 것,
32 자연 속에서 어울려 읽어 보며, 노는
시간 속에서 어울려 나의 성경을 읽어
보는 것,
33 그와 같이 읽으며 하나를 깨우쳐 네
가슴에 심는 그와 같은 개인의 교회
가 역사될 것이며, 그것이 내가 바라
는 뜻이라는 것을 알라.

12,282 번째 하나님 말씀

2004년 7월 20일 16시 27분

1 사랑하는 나의 아들아!
2 "네, 아버님! 말씀하옵소서."
3 나의 아들 예수는 빈손이었느니라.
4 그리고 그 제자들에게 어떠한 기적과
역사를 이룬다 해도, 하나님 창조주
너희들의 아버지인 내 이름으로써, 예
수의 이름으로써 병을 고치고 어떠한
죽은 자를 살린다 해도, 귀신을 쫓아
낸다 해도, 어떠한 은혜를 베풀었다
해도 대가를 받지 말며,
5 그리하여 전대라는 것을 차고 다니지
말라 그리 명하지 않았더냐?
6 그리하여 나의 아들 예수는 빈손이었
느니라.
7 그러니 너희들이 나의 아들 예수의 뜻
을 따르며 하늘에 오르는 백성이라면
어찌 가야 되는 것이며 어찌 살아가야
되는가?
8 지금 나의 아들을 경배하고 따른다는
그 백성들이 과연 어찌 살아가는가?
9 모든 나의 백성들은 그들의 실체를 들
여다보도록 그리하라.
10 그를 들여다보면 너희들이 어느 것이
옳고 그른지 알 것이니라.
11 너희들의 창조주 아버지를 믿으며 나
를 믿으며 너희들이 내가 존재함을 안
다는 백성들이 무엇이 두렵고 무섭기
에 재물을 갈취하여 그 재물을 긁어모
으며 제 이름으로 재산을 해 놓는가?
12 그것이 넘치니 제 가족이요, 제 자식
들까지 그 명의로 재물을 축적하고 거
둬들이는 그와 같은 짓을 하지 말라
하지 아니하였더냐?
13 그와 같은 짓을 하는 자가 사탄이요,
마귀의 종이요, 그 앞잡이가 된 자라
내가 그리하지 아니하였더냐?
14 그리하여 종교 지도자는 유리로 비춰

봐 한 점의 부끄럼이 없는 삶을 살아
야 될 것이며, 제 명의로 어떠한 재물
을 놓아서도 아니 된다 하지 아니하였
더냐?
15 너희들은 모세가 사막을 걸어가며 그
백성들이 40년 동안 그 모두를 토해
내기 위하여 광야에서 내가 훈련을 시
킨 그와 같은 역사의 고통을 한번 생
각해 보라.
16 그렇거늘 너희들이 어찌하여 하늘을
향하여 한 점의 부끄럼이 없는 자세로
살지 못하며, 재물을 제 앞으로 해 놓
지 못하는 것이 무엇이 그리 아쉬우
며, 그것에 미련이 있으며 그것이 그
리 두렵단 말이더냐?
17 그와 같은 것을 할 수 없는 자가 어찌
하여 종교 집단의 지도자라 할 수 있
겠는가?
18 노아에게 방주를 만들라 함이니, 모든
사람들이 그를 비웃을 때 그는 모든
재산을 다 털었으며 모든 힘을 다 동
원하여 그를 만들지 아니하였던가?
19 그러니 그 고통이 얼마나 심했으며,
그 시련이 얼마나 심했으며, 비아냥거
리는 것, 재물을 모으는 것, 그 물자를
거두는 것을 그가 얼마나 고통스럽게
그 모두를 만들었겠는가?
20 지칠 대로 지치고 쓰러질 만큼 모두
를 다 바쳐 그를 이루었으니,
21 그러니 오늘의 종교 집단의 지도자
너희들이 그와 같이 가는 것이 나의
백성이요, 나의 뜻을 역사하는 백성들
이거늘,
22 제 앞으로 재물을 하나 해 놓지 아니
하는 것도 못하는 주제에, 너희들이
종교 집단의 지도자라 말할 수 있단
말이더냐?
23 이것이 오늘의 너희들이 사악한 자들
이니라.
24 오늘 내가 나의 아들을 통하여 모든
것을 총체적으로 너희들에게 전함이
니, 이와 같은 구절을 너희들이 읽고
거듭나는 은혜를 얻도록 그리하라.
25 내가 너희들에게 뭐라 하였느냐?
26 교회요, 성당이라는 곳에 '어서 오십
시오, 또 오십시오.' 그와 같은 말을
써 놓는 것이 아니라, '저희 교회는 만
원사례요.' 하는 그와 같은 간판을 내
걸 수 있는 자들이 되라 하였지 아니
하였더냐?
27 그리고 너희들은 교회요, 성당이요,
회당 앞에 서서 '오늘은 당신이 누구
에게 얼마나 베풀었으며, 하나님의 뜻
에 따라, 예수님의 가르침에 따라 가
난하고 불쌍한 자에게 무엇을 얼마나
베풀었으며 얼마나 도와주었는가? 그
명세서를 나에게 바치고, 이 교회요,
이 성당이요, 하나님의 이 성전에 들
어오도록 하라.' 그리 가르치고 그리
행하라 하였거늘,
28 너희들이 그리하는 백성만이 진정한
나 여호와의 뜻에 의해 행하는 백성이
라 하였거늘, 과연 그와 같은 교회요,
그와 같은 성당이요, 그와 같은 법당
이 어디 있느냐?
29 '만원사례'라 써 놓은 곳이 있더냐?
30 너희들에게 내가 뭐라 말하였느냐?
31 너희들 자신의 성당이요, 법당이요,
그 성전을 위해서 역사하는 것이 아니
라,

32 이웃의 어려운 교회요, 어려운 성당에
너희 신도를 보내어 그를 먼저 부흥시
키는 그와 같은 마음을 갖는 것이 나
의 백성이요, 종교 지도자요, 사랑을
베푸는 자요, 내 뜻에 따라 역사하는
것이라 내가 일찍이 나의 새로운 성경
에 이 모두를 기록하여 전하지 아니하
였던가?
33 그러나 너희들이 이를 행하지 아니하
며 이를 따르지 아니하며 이리 가지
못하기에,
34 나 여호와가 다시 한 번 나의 새로운
성경에 이 모두를 기록하여 전함이니,
너희들은 이를 읽고 깊이 깨우쳐 행하
도록 그리하라.
35 그러니 모든 종교 집단이 가르치는 것
은 성경을 가르치며, 모든 지도자는
같음이니, 너희들이 그곳에 가 사랑을
배우고 실천하면 될 것이라 그리 전하
도록 하며, 그리 베푸는 것이 하늘의
뜻이라 내가 하지 않았던가?
36 구원을 받고자 하는 믿음의 길을 가지
말라 하였느니라.
37 너희들이 신앙의 생활이요, 믿음의 생
활하는 것은 모든 종교 집단의 지도자
요, 그 백성들, 광분하는 자, 울고불고
하는 자, 너희들이 왜 그리 광란하고
나를 찾으며 예수를 찾는가?
38 너희들은 믿는 순간에 구원을 받았다
는 것, 그리하여 너희들이 지옥에서
자유가 되었으며, 벌을 받는 것에 자
유가 되었으며, 잘못 살아온 대가에
대한 그 모두에서 자유의 몸이라 하여
거기에 광분하고 미쳐 울고불고하는
것이니라.
39 그러나 믿음이라는 것은 그와 같은 것
을 위해서 가는 것이 아니라, 하늘에
오르는 한 장 남은 천국의 안내장을
남에게 양보할 수 있는 것, 네 손에서
놓을 수 있는 것, 그와 같은 마음으로
다스리는 것, 그와 같은 믿음으로 가
는 것, 그것이 바로 신앙의 길이요, 믿
음의 길을 가는 백성들이요,
40 그와 같은 역사를 이루었을 때, 너희
들이 기쁨의 눈물을 흘릴 수 있는 백
성이 되어야 할 것이니라.
41 알지도 못하며 가 보지도 못하며 체험
하지도 못한 거짓된 종교 지도자들이
하늘에 오르는 길이요, 천국에 오르는
길이요, 구원받았다는 그 말에 저 자
신이 광분되어,
42 정녕 제가 구원받고 지옥에 가는 그
두려움에서 저는 벗어났으며, 지옥의
끓는 기름 가마에 들어가는 벌을 저는
면한 자요, 불 속에 들어가는 벌을 면
한 자요,
43 이와 같이 모두를 벗어난 것처럼 착각
하여 광분하며 울고불고함이니, 그 모
습이 얼마나 무서운 죄를 짓고 있는
것인가를 머지않아 알게 될 것이니라.

12,283 번째 하나님 말씀

2004년 7월 20일 16시 33분

1 사랑하는 나의 아들아!
2 "네, 아버님! 말씀하옵소서."
3 나 여호와가 사랑하는 백성 너희들이
요, 이 세상의 모두를 창조한 것은 나
여호와의 크나큰 뜻이 있다 하지 아니
하였더냐?

4 그러니 너희들이 이 세상에 존재해 살
아가는 그 삶이 나 여호와가 이루고
자, 역사하고자 하는 내 뜻에 따라 살
아가는 삶을 살며,
5 거기에 부름을 받아 쓰이는 백성으로
서 살아가는 길을 찾으며 그와 같은
마음 자세로 살아가는 것이 너희들의
도리라 하였음이니라.
6 내가 너희들을 불러 쓸 수 있는 백성
은 무엇이라 하였느냐?
7 너희들이 선한 마음이요, 아름다운 마
음으로써 변하는 백성, 그를 내가 불
러 쓴다 하지 아니하였더냐?
8 그러나 너희들은 지금 그와 같은 큰
뜻을 저버리고 오로지 구원이요, 하늘
에 오르는 길, 그것만을 바라며,
9 지옥에 가지 아니하며, 그 죄의 대가
를 치르는 것, 고통 속에서 헤어나지
못하는 것, 그것만을 벗어나기 위하
여, 거기서 헤어나고자 하는 그와 같
은 것에 모든 믿음이요, 살아가는 삶
을 거기에 모두를 다 바치고 있으며,
10 너희들이 존재하는 그 가치가 그것 때
문에 존재한 것이라 그리 가고 있으
니, 얼마나 어리석고 불쌍한 백성들이
더냐?
11 그리하여 너희들은 그와 같이 믿는 것
으로써 구원을 받으며 모든 죄의 사함
을 받았으며, 지옥을 가지 않으며, 지
옥의 그 고통스러움에서 면제되었다
는 것,
12 불안하며 또 공포와 불안전한 속에서
라도 그래도 그것을 믿는 것이 낫다
생각하여 울고불고 지금 악을 쓰고 있
는 것이니라.
13 그러면서 또한 너희들이 뭐라 하여 하
나의 장막을 더 치느냐?
14 모든 종교 집단 지도자들이 그리하느
니라.
15 믿는 것으로써 구원을 받은 자라 그리
말하느니라.
16 그리고 또한 믿는 자는 반드시 나의
아들 예수가 재림하여 너희들을 선별
하여, 무덤 속에 있는 자까지 끌어내
어 구원의 길을 인도하니,
17 너희들은 그때를 기다리라, 그리 믿으
라 하여 온갖 재물과 사악한 짓을 다
하고 있지 않더냐?
18 그러나 나는 나의 아들을 통하여 내가
새로운 성경에 기록하여 전했느니라.
19 예수의 재림은 없느니라.
20 나의 아들 예수와 같은 삶을 행하는
것이 곧 예수의 재림이요, 내가 내리
는 새로운 성경이요, 그 성령을 받아
들여 너희들이 그와 같은 삶으로 변화
되는 것이 예수가 재림하는 그 의미
요, 뜻임을 알라.
21 너희들은 나의 아들 예수의 보혈로써
구원을 받은 것이며, 예수가 육의 형
태로 세상에 내려와 너희들을 구원할
자와 구원받지 않을 자를 구분하여,
22 믿는 자는 구원을 받으며 부활로써 거
듭나며, 믿지 않는 자는 너희들이 이
미 심판을 받은 자요, 지옥으로 간다
그리 생각하는 어리석은 삶을 살지 말
라.
23 그것이 너희들이 잘못된 것이며 잘못
역사하는 것이니라.
24 그리하여 그 불쌍하고 어리석은 백성
들을 위하여 내가 나의 아들을 통하여

새로운 성경에 뭐라 기록하여 전했느
냐?
25 너희들이 지금 믿고 있으며 또 하나의
장막을 친 것이 무엇이더냐?
26 나의 아들 예수를 믿고 믿음으로써 그
보혈로써 구원을 받으며 나의 아들 예
수가 나 여호와와 똑같으니 삼위일체
라 그리 말하지 않느냐?
27 나와 나의 아들과 성령이 다 삼위일체
며, 내가 예수의 몸을 빌려 세상에 나
갔으니,
28 너희들은 예수를 붙잡고 울고불고 매
달리기만 하면 모두 구원을 받으며 나
에게 오를 수 있다는 삼단논법으로써
나의 피조물 만백성들을 엮어 놓고 있
지 않더냐?
29 일 단계는 믿는 것으로써 구원을 받
아 하늘에 오른다 그리 말하며, 이 단
계로, 예수가 반드시 재림해서 너희들
을 구원할 것이라 하며,
30 삼 단계로써 삼위일체이기 때문에 나
와 나의 아들이 똑같으니, 나의 아들
을 울고불고 '주여, 주여!' 부르기만
하면 구원을 받는다 그리 가르치나,
31 성경에 '주여, 주여!' 부르지 말며 창
조주라 하지 말라 하는 그 무서운 뜻
을 너희들이 그리 정면으로 위배하고
가면서도 나의 백성이라 말하느냐?
32 그러니 그와 같은 방법으로써 나의 피
조물 만백성들을 엮어 놓으며 그 함정
에서 벗어나지 못하도록 하는 것이 너
희들이 아니더냐?
33 그러나 나의 아들 예수가 전한 말을
알고 있지 않더냐?
34 나의 아들 예수는 보낸 이가 있으며
또 보냄을 받은 것이 나의 아들이라
그리하였으며,
35 육을 가진 자는 신이 아니니, 오로지
창조주 나 여호와만이 존재한다는 것
을 잊지 말라 내가 너희들에게 그리
말하지 아니하였더냐?
36 그리하여 너희들은 또한 나의 피조물
만백성들을 어찌 구속하는가?
37 종말의 시대에 너희들이 무서운 벌을
받게 되며, 그 종말의 시대가 되면 하
늘의 비단길을 가는 백성이요, 지옥으
로 가는 백성으로 구분된다 그리 말하
며,
38 종말론으로써 나의 피조물 만백성들
의 수족을 또 묶어 놓는 사악한 짓을
하고 있지 않더냐?
39 수천수만의 종파 중에 어찌하여 저희
들의 종파만 구원받는다 하는가?
40 그 어리석은 자들 앞에 너희들이 더
이상 희생당하지 말며, 더 이상 너희
자신이 팔리지 말도록 그리하라.
41 사랑하는 나의 아들딸들아! 너희들은
모두 다 나의 아들딸이니 소중하며,
밉고 고운 자가 없으며, 또한 내가 예
뻐하고 저주하는 자가 없음이니라.
42 다만, 너희들은 나의 아들딸로서 세상
에 나갈 때 나를 인식하고 나를 아버
지라 부르며 나갔음이니, 너희들이 나
의 성령이요, 내 뜻대로 살아와야 하
는 것이니라.
43 그러나 너희들이 그 길고 긴 세월 속
에 너무나 무너졌고 흐트러져서 더 이
상 지체할 수 없으며 더 이상 놔둘 수
없는 이와 같은 형국에 이르렀느니라.
44 그리하여 지금 내가 나의 아들을 통하

여 새로운 160권의 성경을 세상에 내려보내 너희들을 바로잡고자 하며 너희들을 바로 세우고자 하는 이 뜻에 너희들이 적극 동참하고 참여하지 아니하면 나에게 오르는 길을 볼 수도 없음이라는 것을 알라.

12,284 번째 하나님 말씀

2004년 7월 20일 16시 39분

1 사랑하는 나의 아들아!
2 "네, 아버님! 말씀하옵소서."
3 너희들이 누구의 뜻을 따르며 누구 뜻에 의해 역사하여 살아가며 누구의 법도에 의해 세상을 살아가야 되는가?
4 너희들은 하늘의 법도를 지키며 하늘의 법도에 따라 살아가야 될 것이니라.
5 그러니 내가 너희들에게 직접 써 내린 친필인 십계명이 과연 무엇이더냐?
6 이것이 하늘의 법도며 너희들이 지킬 법도며 너희들과 내가 언약한 약속인 것이니라.
7 그러나 너희들은 이 귀하고 소중한 나의 십계명을 뭐라 말하느냐?
8 이를 지킬 수 없다 그리 말하며, 인간이기 때문에 이를 행할 수 없는 것이라 그리 말함이니라.
9 이것은 너희들이 죽음 직전에까지 고통이요, 시련을 겪지 않은 자요, 죽음에서 거듭나는 그와 같은 마지막의 그 순간을 체험하지 못한 자이니라.
10 너희들이 숨이 끊어지는 그와 같은 형국에까지 왔다가 거듭나는 영광의 은혜를 얻는다면, 과연 너희들이 나의 십계명을 지킬 수 없다 말할 수 있겠는가?
11 너희들은 고통이요, 그 고통의 시련을 체험해 보지 아니하고 겪지 아니한 백성들이니라.
12 그리고 나의 새로운 성경을 읽고 깨우치는 백성들, 그리고 나의 아들을 따르는 백성, 너희들은 누가 뭐라 말해도, 너희들은 나의 십계명을 지키고 행하는 것이 하늘에 오르는 기본이요, 기초라는 것을 잊지 말라.
13 모든 백성들이 나를 전지전능한 여호와 아버지요, 창조주라 말하면서, 나 여호와가 지킬 수 없는 것을 내려보냈다는 나를 사탄이요, 사악한 자라 말함이니,
14 그와 같이 말하는 자, 망령된 짓을 하는 자, 사탄의 종이 아니고는 감히 그와 같은 행위를 할 수가 없음이니라.
15 너희는 들으라.
16 나의 십계명을 외우고 따르며 지키지 아니하는 자는 나의 뜻을 거역하는 자요, 나를 능멸하는 자요, 너희들이 나에게 와 심판을 받을 때, '나는 너를 모른다.' 한다는 그 무서운 뜻을 깊이 새겨 두도록 그리하라.
17 십계명을 지키는 것이 구원을 받는 길이요, 하늘에 오르는 길의 역사를 너희들이 알게 됨이니라.
18 구약도 신약도 새로운 성경도 모두 너희들을 직접 구원해 주는 그 역할을 하지 아니한다 하지 아니하였더냐?
19 구원이 이루어지는 그 길을 안내하는 것, 그 길을 보게 하도록 너희들을 깨우쳐 주는 것이 주 역할이라 내가 그리하지 아니하였더냐?

20 너희 자신이 알고 있는 것, 너희 자신
이 버리지 못하는 악습이요, 잘못된
것, 욕심의 마음을 비우고 또 비우는
데 너희들이 모두를 다 바쳐 눈물겨운
삶을 살아가는 것, 그와 같은 백성들
만이 나에게 오를 수 있는 백성이라
내가 하지 아니하였더냐?
21 그것만이 너희들이 사는 삶의 근본이
라 하였음이니라.
22 그렇지 아니하는 자는 너희들이 나를
볼 수 없음이니라.
23 나 여호와는 그와 같은 백성들이 세상
에 나오기를 6천 년이라는 기나긴 세
월을 기다렸다는 것을 너희들은 알고
있지 않으냐?
24 내가 그와 같은 세월을 기다리면서 천
사와 같은 백성이 세상에 나오기를 왜
바랐는가?
25 하늘의 나라에는 천사들이 존재함이
니, 천사와 같지 아니한 백성은 들어
올 수 없느니라.
26 너희들이 냄새 나는 오물을 묻힌 자가
너희 집이요, 너희 방에 들어올 수 없
는 간단한 이치처럼,
27 냄새 나는 자, 추악한 죄를 가슴에 안
고 목에 걸고 있는 자, 아무리 몸부림
쳐도 천국에 올 수 없으며,
28 너희들을 천국에 갖다 놓는다 해도 거
기서 견디지 못하고 지옥 불로 기어들
어 간다 내가 하지 아니하였더냐?
29 그 무서운 말이요, 그 뜻을 알라.
30 지금 너희들의 믿음이요, 가고 있는
신앙의 길이 구원을 받을 수 있으며
하늘에 오르는 길이라 확신하거든 너
희들은 그 길을 가라.
31 그러나 너희들이 불안하며 초조하며
공포의 마음이 있거든, 너희들은 그
마음의 모두를 구원해 줄 수 있는 새
로운 성경 160권을 읽고 깨우쳐 하늘
에 오르는 길이요, 구원의 길을 보도
록 그리하라, 나의 아끼고 사랑하는
아들딸들아!

12,285 번째 하나님 말씀

2004년 7월 20일 16시 43분

1 사랑하는 나의 아들아!
2 "네, 아버님! 말씀하옵소서."
3 나의 160권의 새로운 성경, 이 귀하고
소중한 것을 접하지 아니하며 이를 공
부하고 깨우치지 아니하는 자,
4 이를 너희 생명처럼 간직하며 정독하
고 정독하지 아니하는 자,
5 너희는 어떠한 길을 가도, 어떠한 행
위를 해도, 어떠한 믿음의 길을 가도,
그 모두는 다 나에게 오르는 길이 아
니요, 나와는 아무런 관계도 없는 길
을 가는 것이라 하였음이니라.
6 모든 백성 너희들은 들으라.
7 내가 마지막 시대에, 구약과 신약은
이 160권의 새로운 성경을 받치기 위
하여 존재하였으며,
8 나의 아들 예수가 세상에 와 역사한
그 깨우침이요, 가르침도 다 160권의
새로운 성경을 받치며 이를 위해서 역
사했다는 것을 내가 나의 새로운 성경
에 기록하여 전함이니,
9 너희들은 나의 뜻을 진심으로 받아들
이며 깨우침을 얻도록 그리하라.
10 그러기에 내가 너희들에게 명하느니,

160권의 새로운 성경을 읽고 정독하
고 네 것으로 만드는 피나는 노력이
없이는 너희들은 아무것도 이루어질
수 없으며, 나와 관계없는 백성이라는
이 무서운 사실을 너희들은 알라.
11 오늘의 모든 믿음의 길을 가는 백성
너희들이 나의 새로운 성경을 접하지
아니하고는 오늘의 배움을 알 수 없음
이니라.
12 그리고 너희들이 성경에 기록된 내용
도 이해하고 깨달을 수 없음이니라.
13 나의 새로운 성경을 읽고 정독할 때,
너희들이 그 성서 속에 있는 것을 아
니, 그때 너희 눈이 열리게 되며, 160
권이 내려온 의미요, 내가 너희들을
이끌어 가는 그 방향의 모두를 알게
될 것이니라.
14 너희들이 지금 가고 있는 것은 인간의
생각으로써, 인간의 행동으로써 이루
고 역사하는 것이니, 모두가 무지에서
이루어지는 것임을 너희들은 알라.
15 너희들이 나 여호와의 뜻에 의하여 역
사하는 것이 아니요, 인간의 교리를
가지고 하니,
16 너희들이 얼마나 무지요, 너희들의 욕
심이요, 욕망 속에서 이루어지는지 알
겠느냐?
17 새로운 성경 160권은 너희들이 나스
릴 수 없는 것, 마음을 버릴 수 없는
것, 네 마음을 비울 수 없는 것, 그 육
의 모두를 다스리고 버리고 비우게 하
는 것이니,
18 너희들은 육의 세상에서 살면서 네 육
을 죽이며, 그 육이 죽은 다음에 영혼
이 거듭나는 그와 같은 새로운 삶을
살라 하며, 이것이 생명이요, 거듭나
는 것이라 내가 그리하지 아니하였더
냐?
19 그러나 너희들의 구약이요, 신약의 성
경이요, 오늘의 종교 집단의 지도자가
가르치며 그를 배우는 그 신앙으로써
는 육을 죽일 수가 없음이니라.
20 그리하여 나의 새로운 성경 160권은
바로 너희들의 육을 죽일 수 있는 것
이며, 육을 버릴 수 있는 것이며, 그
버린 데서 영혼이 거듭나는 그와 같은
은혜요, 영광을 얻는 것이기에,
21 그와 같은 영광의 고초의 길을 가지
아니하고는 하늘에 오를 수 없으며 거
듭날 수 없다는 이 뜻을 알라.
22 나 여호와가 너희들을 사랑함이니라,
사랑하는 나의 아들딸들아!

12,286 번째 하나님 말씀

2004년 7월 20일 17시 06분

1 사랑하는 나의 아들아!
2 "네, 아버님! 말씀하옵소서."
3 나의 피조물 만백성 너희들이 시련과
고통이요, 그 역사함이 없이 모두를
깨우치고 하늘의 길을 오를 수 있다
면, 나 여호와의 마음이 얼마나 기쁘
며, 못 오를 백성이 어디 있겠느냐?
4 그러나 너희들은 육의 세상에 살면서
많은 죄 속에 있으며, 마음과 몸이 무
거워져 있음이니라.
5 이는 곧 맑은 물과 같이 되어야 하는
너희들이 혼탁한 물이 되었으니, 아무
나 마실 수 없는 물처럼 바로 설 수 없
는 형국이 되었음이니, 그를 스스로

정화하고 다스려 나가기가 얼마나 힘
들고 어려운 길이더냐?
6 그러니 나의 사랑하는 백성 너희들이
그와 같이 거듭나기 위해서는 시련과
고통이요, 아픔이 없이는 아무것도 이
루어질 수 없는 것이 오늘의 운명이
요, 너희들이 처해 있는 형국이니라,
사랑하는 나의 아들딸들아!
7 지금의 나의 아들딸 너희들이 모두의
과거요, 그 역사를 한번 생각해 보도
록 그리하라.
8 모든 백성들이 고통과 시련이 없이 기
적이요, 역사를 이룰 수 있었던가?
9 그리고 나의 뜻에 따라서 행하는 자
들이 세상에서 얼마나 비아냥을 받았
으며 핍박을 받았으며 정신이상자라
는 말을 들었겠는가?
10 너희들이 노아의 방주의 그 가족이 역
사한 것을 하나를 보도록 해 보라.
11 그들이 밝은 천지에 '비로 인하여 모
두 다 목숨을 잃게 되니, 배를 만들지
아니하면 아니 된다.' 했을 때 그를 믿
었겠는가?
12 그가 그를 만들 때 도와주는 자, 협조
하는 자 없으며, 정신 나간 자요, 미친
자라 함이니, 재물도 재산도 그를 협
조해 주고 도와주는 자가 없었을 것이
니라.
13 그를 믿고 같이 가고자 하는 자가 있
었더라면 힘이 되었을 것이며 쉽게 그
를 역사했을 것이나, 그를 믿어 주지
아니하니 그 혼자 스스로 했으며, 그
가족 또한 얼마나 그를 따르고 역사
했겠는가?
14 그와 같은 속에서 나의 아들 예수가
역사하는 과정 또한 마찬가지였음을
너희들은 알아야 될 것이니라.
15 그리하여 노아의 방주가 그 영광을 얻
었듯이, 나의 아들 예수 또한 무엇이
더냐?
16 너희들이 믿어 주지 아니하고 인정하
지 아니하는 그 속에서 바로 나 여호
와의 뜻을 전하기 위해 그리하니, 그
를 정신이상자요, 잘못된 자라 하여
그리 사악하게 죽음의 길로 몰아넣지
아니하였더냐?
17 이와 같은 것을 보더라도 시련과 고통
속에서 역사함이 없이는 기적이요, 나
의 은혜 속에 거듭나는 영광을 얻지
못하게 되어 있음이니라, 사랑하는 나
의 아들딸들아!
18 바로 구약과 신약이요, 새로운 성경이
요, 이 시대의 모두를 역사하는 것은
하나의 과정이라는 것을 알라.
19 나의 아들 예수가 세상에 온 것도, 구
약의 역사한 것도 그 모두가 새로운
성경이요, 새로운 시대를 이루어 가기
위한 하나의 거쳐야 할 과정이라는 것
을 명심하도록 그리하라.
20 이 과정이 없이는 제3의 시대가 역사
할 수 없으며 도래할 수가 없음이니라.
21 너희들은 구약의 시대에 모세가 이끈
백성들, 그들이 목적지를 가기 위하여
얼마나 고통스러운 길을 갔으며, 그들
의 목적지가 과연 어디였더냐?
22 그들이 광야에서 허덕이는 것이 목표
였는가?
23 가나안 땅에 들어가는 것이 그들의 목
표요, 또한 내가 그들에게 약속한 것
이요, 그 약속을 지키기 위해 그 길을

간 것이 아니더냐?
24 그러니 그 과정은 과연 어떠했다 내가 전했느냐?
25 짧은 시간에 갈 수 있는 그 거리를 광야에서 40년이라는 고통스럽고 힘든 그 생활을 했으니,
26 너희들이 광야에서 생활하는 것을 한 번 생각해 보라.
27 그것도 하루 이틀도 아니요, 1년도 아니요, 40년이라는 기나긴 세월을 광야에서 생활한 것이니,
28 그 고통 속에서 왜 그와 같은 역사를 했는가?
29 그들이 마음에 있는 모든 육의 생각이요, 그 모두를 도려내지 아니하며 토해 내지 아니하면 아니 되기 때문에, 가나안 땅으로 가는 하나의 과정이 40년이라는 그 어렵고 힘든 그 역사를 이루었음이니라.
30 너희들은 지금 새로운 시대에 역사하는 것이 무엇이더냐?
31 지금 구약의 시대에 4천 년이라는 역사와 신약의 2천 년의 세월이요, 그 모두를 역사한 뒤에 지금 제3의 시대에 새로운 성경을 내려보내 새로운 지상의 천국을 이루기 위한 그 역사가 시작됨이니,
32 이게 얼마나 위대하고 소중한 것인가를, 여기에 동참하는 나의 아들을 따르는 제자들이요, 이를 만들고 역사하는 너희들이 과연 누구인가를 생각해 보았는가?
33 너희들이 어찌하여 이와 같은 위대한 역사를 이룰 수 있으며 선택된 백성이 될 수 있는가는 둘 중의 하나이니라.
34 너희들이 스스로 죄를 많이 지은 자이기에 사탄을 따라가는 것이요, 잘못된 자의 일을 역사하는 것이라 그리 하나를 생각할 수 있을 것이며,
35 또 하나는 하늘의 뜻으로 역사하는 것이요, 나 여호와의 뜻이라 한다면, 과연 여기에 선택되고 이를 만들고 전하는 일을 하는 것이 얼마나 위대하고 소중한 백성들인가?
36 6천 년 동안에 나 여호와가 제3의 시대를 역사하는 데 선택된 백성이 바로 너희들이라면, 너희들이 어떠한 백성이라 하겠느냐?
37 그러니 너희들이 여기서 지옥이냐 천국이냐, 사탄의 길을 따르는 것이냐 천사의 길을 따르는 것이냐, 그것은 너희들의 마음의 변화요, 너희가 변화되는 것으로써 모두를 알 수 있을 것이니,
38 다만 지금은 귀하고 소중하게 선택된 백성이요, 얼마나 위대한 영광을 받은 것인가?
39 세상에 무엇과도 바꿀 수 없는 너희들이니, 나의 새로운 성경을 만들어 만백성을 구하는 데 잠시도 게을리해서는 아니 됨이 여기 있느니라, 사랑하는 나의 아들딸들아!
40 보는 인간의 마음 상태가 어떠하더냐?
41 나의 선지사로서 모세가 그 역사를 하며 광야에서 이끌고 나가며, 그들을 노예의 생활이요, 4백 년이라는 긴 세월에서 해방시켰으니, 그를 따랐던 백성들이 어떠했더냐?
42 가나안 땅에 가는 그 과정이 힘들고 어렵다 하여 등을 돌렸으며, 우상을

만들어 놓고 광란의 짓을 했으며, 음
란한 짓을 했으며, 남녀 할 것 없이 그
저 뒹구는 그와 같은 험악한 세상을
보여 준 것이 아니더냐?
43 인간의 마음이요, 너희들의 생각의 상
태가 그러하니라.
44 그러니 너희들이 모두를 토해 내지 아
니하고 모두를 벗어던지지 아니하면,
그와 같은 것으로써 언제 돌아설지 모
르는 것이 나의 백성 너희들이니라.
45 지금의 나의 아들을 따르는 백성 너희
들이 그리하여 선택되었으며, 오늘의
고통과 시련의 길을 가는 데 선택된
백성이라는 것을 알라.
46 너희들만이 이 길을 갈 수 있기 때문
이요, 아무나 갈 수 없기 때문이니라.
47 그리고 너희들이 가는 길이 과연 어떠
한가?
48 너희들은 모세가 이끈 백성들이 4백
년이라는 고통 속에서 인도자를 만났
으며,
49 광야에 끌고 가는 40년의 그 생활이
요, 나의 아들 예수의 그 고통스러움
의 모든 것을 너희들이 하나하나 짚고
내려갈 때,
50 오늘과 같이 편안한 방법으로써 나의
아들 예수를 믿고 찬양하는 것으로써
구원을 받았으며 나에게 오르는 그 길
을 오를 수 있다 생각하는 것이,
51 정녕 그 어렵고 힘든 길에서도 가지
못한 백성들의 그 노력과 고충에 비하
여 너희가 과연 그리 갈 수 있다 생각
하느냐?
52 그리 갈 수 없는 것은 당연한 것이니
라.
53 그러니 나의 아들을 따르는 제자 너희
들에게 나의 아들을 통하여 뭐라 했느
냐?
54 떠날 자 떠나고, 남을 자 남으라 하지
아니하였더냐?
55 160권의 새로운 성경은 너희들을 죽
이기 위한 것이요,
56 너희들을 살리기 위하여 내가 내려보
내는 것이 아니요, 부귀와 영화를 누
리기 위해서 내려보내는 것이 아니라
내가 나의 아들을 통하여 너희들에게
전함이니,
57 이제 버릴 자 버리고, 남을 자 남도록
너희들이 선택하도록 그리하라.
58 사랑하는 나의 아들딸들아! 이 세상
을 지배하는 것이 천사요, 나의 뜻에
의하는 것이 아니요, 사탄이요, 사악
한 자들이 이 세상을 다스리고 있음이
니라.
59 그러나 그와 같은 자들이 이 세상을
다스린다 하여 저희 뜻대로 역사할 것
이라 생각하지 말라.
60 나 여호와가 이제 버릴 자와 구원할
자를 선별하기 시작하였음이니,
61 아무리 방대한 조직이요, 아무리 저희
들이 방대한 인력을 가지고 있으며,
재물을 가지고 있으며, 셀 수 없는 교
회요, 성당이요, 성막을 가지고 있다
고 해도,
62 그 모두가 다 고개 숙일 것이며, 그 모
두가 문을 닫을 것이며,
63 선별하는 그 앞에 그 모두가 심판을
받게 될 것이니 그리 알라.

12,287 번째 하나님 말씀

2004년 7월 20일 17시 10분

1 사랑하는 나의 아들아!
2 "네, 아버님! 말씀하옵소서."
3 새로운 성경이 내려지며 새로운 시대
요, 새로운 역사가 시작됨을 너희들은
알아야 될 것이니라.
4 새로운 시대요, 새로운 세상을 이 땅
에 이루고자 하는 것이 하늘의 뜻을
받아들이는 백성이요, 그를 거절하며
그를 받아들이지 못하는 백성은 나와
관계없는 백성이라는 것을 너희들은
알아야 될 것이니라.
5 지금 내가 새로운 성경을 내리고 새로
운 시대요, 새로운 세상을 이 땅에 이
루고자 하는 하늘의 뜻을 받아들이는
백성은 살 것이요, 그렇지 못한 백성
들은 죽음의 굴레에서 벗어나지 못한
다는 것을 알라.
6 지금의 종교 집단의 지도자, 그리고
구원을 받았다 말하는 그 신도들, 바
로 너희들이 새로운 역사가 시작되는
것을 모르고 있음이니라.
7 종교 집단에서 새로운 역사가 시작되
는 것이요, 새로운 시대가 열리는 것
을 모르며, 새로운 성경이 내려오는
것을 모르느니라.
8 그 또한 지도자들도 그러하며, 그렇다
해도 너희들이 인정하지 아니하려 하
며 받아들이지 아니하려는 것이 아니
더냐?
9 구원을 받았다 몸부림치는 광신도들,
너희들 또한 지금 새로운 역사가 시작
되며 심판의 시대가 시작되었음을 모
르고 있음이니, 너희들처럼 어리석고
가련하며 불쌍한 백성이 없음을 알라.
10 알아도 받아들이지 아니하려 하며 인
정하지 아니하려는 것이 바로 너희들
이니라.
11 그러면서 너희들이 가고 있는 것이 지
옥행 열차라는 것을 모르느니라.
12 그리고 거짓 종교 집단의 지도자들의
세 치 혓바닥에 현혹되어 나의 사랑하
는 백성들이 지옥으로 가는 그 열차에
뇌물을 주고 먼저 승차하려는 백성들
의 아우성이 지금 세상을 뒤덮고 있
음이니라.
13 너희들이 울고불고 광란의 짓을 하는
것, 주여, 그리고 아버지라 부르면서
'기적을 이루어 주옵소서, 빛을 보여
주옵소서.' 그리고 '음성을 듣게 하여
주옵소서, 무엇인가를 역사하여 주옵
소서, 그리고 성령으로 임하도록 하여
주옵소서.' 울고불고 악을 쓰는 행위
그 모두가 너희들이 지금 무슨 짓을
하고 있는지 알겠느냐?
14 잘못 가르치는 종교 집단이요, 사탄의
종이 된 자들 앞에 가 너희들이 울고
불고하니,
15 뇌물을 주고 지옥행 열차를 서로 타려
고 아우성치고 발버둥치는 추한 모습
이라는 것을 모른단 말이더냐?
16 제대로 깨우친 자가 없으며 제대로 가
르친 자가 없기에, 모든 백성들이 지
금 종교 집단에 속해서 적을 두고 있
는 자, 뇌물을 주고 지옥으로 달려가
겠다 아우성치는 잘못된 길을 가고 있
기 때문이니라.
17 사랑하는 나의 아들을 따르는 제자 너

희들은 들으라.
18 지옥으로 가겠다 뇌물을 쓰는 백성들
이 있어서는 아니 되지 않겠느냐?
19 지옥으로 가기 위하여 뇌물을 쓰는 백
성들이 없도록 만들어야 될 것이며,
20 지옥으로 가는 열차에 편승하는 것인
지 아닌지도 그것도 모르고 올라타는
불쌍하고 가련한 백성들을 내리도록
하며, 그들을 깨우쳐 주도록 그리하
라, 사랑하는 나의 아들딸들아!

12,288 번째 하나님 말씀

2004년 7월 20일 17시 15분

1 사랑하는 나의 아들아!
2 "네, 아버님! 말씀하옵소서."
3 오늘의 종교 집단의 지도자 그들이 존
재함으로써 이 세상을 이리 험악하게
만들었으며, 너희들이 말하는 말세라
는 그와 같은 말이 나온다 하지 아니
하였더냐?
4 그러니 그 종교 집단의 지도자들이 나
의 사랑하는 백성들을 깨우치고 인도
하여 하늘에 오르는 길로 안내하는 것
이 아니라,
5 나의 백성들이 짓지도 아니할 죄를
만들어 내어 나의 백성들이 죄를 짓도
록 하는 것이 오늘의 종교 집단의 지
도자 너희들이 하고 있는 짓이니라.
6 너희들이 만들지 아니하고 행하지 아
니하면 죄가 되지 아니할 것을, 죄를
짓도록 만들며, 죄를 만들어서 나의
피조물 만백성들을 죄 속에 살게 하
며, 그 신도들을 죄 속으로 끌어들이
느니라.
7 그리하여 너희들이 구원의 길이요, 천
국에 오른다 하여 너희들을 믿고 따
르라며 그 백성들을 이끌어 가는 것
이요,
8 그 행위 속에서 너희들이 짓지 아니할
죄를 나의 백성들에게 굴레를 씌우며
그들을 죄를 짓도록 하는 것이 오늘의
종교 집단의 지도자들이 한 행위요,
지금까지 하고 있는 짓이라는 것을 알
라.
9 너희들이 없는 죄, 짓지 않을 수 있는
그 죄들을 지금 종교 집단이 만들어
내어 너희들에게 내려보내며 너희들
에게 덮어씌우니,
10 거기에서 끌려가는 백성들이 지금 스
스로 제가 죄를 짓고, 제 손으로 만든
죄를 벗어나고자 그 죄를 용서받겠다
하며, 그 죄에서 구원을 받겠다고 그
와 같은 짓을 하고 있으며 몸부림을
치고 있으니,
11 그를 보는 나 여호와가 차마 웃지 못
할 형국이 되었으며, 사탄들이 웃고
있으며 천사들이 가슴 아파함을 너희
들은 알고 있느냐?
12 너희가 없는 죄를 스스로 만들어 놓고
그 죄를 없애겠다고 울고불고 한평생
믿음의 길을 가며 지금 재물을 바치며
그와 같은 행위를 하고 있으니,
13 없는 죄 만들어 놓고 제가 지워 버리
겠다고 한평생을 얽매어 살다 나에게
와서 심판을 받게 됨이니, 너희들이
역사하고 이룬 것은 아무것도 없음이
니라.
14 제 손으로 제가 죄를 만들어, 그 죄 속
에서 벗어나겠다고 발버둥치며, 또 죄

를 짓고 또 죄를 뒤집어쓰며 하나도
벗어나지 못하며 고치지도 못하는 것
이며 지워 버리지도 못하고 오는 것
이 너희들이니라.
15 그러니 제가 죄를 만들어 죄짓기가 바
쁜 그와 같은 백성들을 만들어 놓은
종교 집단의 지도자들이요, 지금 광신
하는 신도들이 있음이니,
16 나의 사랑하는 백성들이 거기에 끌려
들어 가는 자, 복음이라 하여 그를 듣
고 불려 가는 자, 사랑을 행하고 참진
리의 길을 찾고 실천할 수 있는 그와
같은 기회마저도 잃어버리는 자요,
17 그리하여 나에게 오를 수 있는 길이
아니라 죽음의 길로 끌려가는 그와 같
은 행위를 하고 있다는 것을 알라.
18 모든 백성 너희들은 들으라.
19 나의 백성들이 그대로 살아간다면 죄
라도 짓지 아니할 것을,
20 오늘의 종교 집단의 지도자들이, 죄를
짓지 아니하고 구원의 길을 인도하고
하늘에 오를 수 있는 길로 인도한다
하여 그들을 끌어들여 그들이 스스로
죄를 짓게 하며,
21 제가 지은 죄의 가짓수에서 벗어나려
고 몸부림치며 또 죄를 짓고 또 죄를
지어, 또 벗어나고 벗어나겠다 울고불
고하니,
22 제가 죄를 짓고 제가 벗어나겠다고
몸부림치다 마는 것이 너희들의 오늘
의 믿음의 형태라는 것을 모두에게 전
하라.

12,289 번째 하나님 말씀

2004년 7월 20일 20시 44분

1 사랑하는 나의 아들아!
2 "네, 아버님! 말씀하옵소서."
3 너희들이 모여서 기도하고 경배하는
것, 그와 같은 행위를 하는 곳에 나 여
호와가 존재하지 아니한다 하였느니
라.
4 너희들이 스스로 깨우치는 그와 같은
삶을 살고자 하는 백성은 내가 다 개
인적으로 다스리며 이끌어 가, 너희
스스로 나에게 오르는 그와 같은 길을
역사하는 것이 나 여호와의 뜻이라 내
가 그리 말하였느니라.
5 그와 같이 전하는 나의 아들의 가르침
을 너희들이 보고 뭐라 하는가?
6 이는 잘못된 자요, 사탄이요, 마귀라
너희들이 그리 말하느니라.
7 너희들은 모여야만 재물을 거둬들일
수 있으며, 모이지 않으면 재물을 긁
어 들일 수가 없기 때문이니라.
8 그리하여 너희들은 사람을 모아 놓는
것이 우선이니, 그와 같은 것으로써
나의 뜻을 전하는 것이 아니니라.
9 성전이요, 교회라는 그 건물을 지어
거기에 불러 모아 놓고 강론하고 설
교하는 것으로써 구원을 받는 것이 아
니라, 나가서 만백성에게 전하고 깨우
치는 그와 같은 방법으로 역사해야 한
다 했느니라.
10 그러니 물이 아래로 흐르듯이 그지
조용히 흘러가는 것, 그 방법이요, 그
역사가 무엇이더냐?
11 너희들이 나의 아들이 그와 같이 전하

는 것을 거짓된 자요, 사탄의 장난이
라 그리 말하나, 너희들은 결국 내가
역사하는 그 방법에 견디지 못할 것이
니라.
12 내가 개인에게 성령을 심는 것, 개인
을 깨우치는 그와 같은 복음의 역사로
한다 하였음이니라.
13 그러니 너희들은 말하기를, 사람이 사
람에게 전해서 하나씩 깨우치는 그와
같은 것을 역사하는 것으로 생각하느
니라.
14 그러나 그와 같은 방법으로 역사하지
아니함이니라.
15 너희들이 사람이 사람을 통해서 한 사
람을 건너가 또 다음 사람에게 전할
때, 그 전달되는 뜻이 다르며 그 역사
하는 것이 다르기 때문에,
16 인간이 인간을 한 사람씩 구제하는 방
법으로써 역사하는 것이 아니라,
17 물이 높은 데서 낮은 곳으로 흐르듯이
하늘에 있는 나의 성령의 뜻이 개인
너희들에게 심어 주고 전달되는 것임
이니라.
18 이는 너희들이 지금 나의 아들이 잘못
된 자요, 사탄이요, 마귀라 하며 결코
그와 같은 것으로써는 복음을 전할
수 없다 그리 말할 것이니라.
19 너희들처럼 교회라는 것을 재물을 갈
취하여 짓고 성전이라 하는 것을 짓고
거기서 선택된 지도자라는 자, 기름
부음을 받았다는 자의 강론이요, 설교
를 듣지 아니하고는 배워 깨우칠 수
없다 그리 말하느니라.
20 그러나 너희들은 들으라.
21 나의 새로운 성경 한 권이 하나의 종
교 지도자라 했으니, 나의 160권이라
는 새로운 성경이 세상에 나와 만백성
들이 이를 접할 때, 과연 그들이 그를
읽고 깨우치면 바로 어떠한 결과가 나
오는가?
22 나 여호와가 나의 아들을 통하여 그
제자들로 하여금 만들어 역사한 책이
니,
23 이것을 바로 읽고 깨우치는 자는 나를
통하고 나의 아들을 통하여 바로 깨우
침을 받는 것이요,
24 그 자리에서 너희들이 160권이라는
새로운 성경을 정독했을 때, 그보다
더 위대한 종교 지도자요, 그보다 더
한 선생이 어디 있으며, 그보다 더한
가르침이 과연 어디 있다 생각하느냐?
25 이것이 바로 내가 너희들과 다른 복음
의 방법이요, 개인에게 내가 성령을
심으며 개인으로써 내가 구원의 역사
를 이룬다는 것이 여기에 있음이니라.
26 내가 나의 아들을 통하여 나의 새로운
성경을 너희들에게 전했느니라.
27 너희들이 모이는 것, 그리고 많은 숫
자가 모여서 울고불고 기도하는 것,
그것이 구원의 길이 아니라 내가 너희
들에게 말하지 않았던가?
28 너희들은 그 뜻을 알아야 될 것이니라.
29 나 여호와는 집단적으로 기도하며 집
단으로 모여서 예배하고 광란의 짓을
하는 것, 그와 같은 것은 내가 너희들
에게 깨우치고 전하는 방법이 아니라
그리하였느니라.
30 내가 너희들에게 또한 뭐라 말하였느
냐?
31 너희들이 교회요, 성전이요, 그 십계

명을 지키는 것, 그와 같은 것을 얼마
나 지키고 살았느냐 하는 것이 가장
중요한 것이라 그리 말하였느니라.
32 내가 나의 아들을 통하여 너희들에게
말하기를, 종교 집단의 지도자요, 목
사요, 신부요, 또는 스님이라 하는 자,
33 너희들이 선생이라 온갖 이름을 붙여
부르는 그와 같은 지도자들이 자기 성
당이요, 교회요, 성전 앞에 서서 모든
백성들에게,
34 '하나님의 뜻대로 어려운 사람을 얼마
나 돕고 보살폈느냐?
35 그렇지 않은 자, 이 교회요, 이 성전이
요, 내가 주관하는 하나님의 성전이
요, 성당이요, 교회의 성막에 와서 예
배드리고 성령을 들을 자격이 없으니,
36 그와 같이 선을 베풀지 아니하였거든
나가서 그와 같은 것을 베풀고 오라.'
37 그리 가르치는 것이 너희들의 도리라
했으니, 그와 같이 종교 지도자요, 목
사가 그리하라 하니, 그들이 뭐라 하
느냐?
38 너희들의 신도와 모든 백성이 어울려
나의 아들보고 미친 자요, 정신 나간
자요, 너희들이 말하는 마귀에 빠진
자라 그리 말할 것이니라.
39 구원을 받기 위하여 너희들이 교회에
가 몸부림치는 자들에게, 구원이라는
것을 양보하는 길이 믿음의 길이라 말
하니,
40 그와 같이 너희들이 이해하지 못하는
그와 같은 가르침에 대하여 너희들은
지금 반박하며 사탄이요, 이단이라 그
리 말할 것이니라.
41 내가 너희들에게 뭐라 일찍이 말했느
냐?
42 나의 새로운 성경이요, 열여섯 권 안
에 내가 일찍이 깨우쳐 전하기를, 너
희들의 교회요, 성당이요, 법당이요,
그와 같은 곳에 오는 자들, 그리고 믿
음의 길이라 하여 오는 자들에게, 그
와 같은 너희들이 내리는 계명을 지키
지 아니한 자는 오지 못하도록 다스려
야 한다 하지 아니하였더냐?
43 너희들이 나 여호와가 내린 계명을 지
키지 아니하고 죄를 지은 자는 나를
만날 수 있는 그 교회요, 성당이요, 그
와 같은 곳에 올 자격이 없는 것이요,
44 나 여호와의 뜻을 전하는 곳에 올 자
격이 없는 백성이라 하여 그를 되돌려
보내는 것이 너희들이 해야 할 일이
며, 그것이 진정한 지도자가 갈 길이
라 하였음이니,
45 이를 모두 규합하여서 한번 생각해 보
라.
46 과연 이래도 너희들이 나의 뜻이 아니
라 할 수 있는가?
47 구원을 받기 위해 몸부림치며 구원에
미쳐 있고 구원의 중병에 걸려 있는
너희들에게, 모든 믿음이요, 하늘의
뜻이 저 자신의 구원에 있는 줄 알고,
모든 믿음이요, 신앙이요, 하늘의 뜻
이요, 내가 역사하는 것을 저 자신이
구원을 받는 것으로써 모두를 다 초점
을 맞추고 있으며, 거기에 모두를 걸
고 있는 자들에게,
48 믿음이요, 신앙이라는 것은 구원의 자
리를 양보하는 것이라 하며, 베풀고
나누지 아니하면 너희들의 교회요, 성
당이요, 성막에 오지 말아야 된다 그

리 가르쳐야 된다 하며,
49 십계명을 지키지 아니한 그 백성은 너
희들의 교회요, 성막에 오지 말라 가
르치라 했느니라.
50 너희들에게 또한 뭐라 했느냐?
51 절이라는 곳에 또한 계명이 있으며 너
희 나름대로 지키라는 것이 있을 것이
니라.
52 온갖 종파에 너희들이 지키고 따라야
된다는 그와 같은 계명이 있을 것이
며, 그와 같은 아름다운 진리가 거기
에 다 있을 것이니라.
53 어떤 종파에서 내걸고 너희들이 무어
라 하든, 하늘의 뜻에 거역되지 아니
하는 것은 모두가 다 나의 진리요, 나
의 뜻이니라.
54 그러니 그와 같은 것을 지키지 아니하
는 자는 너희들의 그 신성한 곳에 올
수 없다 그리 내치고 가르치는 것이
진정한 종교 집단의 지도자가 가는 길
이라 하였느니라.
55 그러나 너희들은 지금 어찌 되었느냐?
56 썩고 썩은 곳에 파리가 날아들듯이 그
저 날아들도록 바라는 것이며, 그저
날아오기를 바라는 것이 아니더냐?
57 그래서 너희들이 잘못된 것이라는 것
을 알아야 될 것이며, 이대로는 역사
할 수 없다는 것을 내가 너희들에게
말함이니라.
58 다시 한 번 말함이니, 모든 종교 집단
의 지도자 너희들은 지금 나의 아들을
통하여 내리는 그와 같은 이치를 깨달
아 너희들이 그리 행하고 그리 가는
것이 하늘에 오르는 길이라는 것을 알
라.
59 그 길을 선택하지 아니하며 그와 같은
길을 가지 않는 자, 나의 아들을 통하
여 내리는 새로운 성경의 그 내용이
거짓된 자요, 사탄이요, 마귀가 하는
말이라 하는 자,
60 너희들이 사탄이요, 마귀가 되어 있기
때문에 하늘의 뜻이요, 참진리를 내리
는 것을 알아듣지 못하며 받아들이지
못하는 어리석은 백성이 되어 있음을
알라 깨우쳐 주라.
61 이것이 오늘의 너희들의 현주소이며,
너희들이 오늘에 처해 있는 현위치이
니라.
62 그것 가지고는 너희들이 육의 세상에
서 부귀영화를 누릴 수는 있으나, 거
듭나는 세상에서 나를 볼 수 없으며
내가 너희들을 모른다 버릴 것이니 그
리 알라.

12,290 번째 하나님 말씀

2004년 7월 20일 20시 49분

1 사랑하는 나의 아들아!
2 "네, 아버님! 말씀하옵소서."
3 지금의 모든 종교 집단이요, 그들이
있음으로 나의 백성들이 짓지 아니할
죄를 짓게 만들며, 그들로 하여금 없
는 죄도 만들어 저희들이 죄 속에서
그 죄를 용서받고자 발버둥치고 허덕
이다,
4 제가 만들어 지은 죄를 제가 용서받고
자 빌다 모든 인생을 마치며, 그러다
나에게 와 심판을 받는다 하지 아니하
였더냐?
5 모든 백성 너희들이 스스로 죄를 만든

다 하였음이니라.
6 그리고 그 종교 집단의 지도자들이 없
는 죄도 만들도록 유도하고 이끌어 가
는 것이 그들이니, 그 사악한 자들에
게 너희들이 현혹되지 말라 함이니라.
7 너희들이 '예수를 믿으면 구원이요,
믿지 않으면 지옥'이라 외치는 자, 그
리고 광분하는 자, 맹종 맹신하는 신
도들, 그 모두가 다 없는 죄를 만든 자
요,
8 나의 순박한 백성들까지 죄짓지 않은
백성들에게도 죄를 만들어, 스스로 만
든 그 죄가 무섭고 두려워 그를 용서
받고 구원을 받기 위하여 울고불고하
다 나에게 오는 것이 오늘의 너희들의
실정이라 그리 말했느니라.
9 너희가 없는 죄들을 만들어 가면서
죄를 짓는 그 자체도 너희들은 또 어
찌 생각하느냐?
10 그것은 모두가 다 나 여호와요, 내 뜻
에 의해 하는 것이요, 너희들의 의지
대로 하는 것이 아니니,
11 이 세상에서 너희들이 짓는 모든 죄
는 세상을 지배하는 창조주 나 여호와
의 뜻에 의한 것이기 때문에, 너희들
은 정녕 죄가 없으며 너희들이 짓는
죄는 죄가 아니라 그리 변명하는 자가
있으니,
12 이와 같이 변명하는 종교 집단의 지도
자가 단상에 서서 너희들을 깨우친다
면 이것이 되겠느냐?
13 첫째는 어리석은 백성들이기에, 아직
미완성된 백성이기 때문에 죄를 지어
도 그 아버지가 어린아이를 용서하듯
이, 걸음마를 하지 못하는 아이가 잘
못했을 때 그를 사랑으로 덮어 주듯
이, 너희들의 죄를 다 용서해 준다는
그와 같은 이유를 달며,
14 그것으로써 불안하니, 다음에 2단계
로써 무어라 하느냐?
15 이 세상에서 일어난 모든 것은 너희
들의 자유의지요, 너희들의 역사에 의
하여 하는 것이 아니라, 나 여호와의
뜻에 의한 것이요, 내가 역사하기 때
문에,
16 너희들이 짓는 모든 죄도 너희들이
하는 것이 아니요, 나 여호와의 주관
하에 내가 이루는 그 속에서 이루어
지기 때문에, 정녕 너희들이 짓는 죄
는 죄가 아니라 그리 2단계의 방법으
로써 나의 피조물 만백성들을 그리 끌
고 가느니라.
17 그러나 너희들은 그와 같은 착각 속
에서 벗어나지 아니하면 절대 아니 됨
이니라.
18 그 착각과 환상 속에 있으면서 너희들
이 구원을 받은 자요, 그리하여 나에
게 오른 자요, 모든 죄를 다 용서를 받
은 백성이라 그리 자처하느니라.
19 그러나 너희들은 알라.
20 너희들이 지은 죄의 대가는 너희들이
치르며,
21 너희들이 지은 죄는 너희들이 용서를
받으며 그 모두는 너희들이 탕감을 받
아야 된다는 것을 잊지 말라.
22 어떠한 이유든 너희들이 지은 죄는 너
희들이 해결해야 된다는 것을 명심하
도록 그리 전하라.
23 아무리 너희들이 어린아이요, 미성숙
하기에 죄를 지어서 아버지가 사랑으

로써 용서해 준다 해도, 그것도 말도
안 되는 짓이요, 허황된 짓이요, 나의
피조물 만백성들을 쇠사슬에 묶고 재
물을 거둬들이는 행위니라.
24 그리고 너희들이 또 말하기를 이 세상
의 모두는 나 여호와의 뜻에 의해 존
재하니, 너희들이 짓는 죄도 너희 자
유의지에 의한 것이 아니요, 나 여호
와의 계획이요, 나 여호와의 뜻에 의
해 죄를 짓는다,
25 그러하기에 너희들이 죄가 없으며 용
서받았으며 구원받을 수 있는 백성이
니, 믿기만 하고 나를 찾기만 하면 된
다는 그와 같은 차원 높은 수법으로써
나의 피조물 만백성들을 더 이상 우롱
하지 말라.
26 그 죄를 용서받지 못할 것이니라.
27 모든 백성 너희들은 들으라.
28 너희들이 지은 죄는 그 대가를 치르
며, 탕감받지 않으면 너희들이 그 고
통을 치른다는 것을 잊지 말라.

12,291 번째 하나님 말씀

2004년 7월 20일 20시 59분

1 사랑하는 나의 아들아!
2 "네, 아버님! 말씀하옵소서."
3 내가 너에게 전하여 뭐라 말하였느냐?
4 모든 종교 집단의 지도자 그들이 가
고 있으며 그들이 가르치는 것, 그들
이 깨우치는 그 진리가 정녕 어찌하여
잘못되었으며 잘못 가고 있는 것인가
를 알겠는가?
5 내가 너에게 전하기를 그리 말했느니
라.
6 너희들이 오늘의 믿음의 길을 가는
것, 역사하는 것, 그리고 너희들이 나
에게 기도하는 것은 평생에 단 한 번
의 기회가 있다 내가 그리하지 아니하
였더냐?
7 내가 나의 피조물 만백성 너희들을 세
상에 내보냈으니, 너희들이 나에게 기
도를 할 수 있는 것은 단 한 번의 기회
라 하였음이니라.
8 그러니 너희들이 그 단 한 번의 기회
를 어찌 쓰느냐, 그것은 죽어 나에게
와 심판을 받을 때, '아버님! 저를 기
억하여 주옵소서.' 하는 마지막에 쓰
는 그 기도가 너희들이 쓸 수 있는 가
장 값진 기도이거늘,
9 모든 백성들을 세상에 내려보내면서
수천수만 번 울고불고하는 그 기도로
써 내가 너희들을 구원해 주는 것이
아니요, 너희들은 단 한 번의 기도의
역사로써 모든 기도를 내가 역사하는
것이라 그리 말하였느니라.
10 그러니 너희들은 한 번의 기도로써 모
두 끝나는 것이요, 두 번의 기회가 없
다 하였음이니라.
11 그러니 내가 너희들에게 전하기를 뭐
라 말하였느냐?
12 너희들이 살아가면서 함부로 중언부
언 기도를 하지 말며, 너희 뜻을 이러
고저러고 짜깁기하는 그와 같은 기도
를 만들지 말라 하였음이니라.
13 그리고 내가 너희들에게 뭐라 말하였
느냐?
14 내가 열여섯 권의 새로운 성경을 세상
에 내면서 너희들에게 전하기를,
15 교회요, 성당이요, 회막이요, 성전이

라는 곳, 너희들이 와서 기도하고 경
배하는 곳은 죄짓지 아니하는 자가 나
에게 와 나를 만나는 장소라 그리했으
며,
16 그리 인식하고 그리 가야 되며, 그리
활용해야 된다고 내가 하지 아니하였
더냐?
17 그리고 너희들이 지금에 와서 가는 그
믿음의 길은 죄를 짓고 사악한 짓을
하면서 울고불고 용서를 빌고 구원해
달라 몸부림을 치는 그곳이 오늘의 교
회요, 성당이요, 회막이요, 성전이니
라.
18 그러니 너희들은 여기서 무엇을 깨단
는가?
19 내가 지금 나의 아들을 통하여 너희들
에게 명하기를, 너희들이 용서를 비는
것이 아니요, 나에게 단 한 번의 드릴
수 있는 기도밖에 내가 들어주지 아니
한다 하였으니,
20 천만 번 기도를 한들 무엇하며 울고불
고한들 무엇하느냐?
21 그 모두가 다 부질없는 것이요, 나와
관계없는 것이 아니더냐?
22 너희들이 나에게 드리는 기도는 단 한
번을 들어주며 한 번의 기도는 내가
거둬들인다 하지 않았느냐?
23 이것이 하늘의 법도이니라.
24 그러니 너희들이 한 번의 기도를 위해
서 나튼 기노를 느릴 기회가 없는 백
성이라는 그 말을 깊이 깨우치라.
25 내가 열여섯 권의 새로운 성경 속에
처음에 아무것도 모르는 나의 아들을
통하여 너희들에게 명하기를,
26 너희들이 교회라는 곳, 성당이라는
곳, 성전이라는 곳에 오는 것은 죄짓
지 아니한 백성이 나를 만나러 오는
곳이라 했지, 죄지은 자가 울고불고
와서 용서를 바라며 회개를 하는 곳이
아니라 하지 아니하였더냐?
27 그렇다면 너희들이 이제 그 뜻을 알지
않겠느냐?
28 정녕 나의 아들을 따르는 제자 너희들
도 그 뜻을 모르겠느냐?
29 아무것도 모르며 믿음을 모르는 나의
아들의 입을 통하여 내가 너희들에게
기록하지 아니하였더냐?
30 교회라는 곳이요, 성당이요, 회막이
요, 성전이요, 종교 집단은 죄짓지 아
니하고 사는 깨끗한 백성이 와 나를
만나는 그와 같은 장소로 활용하는 것
이라 했으니,
31 그것은 바로 중언부언 기도하는 것이
나와 관계없다는 뜻이니, 단 한 번의
기도를 너희들은 썼기 때문이요,
32 그 기도를 한 번만 쓰는 것이 너희들
의 운명이라면, 손으로 지은 죄의 온
상에 와 울고불고할 필요가 없지 않더
냐?
33 그러기에 너희들이 죄짓는 자가 와서
용서를 빌고 울고불고하는 것이 아니
라, 죄짓지 않은 백성이 나를 만나기
위해 오는 곳이라 내가 했음이니, 그
와 같은 이치를 깨달아야 될 것이며
그를 받아들여야 될 것이니라.
34 이래도 너희들이 내 뜻을 모르며 내가
가르치고자 하는 것을 모르며 전하는
것을 모르겠더냐?
35 모든 것을 너희들이 반대로 생각하라
하시 아니하였더냐?

36 거꾸로 보라, 그리고 너희들이 오른쪽
으로 도는 것을 왼쪽으로 돌리는 삶을
살지 아니하면 아니 된다는 나의 가르
침이 얼마나 무서운 것인가?
37 이것이 하늘의 법도요, 하늘의 뜻임을
명심하도록 그리하라.
38 누가 뭐라 하든, 나의 아들을 따르는
제자들이요, 그리고 나의 새로운 성경
을 읽고 깨우친 백성, 너희들은 오늘
도 내일도 나의 성전에 와 나의 아들
을 따라 그가 내리는 그 강론을 들을
것이니,
39 그를 듣고 뼈아픈 고충 속에 깨달음을
얻어 너희 것으로 만들되, 너희들이
소원하는 것, 기도하는 것, 무엇인가
를 이루고자 하는 마음을 너희들의 마
음속에 조금이라도 가지고 있으면 아
니 될 것이며, 너희들은 그러한 마음
을 가져서는 아니 될 것이니라.
40 그리고 너희들이 나의 성전에 오는 그
순간에 한 주간이요, 다시 만날 때까
지 얼마나 아름답고 깨끗하게 살았는
가, 그와 같은 삶을 가지고 나에게 오
라.
41 그때 너희들이 변한 것만큼 내가 받아
들일 것이며, 나의 기쁨이요, 내가 너
희들에게 내릴 수 있는 상이 있음이니
라.
42 너희들이 얼마나 변했으며, 네가 얼마
나 아름답게 살았으며 너 자신이 변
화되어 있는가, 그것을 나 여호와가
체크하고 보고 있음을 잊지 말라.
43 그와 같은 것을 안고 나의 성전에 왔
을 때, 그게 나의 기쁨이니, 그리 전하
도록 하라.
44 그리하여 완벽한 백성으로서 거듭나
는 데 최선을 다하라.
45 착하고 아름다운 일을 하고, 그것을
가지고 나에게 자랑하는 곳이요, 나에
게 보여 주는 곳이 지금 나의 아들을
만나는 성전이라는 것을 알라 그리 전
하라.
46 죄짓고 사악한 자가 와 용서를 비는
곳이 아니며, 나는 그 기도를 듣지 아
니하며, 너희들은 그 기도를 할 자격
도 없으며 그 기회도 주어지지 아니하
는 것이 너희들이라는 것을 잊지 말도
록 그리하라.

12,292 번째 하나님 말씀

2004년 7월 20일 21시 08분

1 사랑하는 나의 아들아!
2 "네, 아버님! 말씀하옵소서."
3 너희들이 하늘의 뜻이요, 참진리의 길
을 가는 것, 그리고 참진리요, 나의 계
명대로 살아가는 것, 그와 같은 삶을
살아가는 백성 너희들만 나 여호와가
기억하며 내가 너희들을 알아본다는
것을 알아야 될 것이니라.
4 사랑하는 나의 아들딸 너희들은 들으
라.
5 너희들은 보이지 않는 참진리의 길을
믿고 가는 것이요, 보이지 않는 그 속
에서 너희들이 나를 따르며 내가 존재
함을 믿으며, 지금 나의 아들을 통하
여 내리는 새로운 성경을 믿으며 가는
것,
6 그것이 바로 나에게 오를 수 있는 길
이요, 진정한 믿음의 길을 가는 백성

들이니라.
7 보이지 않는 가운데 나 여호와의 존재
함을 믿으며, 보이지 아니하는 가운데
참진리의 가르침을 알며, 하늘의 뜻에
따라 역사하는 그와 같은 백성, 그들
을 내가 모두 다 기억함이라 너희들은
전하라.
8 모든 종교 집단의 지도자요, 그 신도
들이 지금 어찌 가는가?
9 너희들은 보이지 않는 참진리의 길을
위하여 가는 백성이 없음이니라.
10 그리고 보이지 않는 나를 진정 믿고
나를 경배하며 따르는 백성들이 없느
니라.
11 너희들은 눈에 보이는 것들만 가지고
참진리라 그리 말하며 가고 있는 것이
지금 그 신앙의 근본이 아니더냐?
12 그리하여 너희들이 나의 아들 예수가
이루었던 그 기적이요, 그리고 나의
아들 예수가 십자가에 못 박혀 죽어
다시 그가 부활한 것이요,
13 이 모두가 참진리요, 하늘의 뜻이요,
그것이 하늘에 오르는 길이라 지금 그
리 믿고 가는 것이 오늘의 그 믿음의
근본이 아니더냐?
14 모두를 다 이것이 나에게 오르는 길이
요, 이것이 구원받는 길이라 그리 가
르치고 있느니라.
15 심지어 나의 아들이 고통스럽게 죽어
간 그 보혈이 너희들을 구원하며 죄를
씻어 주는 것이라 그리 말하니,
16 너희들이 하늘의 뜻을 이 세상에서 이
루지 못하는 것이 거기에 있음을 알아
야 될 것이니라.
17 너희들이 보이지 않는 신성한 참진리
요, 믿음의 길을 가는 것이 아니요, 가
시적으로 보이는 것, 그리고 역사한
것, 기적을 이루었던 것, 그것을 좇으
며 그것만 의지하며 거기에 도취되어,
18 그 모두가 참진리요, 나의 뜻에 의하
여 하늘에 오르는 길인 양 그것만 바
라보고 가는 자들이요, 그를 위하여
기도하며 그와 같은 역사를 이루기를
바라는 것이 아니더냐?
19 그러니 너희들이 이루고자 하는 종교
집단의 지도자의 그 뜻은 나와 관계없
으며, 내 뜻이 이루어지지 못함이니라.
20 내가 나의 아들을 통하여 전하는 이
말을 너희들은 그렇지 아니하고 참진
리요, 믿음이요, 보이지 않는 아버지
를 경배한다 그리 말할 것이니라.
21 그러나 너희들은 들으라.
22 너희들의 집회에 모이며 수천수만 명
의 백성을 모아 놓고 종교 지도자라는
자가 앞에 서서 목이 터지라 부르짖
지 않느냐?
23 '아버지여! 이 밤이 지나가기 전에, 이
시간이 지나가기 전에 여기에 참석한
모든 백성들에게 기적을 보이시고, 아
버지여! 여기에 있는 백성들에게 하
늘의 빛을 보여 주시고, 아버님의 위
대함을 보여 주십시오.' 하며 울고불
고 광란의 짓을 하지 않느냐?
24 심지어는 '성령을 부어 주십시오, 성
령을 내려 주십시오.' 종교 지도자가
목이 터지라 악을 쓰니,
25 거기다 너희들이 보답하는 자처럼 목
이 찢어지라 악을 쓰고 눈물 흘리고
손을 흔들고 발광을 하는 것이 오늘의
믿음이니,

26 바로 나의 아들 예수의 기적이요, 나
의 아들 예수의 부활이요, 이와 같은
눈으로 보이는 그것도 너희들을 깨우
치고 다스리기 위해 역사한 것이 참
진리요, 하늘의 뜻이요, 나 여호와의
뜻인 양 믿음의 길을 가고 있는 자들
이니라.
27 그렇지 않다면 너희들이 어찌하여 재
물을 함부로 써 가며 만백성을 모아
놓고 거기서 '은혜를 내려 주십시오,
축복을 내려 주옵시오, 성령을 내려
주옵시오, 그 기적의 은혜를 내려 주
옵소서, 아버님의 음성을 들려 주옵소
서, 아버님의 형상을 보여 주옵소서.'
하며 울고불고하니,
28 보이는 그와 같은 것을 위하여 그것이
참진리요, 신앙이요, 믿음의 길이라며
가고 있는 것이 너희들이니,
29 여기에 변명할 일이 있으며 여기에 이
유를 댈 말이 있거든 죽어 내 앞에 와
서 그리하라.
30 이와 같은 일련의 일들을 가지고 구원
의 행위라 그리하지 말라.
31 그것으로써 너희들이 죄 사함을 받았
다 하지 말며, 너희들이 은혜를 받았
다 말하지 말라.
32 하늘을 향하여 너희들이 악을 쓰느니
라.
33 앞에 있는 종교 지도자가 목이 터지
라 선창하니, 나머지도 '기적을 보여
주옵소서, 성령이 임하여 주옵소서,
역사를 보여 주옵소서.' 그리 소리 지
르고 악을 쓰고 나와 은혜를 받았다,
축복을 받았다 말함이니,
34 그것이 다 나를 향하여 악을 쓰며 나
를 욕되게 하는 짓이요, 내 뜻을 거역
하는 자들이 하고 있는 짓이라는 것을
너희들은 알게 될 날이 머지않았음을
알라.
35 성령이 임하는 것, 참진리요, 나 여호
와가 이루고자 역사하는 것은 조용히
물이 흐르듯이 모두를 역사하는 것이
니라.
36 말없이 흐르는 물이 모든 생명의 근원
이 되며 모든 동식물의 생명수가 되는
것처럼 조용히 흐르는 것이니, 그와
같은 방법으로써 내가 역사하는 것이
니라.
37 바로 나의 새로운 성경이 말없이 세상
에 흘러 내려가며 그것이 전해짐이니,
이를 접하지 않는 백성이 없는 시대가
올 것이니, 이것이 바로 내가 말하는
물이 흐르듯이 나의 복음을 전하는 것
이요,
38 기적과 이적이요, 그와 같은 눈으로
보이는 것을 믿음이요, 부활을 믿음이
요, 이것이 너희들에게 바라고 원하는
것이 아니라는 것을 알라.
39 너희는 보여 달라 울고불고하며 보이
는 것만 찾는 자들이니, 진정 나 여호
와의 진리를 전하고 내 뜻을 전하며
조용히 기다리고 역사하는 백성이 아
님을 알라.
40 너희들이 무엇인가를 이루어 달라 하
며 역사하는 것은 너희가 대장이 되
고자 하는 것이요, 많은 백성들로부터
기적을 보여 그들이 너희를 숭배하도
록 하고자 하는 것이요, 이와 같은 사
악한 생각에서 악을 쓰고,
41 그것이 되지 아니하니 모든 백성들을

흥분의 도가니로 몰아넣어 정신적으
로 육적으로 충격을 주어, 너희들이
위대한 자인 것처럼, 기름 부음을 받
은 자인 것처럼, 나로부터 명받은 자
인 것처럼 둔갑술을 보이고 있으니,
42 너희들이 광대임을 잊지 말라 그리
전하라.

12,293 번째 하나님 말씀

2004년 7월 20일 21시 11분

1 사랑하는 나의 아들아!
2 "네, 아버님! 말씀하옵소서."
3 진리는 광대놀이로써 전해지는 것이
아니며 그와 같이 복음이 전해지는 것
이 아니니라.
4 나 여호와의 진리요, 내가 내리는 내
뜻은 무엇과도 바꿀 수 없는 귀중하고
소중한 것이니, 깨질까 엎어질까 파손
될까 온갖 정성을 다하고 받아들이고
보호해도 안 되는 것이 나의 새로운
성경이요, 내가 내리는 진리의 뜻이니
라.
5 너희들이 광대 노릇을 하며 춤을 추고
소리를 지르며 악을 쓰면서 그와 같이
복음이요, 나의 진리를 전하는 것이
아니니라.
6 너희들은 나의 백성들의 육제에 사극
을 주고 충격을 주어 세뇌되도록 하
며, 혼미한 상태에서 있는 것 없는 것
을 거둬들이고 그와 같은 행위를 하는
것이 오늘의 믿음의 근본이니라.
7 너희들이 떠들고 소리 지르고 악을 쓰
는 것을 한번 보도록 그리하라.
8 악쓰고 소리 지르고 춤추고 징구 치고
꽹과리 치는 그와 같은 것을 다 빼고
보면, 과연 너희들의 모든 행사요, 역
사에서 나 여호와의 뜻이요, 진리를
전하는 것이 몇 마디가 되느냐?
9 거기는 진리가 없음이니라.
10 모든 것은 너희들에 의하여 거둬들이
고자 하는 그 수법이요, 장사 수완으
로써 역사한다는 것을 잊지 말라.
11 이제는 너희들이 광대들에게 더 이상
속지 말라.
12 광대들의 놀음에 더 이상 속아서는 아
니 됨이니라.
13 광대는 광대일 뿐이니라.
14 참진리요, 나 여호와의 뜻은 묵묵히
말이 없이 조용히 흐르는 물처럼 모두
가 흘러 역사함이니,
15 여기에 너희들이 그 생수를 마시지 아
니하며 그 생수를 접하지 아니하는 백
성 너희들은 거듭날 수 없다는 무서운
사실을 알도록 그리하라.
16 내가 나의 아들을 통하여 전하고 또
전하는 나의 뜻을 너희들은 알겠는가?
17 울고불고 너희들이 집단으로 모여서
소리 지르고 악쓰는 그곳에 나 여호와
가 존재하지 아니하며 내가 거기에 같
이 있지 아니한다 하였음이니라.
18 조용히 골방에 앉아 기도하는 너희들
의 기도 소리를 내가 들으며,
19 너희들이 골방에 앉아 피보나 진한 땀
방울을 흘리는 그 기도 소리, '아버님!
저의 죄를 용서하여 주옵소서, 그리고
아버님 뜻대로 살아갈 수 있도록 하여
주옵소서.' 이와 같은 마음으로 기도
하는 너희들의 기도를 내가 받아들이
며 듣는다 함을 잊지 말라.

20 이것이 나의 뜻이요, 내가 너희들에게
다시 한 번 전함이니, 내가 나의 새로
운 성경에 전하고 또 전하는 것이 그
만큼 귀하고 소중한 것이기에 너희들
을 깨우치고자 역사한다는 것을 잊지
말라.

12,294 번째 하나님 말씀

2004년 7월 20일 21시 17분

1 사랑하는 나의 아들아!
2 "네, 아버님! 말씀하옵소서."
3 눈에 보이는 기적이요, 눈에 보이는
역사요, 현실로 보이는 것, 그것이 나
여호와가 너희들에게 주는 상이요, 선
물이라 너희들이 그리 생각하느니라.
4 그러나 내가 그와 같은 꿈에서 깨어나
라 하였느니라.
5 내가 다시 한 번 나의 아들을 통하여
너희들에게 전함이니, 나 여호와가 너
희들에게 주는 선물이요, 사랑의 은혜
요, 그 모두는 파괴되는 것도 아니며
부서지는 것도 아니며 없어지는 것도
아님이니라.
6 그리고 그것은 도둑을 맞을 수도 없는
것이며 잃어버릴 수도 없으며 지워 버
릴 수도 없는 것이 내가 너희들에게
주는 상이요, 은혜라 내가 너희들에게
말하지 않았더냐?
7 아무리 쓰고 써도 닳지 아니하며, 너
희들이 아무리 소모시키고자 해도 소
모되지 않는 것, 그것이 바로 나로부
터 얻은 지혜요, 참진리의 지혜를 얻
은 백성들이요, 깨달음을 얻은 백성들
이니라.
8 내가 너희들에게 다시 한 번 말하느
니, 내가 너희들에게 주는 선물은 부
서지고 깨지고 파괴되는 것이 아니요,
도둑맞는 것도 아니요, 잃어버리려야
잃어버릴 수도 없으며, 쓰고 써도 닳
지 아니하며, 소모시키고 또 소모시켜
도 소모되지 않는 것, 그리고 너희들
이 지우려 해도 지워지지 않는 것,
9 그것이 바로 하늘의 지혜요, 참진리를
내가 너희들에게 깨우치며 상으로 내
려 주는 것이니,
10 하늘의 지혜를 얻는 것보다 더 위대
함은 없음을 너희들은 알라, 사랑하는
나의 백성들아!
11 지금 나의 아들을 따르는 백성 너희들
의 변함이 하늘의 지혜를 얻는 것이
요, 나의 지혜를 얻음이니, 현명한 백
성으로 삶을 살아가며 변화됨이니, 이
보다 더 축복이요, 영광된 백성이 없
음을 알라, 사랑하는 나의 아들딸들아!
12 하늘의 지혜를 깨닫는 백성은 어렵고
힘든 길이요, 누구도 올 수 없는 바닥
까지 내려가며, 또 고통과 고통 속에
서 깨달아 거듭나는 그와 같은 길을
바로 올 수 있는 자들이요,
13 그와 같은 길을 가지 아니하고도 깨달
음을 얻을 수 있는 것이 나로부터 은
혜 받은 자요, 지혜를 얻은 백성이니
라.
14 그러니 나로부터 선택된 백성이요, 나
의 계명대로 지키고 살아가고자 노력
하는 백성들이 얻을 수 있는 가장 큰
은혜요, 축복이요, 영광임을 알라, 사
랑하는 나의 아들딸들아!
15 하늘의 지혜를 얻지 못하는 지금의 종

교 집단에 속해 있는 백성들처럼 하늘
에 오르고자 하는 것으로는 오를 수
없음이니라.
16 지금 모든 종교 집단의 지도자 그들을
들여다보라.
17 너희들은 하늘에 오르는 길이라는 것
에 얼마나 많은 수업료를 내고 있으
며, 얼마나 비싼 수업료를 내며 그 대
가를 치르는가?
18 그러면서 너희들은 아무것도 얻는 것
이 없으며, 아무것도 배우는 것이 없
으며, 아무것도 깨달음이 없는 불쌍한
백성들이니라.
19 그것이 바로 나의 새로운 성경을 접하
는 백성이요, 그리고 참진리의 뜻대로
가는 백성이요, 그리고 잘못 가는 백
성과 여기에 차이가 있음이니라.
20 너희들은 알라. 지금 내가 나의 아들
을 통하여 내리는 새로운 성경을 접하
고 이를 읽고 깨우치는 백성, 이를 만
들어 더불어 가는 백성, 너희들은 바
닥까지 내려가는 그와 같은 고통이요,
죽음 직전까지 내려가서 거듭나는 그
와 같은 역사가 아니라,
21 있는 형태에서 나에게 오를 수 있는
지혜요, 은혜요, 영광을 얻는 백성이
라는 것을 잊지 말라.
22 지금의 모든 믿음의 길을 가는 백성
저희들이 아무리 비싸고 값진 수업료
를 내며 교육비를 바치며 아무리 갖다
바치고 바쳐도, 아무것도 남는 것이
없으며 배우는 것이 없으며 얻는 것이
없는 이와 같은 헛되고 허황된 길을
가는 백성,
23 그들을 너희들처럼 은혜를 받을 수 있
는 백성으로서 깨우쳐 주도록 하는 것
이 너희들의 대명이니,
24 그들에게 나의 새로운 성경을 전하도
록 그리하라.
25 그를 접하지 아니하면 저희들이 구원
을 받을 수 없음이니라.
26 저희들이 지금 비싼 수업료를 바치면
서 깨닫고자 하는 것, 얻고자 하는 것,
그 모두가 다 지옥으로 가는 선물이
요, 지옥에 가는 뇌물을 주고 사는 자
들이라 했지 않느냐?
27 그러니 그것의 만분의 일이라도 나의
새로운 성경을 접하는 곳에 투자하여
이를 너희들 것으로 만들고 깨우치도
록 하라 그리하라.
28 그리하면 만분의 일의 수고로움이요,
만분의 일도 안 되는 수업료를 바치며
너희들이 나에게 오를 수 있는 크나큰
은혜를 얻게 될 것이라 전하라.

12,295 번째 하나님 말씀

2004년 7월 20일 21시 20분

1 사랑하는 나의 아들아!
2 **"네, 아버님! 말씀하옵소서."**
3 너를 따르는 제자들을 내가 사랑하며,
나의 새로운 성경을 읽고 새로 태어나
고자 하는 노란 새싹과 같은 나의 선
택된 백성, 은혜 입은 백성들을 나 여
호와가 그들에게 기쁨을 전하며 그들
에게 내 뜻을 명하느니라.
4 너희는 알아야 하느니라.
5 어렵고 힘든 길이요, 누구도 보장받을
수 없는 하늘에 오르는 길은 너희가
어떠한 믿음의 길을 선택하느냐에 따

라서 모두를 이루게 됨이니라.
6 너희들이 하늘에 오르는 길이요, 참진
리의 길을 어찌 선택하느냐에 따라서
50퍼센트의 은혜를 받고 출발하는 자
요,
7 그렇지 아니하면 밑에서부터 제자리
요, 빙벽을 오르려 몸부림치다 마는
그와 같은 백성이 된다는 것을 알라.
8 나의 뜻과 관계없는 잘못된 종교 집단
에서 너희들이 시작하며, 너희 육의
생명이 다할 때까지 아무리 울고불고
해도,
9 값비싼 수업료만 지불할 뿐이요, 아무
것도 없는 것이 너희들의 운명이라 하
지 아니하였더냐?
10 나는 여기서 이제 나의 아들딸 너희들
에게 전함이니라.
11 지금 나의 아들을 따르며 나의 아들을
통하여 내리는 나의 새로운 성경을 만
들고 전하는 백성, 새로운 성경을 접
하고 정독하여 깨우쳐 나의 뜻을 알고
자 노력하는 백성, 너희들은 바로 50
퍼센트의 구원의 은혜 속에서 성장하
는 백성이라는 것을 알라.
12 내가 오늘 귀하고 소중한 하늘의 이치
요, 내가 내리는 상의 의미를 너희들
에게 깨우쳐 줌이니,
13 너희들은 이 은혜에 보답하는 길이요,
이를 거역하지 말며 이를 욕되게 하지
말며 이를 버리지 말며 이를 잃는 그
와 같은 백성이 되지 말라.
14 너희들은 50퍼센트라는 그 위대한 은
혜를 받음이요, 너희들은 반 이상 앞
에 서서 하늘에 오르는 길을 출발하는
자들이요, 반 이상 올라왔음을 알며,
15 그 은혜가 얼마나 위대하고 소중하고
귀한 것인가를 알라.
16 나의 아들을 따라 새로운 성경을 만들
며 이를 전하며 이를 읽고 깨우친 백
성 너희들에게 내가 주는 상이요, 은
혜이니,
17 이를 만백성에게 전하며, 너희들의 이
웃에게, 너희들의 형제에게, 그리고
같이 가는 너희들의 동료에게 나의 뜻
을 전하도록 그리하라, 사랑하는 나의
아들딸들아!
18 이것이 하늘의 법도이며 내가 너희들
에게 내리는 상이니라.

12,296 번째 하나님 말씀

2004년 7월 20일 21시 24분

1 사랑하는 나의 아들아!
2 "네, 아버님! 말씀하옵소서."
3 이 모두를 다스리며 이 세상을 지배하
는 나의 백성 너희들은 말하기를 동물
의 왕이라 그리 말하지 않느냐?
4 그러면 너희들이 이 세상에 내가 너희
들에게 내린 모두를 다스리는 지상의
동물의 왕이라 그리 말하지만, 내가
보는 너희들은 얼마나 나약하며 가장
많이 흔들리는 백성인 줄 알겠느냐?
5 나 여호와가 너희들에게 영적인 생각
이요, 판단할 수 있는 지혜요, 그 모두
를 심어 주었거늘,
6 그리하여 내가 너희들에게 심어 준 것
으로 인하여 너희들은 곧고 바른 참진
리의 길로 나에게 오르는 것이 아니
라, 계산하며 너희들의 생각을 먼저
따지느니,

7 이 세상에서 가장 가볍게, 나약하게
흔들리는 갈대와 같은 것이 나의 피조
물 만백성들이요, 모든 동물의 왕이라
하는 너희들의 오늘의 삶이니라.
8 너희들은 생각할 수 있는 갈대요, 계
산법을 할 수 있는 갈대이기에 너희들
처럼 나약한 동물은 이 세상에 아무도
없음이니라.
9 생각할 수 있고 계산할 수 있는 지혜
를 가지고 너희들이 아름답게 믿음의
길이요, 하늘에 오르는 참진리의 길을
굳건한 믿음의 바탕 위에서 살아가는
그와 같은 백성들이 아니라,
10 이리 계산하며 저리 계산하며 이익의
관계를 따지다 보니, 이리 쏠리고 저
리 쏠리는 자들이 되어,
11 가장 나약하며 흔들리는 갈대와 같은
자들이 되어 버린 것이 오늘의 나의
사랑하는 백성 너희들이니, 이를 어찌
한단 말이더냐?
12 그러기에 너희들은 참진리와 비진리
의 길을 알지 못하고 구분하지 못하며
지금 암흑의 세상을 헤매고 있는 백성
이니라.
13 잘못된 종교 집단의 지도자들이 가르
치는 거짓된 설교에, 그들의 가르침에
의하여 너희들 자신이 지탱하지 못하
며 그리 다 넘어져 간 자들이요, 너희
들을 팔아 버린 자들이니라.
14 그러니 그 어리석은 생활에서 너희들
이 스스로 빠져나가지도 못하며 헤어
나오지도 못하는 나의 백성들이 되어
있으니,
15 이는 바로 너희들이 얄팍한 계산이요,
생각하는 그와 같은 것을 잘못 썼으
며 잘못 활용했기 때문에 이와 같은
오늘의 형국이 되어 있음을 알라 내가
전함이니라.

12,297 번째 하나님 말씀

2004년 7월 21일 05시 39분

1 "너는 나 외에는 다른 신들을 네게 있
게 말지니라.
2 너를 위하여 새긴 우상을 만들지 말
고, 또 위로 하늘에 있는 것이나 아래
로 땅에 있는 것이나 땅 아래 물속에
있는 것의 아무 형상이든지 만들지 말
며, 그것들에게 절하지 말며 그것들을
섬기지 말라.
3 너는 너의 하나님 여호와의 이름을 망
령되이 일컫지 말라.
4 안식일을 기억하여 거룩히 지키라.
5 네 부모를 공경하라.
6 살인하지 말지니라.
7 간음하지 말지니라.
8 도적질하지 말지니라.
9 네 이웃에 대하여 거짓 증거하지 말지
니라.
10 네 이웃의 집을 탐내지 말지니라.
11 나 여호와가 존재함을 믿는 그 자체가
구원의 길에 들어서는 기본이요 근본
이며, 나의 법선을 가슴에 안고 성독
하는 자, 반석 위에 서서 하늘에 오르
는 찬란한 빛을 보게 되는 영광을 인
게 됨이니라."
12 사랑하는 나의 아들아!
13 "네, 아버님! 말씀하옵소서."
14 너희들이 살아가는 삶에 있어서 항상
지도자가 있으며 앞에서 이끌어 가는

자가 있느니라.
15 그러니 너희들이 앞에서 지도자요, 이
끌어 가는 사람이 잘못 이끌어 가고
잘못 갈 때, 그 집단에 소속된 그 모두
는 다 무너지게 되는 것이 아니더냐?
16 그러기에 지도자요, 앞에서 이끌어 가
는 사람이 귀하고 중요함이니라.
17 그가 잘 알고 이끌어 가며 잘 알면서
인도하는 것은 너희들에게 고통의 길
이 아니니,
18 그를 알지 못하면서 그저 이끌고 간다
하면, 그는 결국 모두가 고통과 시련
속에서 아무것도 얻어지는 것이 없는,
그리고 원하는 목적지까지 갈 수 없는
그와 같은 방황하는 삶을 살게 되는
것이 아니더냐?
19 갈 길이요, 목적지를 확실히 알아서
안내한다면 너희들이 말하는 지름길
이요, 곧은 길로 바로 갈 수 있으나,
20 본인이 가는 길을 알지 못하며 방향을
모르는 자가 이끌고 돌고 도는 그와
같은 짓을 한다면, 아무것도 이루어지
는 것이 없으며, 그를 따르는 모든 백
성들 또한 얻어지는 것이 없으며, 목
적지에 도달할 수 없는 것이 아니더냐?
21 그러니 너희들의 오늘의 믿음이요, 또
한 신앙이 그러하니라.
22 그리하여 지도자가 확실히 알아야 되
며, 그리고 나로부터 선택된 백성이
요, 내가 원하고 내가 요구하는 것이
무엇이며, 나 여호와가 이루고자 하는
뜻이 무엇인가를 확실히 아는 백성,
그와 같은 자가 지도자로서 너희들을
인도할 때 너희들은 바로 곧 나에게
올 수 있으나,
23 그렇지 아니하는 지도자가 너희들을
인도하고 이끈다면 결국 너희들은 아
무것도 얻어지는 것이 없으며, 너희들
은 그를 따라 목적지에 오고자 하나
고생스러우며 그 모두가 다 수포로 돌
아가는 것이요, 아무런 의미가 없는
것이 아니더냐?
24 이와 같은 것을 너희들은 알아야 될
것이니라.
25 지금 나의 피조물 만백성을 지도하는
자요, 이끄는 자, 그들이 지금 너희들
을 하늘로 인도한다 하나,
26 저 자신이 누구며, 저 자신이 어디에
서 있는지도 모르며, 과연 하늘의 뜻
이 무엇이요, 하늘의 역사하는 것이
무엇인지 모르고 있는 자들이니라.
27 말로는 나로부터 기름 부음을 받은 자
요, 나로부터 명받은 자요, 나의 뜻에
의하여 저희들이 행한다 하나, 그들은
나의 뜻과는 전혀 관계없는 그와 같은
길을 가느니라.
28 인간 세상에서 인간이 만든 교리요,
인간의 육의 생각을 먼저 하며 육의
삶을 먼저 하는 그와 같은 지도자가
너희들을 이끌어 간다면, 너희들이 영
의 세계를 이끌어 지도할 수 있는 자
격이 있는가?
29 이는 결코 있을 수 없음이니라.
30 그러니 사랑하는 나의 피조물 만백성
너희들이 스스로 정녕 어떠한 길을 가
야 되며, 어떠한 지도자를 따라가야
되며, 어떠한 사람에 의하여 안내를
받아야 될 것인가, 이를 확실히 깨닫
지 아니하면 아니 됨이니라.
31 내가 나의 아들을 통하여 오늘의 제3

의 시대요, 새로운 성경이 역사하는
것을 위해 모두가 다 준비 과정이라
했듯이,
32 그 모두는 준비 과정이요, 중간의 직
분을 다하고 너희들이 그 임무를 다한
자, 그리 물러나야 하는 그와 같은 운
명이거늘,
33 그들을 위하여 너희들이 하늘에 오르
는 길이요, 목적지에 인도할 수 있는
자라 그리 생각한다면, 이는 정녕 잘
못됨을 알아야 될 것이니라.
34 그래서 내가 누구나 알고 듣고 읽어서
깨우칠 수 있는 나의 새로운 성경을
풀어서 세상에 내려보내니, 이를 정녕
너희들이 단 한 번이라도 한 권이라도
읽어 보도록 그리하라.
35 그러면 여기서 답을 얻을 수 있을 것
이니라.

12,298 번째 하나님 말씀

2004년 7월 21일 05시 45분

1 사랑하는 나의 아들아!
2 "네, 아버님! 말씀하옵소서."
3 나의 백성으로 거듭날 수 없는 백성
너희들이 어떠한 것, 무엇 때문에 나
에게 오를 수 없으며 나의 아들딸로서
그 모든 영광이요, 영화를 누리지 못
하는가?
4 너희들은 그와 같은 너희들의 삶을 한
번 들여다보도록 그리하라.
5 오늘의 너희들이 가는 길이요, 오늘의
너희들의 그 믿음으로써는 나에게 오
를 수 없다 내가 함이니라.
6 너희들이 나에게 올 수 없으며 거듭날
수 없는 것은 바로 양심이라는 그 기
본이 흔들리기 때문이라는 것을 너희
들은 정녕 모르는가?
7 양심을 굳건히 지켜 주는 백성은 흔들
리고 무너지지 아니하며 절대로 흔들
리지 아니함이니라.
8 너희들이 양심이라는 것이 바로 서지
못하며 바로 뿌리를 내리지 못하였기
때문에, 양심 자체가 흔들리기 때문
에, 너희들의 양심이 굳건히 지켜지지
못한 백성들이기 때문에 너희들의 모
두가 무너지는 것이니라.
9 그러니 기본의 양심이 흔들리는 그와
같은 너희들의 삶을 살아서는 아니 되
는 것이 너희들이 나에게 오를 수 있
는 기초이니라.
10 너희들이 현명하지 못하며 정의롭지
못하며 정직하지 못하기 때문에, 너희
들의 모두를 받쳐 주고 견디게 해 주
는, 그리고 바른 판단이요, 바른 생각
을 할 수 있는 그 양심이 흔들려 버리
는 것이니라.
11 과욕하며, 그리고 또 너희들이 이익의
분배의 원칙에 너희들 앞에 더 놓고자
하는 생각, 이기주의의 그와 같은 생
각, 그 모두가 다 너희들의 양심을 흔
듦이니,
12 거기에 너희들이 양심이 흔들리는 그
와 같은 백성이 되어 있기에 오늘 바
른 믿음이요, 바른 세상의 이치를 알
지 못하고 가는 것이니라.
13 모두를 받쳐 주는 근본인 양심이 흔
들리고 있으니, 양심이 흔들리게 되면
바로 너희들이 어떠한 결과가 나느냐?
14 너희들은 들을 수도 없으며 볼 수도

없는 그와 같은 형국이 되느니라.
15 그러니 내가 너희들에게 다시 한 번
명함이니, 너희들이 나로부터 받아 나
간 기본의 양심이요, 기본의 마음 자
체를 굳건히 지키고 가기 위하여 오늘
의 어렵고 힘든 훈련의 길을 가는 것
이 나로부터 선택된 백성 너희들이니
라.
16 영영 너희들은 어떠한 것에도 너 자신
의 양심을 팔지 말며, 너 자신의 양심
이 흔들려서는 아니 됨이니라.
17 양심이 흔들리기에 모두가 다 흔들리
며, 모두가 흔들리기에 제자리를 지키
지 못하며 제 직분을 하지 못하는 것
이니라.
18 그리하여 거듭날 수 있는 백성이요,
거듭날 수 있는 나의 아들딸로서 그
길을 오지 못하며 그 길을 보지 못하
는 그와 같은 형국임을 너희들은 알아
야 될 것이니라.
19 양심이 흔들리면 너희들이 돌고 돌아
어지러워서 제정신을 차리지 못하는
그와 같은 자가 되니, 무엇인들 바로
역사하며 무엇인들 이루겠는가?
20 이를 명심하도록 그리하라.

12,299 번째 하나님 말씀

2004년 7월 21일 05시 52분

1 사랑하는 나의 아들아!
2 "네, 아버님! 말씀하옵소서."
3 너희들이 욕심이라는 그 뿌리 하나를
뽑지 못하고 그리하여 나로부터 내려
내가 너희들에게 누릴 수 있는 모두를
다 주었거늘,
4 그 아무것도 누리지 못하며 그 은혜를
받지도 못하는 것이 너희들의 오늘의
삶이니, 모두를 다 버리는 그와 같은
삶을 사느니라.
5 그러니 그와 같은 너희들을 보는 나
여호와의 마음이 어떠하겠는가?
6 과연 너희들은 나의 마음이 어떠한 것
인가 생각해 보았는가?
7 나의 아픈 마음을 너희들은 어찌하여
그리도 모른단 말이더냐?
8 내가 그리하여 너희들에게 말하느니,
나의 아픈 마음이요, 나를 더 이상 울
리지 말라 하여 내가 너희들에게 수없
이 그리 애원하고 부탁하지 아니하였
던가?
9 어찌하여 그와 같은 욕심이요, 욕망이
요, 그 하나를 버리지 못한단 말이더
냐?
10 그리고 너희들이 내가 친필로 써 내린
십계명을 어찌하여 그걸 하나 지키지
못한단 말이더냐?
11 그 열 가지 계명 하나를 너희들이 지
키지 못한다는 것이 나로부터 생명을
받아 나간 은혜요, 모든 은혜에 감사
한다며 울고불고하는 백성 너희들이
할 수 있는 길이더냐?
12 사랑하는 나의 아들을 따르는 제자 너
희들은 나의 그 열 개의 계명을 철저
히 지키라.
13 그리고 그를 하나하나 너희들의 머릿
속에 심어 거기에 위배되는 삶을 살지
말도록 그리하라.
14 그리하면 너희들이 모두를 다 누릴 것
이며 모두를 다 얻을 것이니라.
15 정녕 그와 같은 것으로써 너희들이 행

하고 산 다음에도 나로부터 이룰 수
없거든 그때 나를 버려도 됨이니라.
16 그와 같은 것을 하나 지키지 못하며,
욕심이요, 욕망이요, 너희들이 그 마
음 하나를 지우지 못하여 나로부터 누
릴 수 있는 그 모두를 누리지 못하고
버리는 어리석은 백성 너희들의 삶을
보는 나 여호와요, 부모의 마음이 어
떤 것인가를 너희들은 한번 생각해 보
도록 그리하라.
17 내가 하늘에 오르는 길이요, 모든 기
초를 새로운 성경에 상세히 기록하여
전하는 것도 나의 아픈 마음을 위로할
길이 없어 이와 같은 것으로써 너희들
에게 내려보내 너희들을 깨우치고 다
스리고자 함이니, 이 모두가 다 나의
마음의 아픔이라 너희들은 그리 알라.
18 내가 이 160권의 새로운 성경에 뭐라
했느냐?
19 너희들을 구원하는 것이 아니요, 너희
들의 향락이요, 너희들의 화평한 삶을
위해서가 아니라,
20 너희들을 고통과 시련의 길로써, 죽음
의 길을 가도록 하기 위하여 내가 내
려보낸다 하지 아니하였더냐?
21 육의 죽음으로써 육을 죽이는 그와 같
은 고통스러움 속에서 너희들이 하늘
에 오르는 길을 볼 수 있다 하였음이
니,
22 내가 그리하지 아니하고도 정녕 나의
뜻이요, 나에게 올 수 있는 길을 너희
들이 볼 수 없는가?
23 이것이 나의 160권을 내려보내는 나
의 아픈 마음임을 너희들은 알라.
24 얼마나 내가 너희들을 바라보기에 마
음이 아프면, 이와 같은 고통으로써
너희들을 깨우치고자 이 길을 역사하
겠는가?
25 사랑하는 나의 아들딸들아! 욕심이라
는 것을 비우라.
26 그것 하나만 비워도 너희들이 모두를
누릴 수 있으며, 나의 아픈 마음의 상
처를 치유할 수 있는 것이거늘, 어찌
그것 하나 행하지 못하는가?

12,300 번째 하나님 말씀

2004년 7월 21일 05시 58분

1 사랑하는 나의 아들아!
2 **"네, 아버님! 말씀하옵소서."**
3 육의 세상에 너희들이 살아가면서 자
식이 제 부모의 품 안에 와서 살지 못
하며 그 품을 떠나며 방황하는 그와
같은 삶을 산다 하면, 과연 그 부모의
마음은 어떠하겠는가?
4 그가 성장하여 사회의 한 일원으로서
살아가야 할 때 그는 그 길을 당연히
가면 되는 것이니라.
5 그러나 부모의 보호를 받아야 될 그와
같은 자식이 그와 같은 길을 가지 아
니하고 방탕한 길을 간다면, 과연 그
를 바라보는 부모의 마음은 어떠하겠
느냐?
6 지금 나의 피조물 만백성 너희들이 그
러하니라.
7 너희들이 참진리요, 나의 뜻을 알아
나에게 오를 수 있는 내 품에 있어야
할 백성들이 어찌하여 내 품을 떠나
지옥으로 가는 그와 같은 길을 가고
있단 말이더냐?

8 정녕 너희들이 지옥에 가 견딜 수 없
는 그 고통 속에 살아가는 그와 같은
길을 마다하지 아니하고 가는 것이 오
늘의 삶이요, 믿음의 근본이니라.
9 그러니 영원히 그곳에 살아서 너희들
이 견디지 못하는 고통 속에 산다는
것을 내가 그를 알고 있다 하며, 그를
보고 있는 내 마음이 과연 어떠하다
생각하는가?
10 너희들은 내 품 안에서 벗어나고 떠나
서는 아니 되는 것이 너희들의 삶이
니, 내 품에서 살며 내 품 안에 있는
것은 바로 무엇이더냐?
11 나의 뜻이요, 내가 원하는, 내가 이루
고자 하는 뜻에 따라 살아가는 그와
같은 백성이요,
12 내가 나누고 살며 베풀며 살아가는 그
와 같은 마음으로 살라는 그 모두를
행하고 지키는 너희들이 되는 것이니
라.
13 그러니 그와 같은 것을 지키지 아니하
고 그와 같은 것을 행하지 않는 자가
너희들이 내 품을 떠나는 자요, 내 품
에서 멀어지는 자들이라는 것을 알겠
느냐?
14 인간 세상에 살아가면서 너희들이 백
년도 안 되는 인간의 삶에 자식이 부
모 앞에서 먼저 그 유명을 달리한다
면, 그 부모의 비통한 마음을 어찌 알
며 그 애통한 마음을 어찌 알겠느냐?
15 너희들 자신도 견딜 수 없는 고통 속
에서 너희들의 그 마음이요, 그를 잊
는 세월이 평생 죽을 때까지 지우지
못할 것이 아니더냐?
16 그러니 더욱이 영원히 사는 나라에 와
야 할 나의 백성, 내 품에 살아야 하는
너희들이 그 모두를 거부하며 그를 떠
나 지옥 불로 사탄에게 끌려가는 그와
같은 삶을 살며, 그와 같이 가는 것을
바라보는 나 여호와의 마음이 어떠하
겠는가?
17 정녕 너희들은 그를 좀 깊이 생각해
보도록 그리하라.
18 육의 세상에서도 죽어 가는 자식을 위
하여 부모는 못할 짓이 없으며 못할
행동이 없을 것이니라.
19 그를 살리기 위해서 어떠한 행위라도
하고자 하는 것이 부모의 마음일 것이
니라.
20 그러나 더욱이 영원히 사는 나의 아들
딸이요, 내가 너희들의 생명을 주어
세상에 내보내 내 품에 돌아오라 그리
한 너희들이 그 삶을 나의 마음을 저
버리며 내 뜻을 저버리며 그리 가니,
나 여호와의 마음이 어떠하겠는가, 사
랑하는 나의 아들딸들아!
21 그리하여 내가 너희들을 마지막 구하
고자 열여섯 권을 기초로 하여 160권
의 새로운 성경을 세상에 내려보내니,
이를 보고 읽고 깨우쳐 너희들이 나에
게 올 수 있는 백성으로서 거듭나도록
그리하라.
22 내 품을 벗어나지 않는 삶이요, 내 품
을 벗어나서는 살 수 없는 그와 같은
모두를 기록하여 내려보내는 새로운
성경을 읽고 또 읽고 깨우쳐 너희들이
바른 삶을 살도록 그리하라.

12,301 번째 하나님 말씀

2004년 7월 21일 20시 51분

1 사랑하는 나의 아들아!
2 "네, 아버님! 말씀하옵소서."
3 2천 년 전에 나의 아들 예수가 세상에
나가 말하기를, 그가 나의 뜻을 갖고
세상에 온 것은 너희들에게 화평과
평화요, 가정의 안위를 위해서 온 것
이 아니라, 검을 주기 위해 왔다 하였
음이니,
4 그는 나의 아들 예수의 절규의 부르
짖음이요, 몸부림이었음을 알아야 될
것이니라.
5 그러나 지금 내가 나의 아들을 통하여
160권의 새로운 성경이 세상에 내려
가는 것은 너희들에게 화평이요, 평화
요, 너희들의 행복을 위해서 내리는
것이 아니라,
6 너희들을 죽이기 위한 그와 같은 것이
요, 너희들의 육을 죽이기 위한 것이
라 내가 했음이니,
7 이는 나 여호와가 너희들에게 절규요,
내가 예수처럼 답답하고 괴로워 부르
짖는 소리가 아니라, 지금까지 역사하
고 이룬 그 상에 대한 것을 내가 너희
들에게 내림이니라.
8 이것은 내가 너희들에게 내리는 가장
큰 상이요, 은혜임을 알라.
9 너희들이 스스로 육이 죽지 아니하면
거듭날 수 없기에 죽어야 되는 그 이
유와, 너희들이 육이 죽지 아니하면
거듭날 수 없는 그와 같은 것을 내가
너희들에게 알리며,
10 그리 행할 자 남으며, 행하지 못할 자
나의 성전을 떠나라 했음이니,
11 이것이 너희들을 가장 사랑하는 것이
요, 이것보다도 더 큰 선물이요, 그 큰
은혜가 없음을 알라, 사랑하는 나의
아들딸들아!
12 너희들은 갈 수 있으며 역사할 수 있
음이니라.
13 물론 힘이 들고 어려우니라.
14 지금 똑같은 제자라 해도, 너희들이
나를 향해서 온다 해도, 평탄한 길을
걸어오는 자가 있는가 하면, 잔디밭이
라는 길을 걸어오는 자가 있으며, 낙
엽이 쌓인 길을 걸어오며, 진흙탕을
걸어오며, 돌밭을 걸어오는 자 있으니,
15 그와 같이 각자가 오는 길이 다름이
니, 각자가 겪고 견디는 것이 다 다름
이니라.
16 똑같이 일관성 있는 것이 아님을 나는
잘 알고 있느니라.
17 그러니 너희들이 남을 어찌 알며 이웃
을 어찌 알겠느냐?
18 다만, 내가 나의 아들을 통하여 너희
들에게 말함이니, 너희가 잔디밭을 가
며, 너희가 낙엽이 쌓인 길을 가며, 너
희가 평탄한 길을 간다 하여 진흙탕
이요, 물바다를 가는 그와 같은 백성
을 몰라라 하면 아니 됨이니,
19 서로가 격려하고 보호하고 살아가며
그와 같이 가는 것이 너희들이 가는
길이라 함이니라.
20 지금 같이 나의 성전에 와 나의 아들
을 통하여 내리는 강론을 듣는 선택된
제자들이요, 나로부터 부름을 받은 너
희들은 곧 무엇이더냐?
21 너희들이 똑같이 내가 일찍이 가르쳤

듯이 죽음의 동반자라 하지 아니하였더냐?
22 너희들은 지금 나에게 오르기 위하여 육의 세상에서 죽음의 동반자요, 그 죽음의 길을 가니, 얼마나 위대하고 축복된 백성들이더냐?
23 너희들이 나에게 와 심판을 받아 지옥불로 가는 죽음의 길로 간다면, 정녕 너희들은 영원히 나올 수 없으며 나를 아버지라 부를 수 없으며 그 고통스러움을 어찌 상상이나 하겠느냐?
24 그러니 너희들이 나에게 심판을 받기 전에 죽음으로 가도록 내가 너희들을 몰고 감이니, 너희들이 얼마나 축복받은 백성이요, 얼마나 영광된 백성인 줄을 알겠느냐?
25 사랑하는 나의 아들을 따르는 제자 너희들은 나의 새로운 성경을 세상에 만들어 전하는 것에 모두를 다 바치며, 온갖 정성을 다하여 만백성을 구하도록 그리하라.
26 내가 너희들에게 언약하여 약속한 시간이 있으며, 너희들이 갈 장소가 있지 않더냐?
27 너희들이 죽어 심판을 받을 때 정녕 죽는 곳으로써 가기를 원하느냐?
28 그 죽음은 거듭날 수 없으며, 기회가 없으며, 자유의지가 없으며, 너희들이 노력할 수 있는 기회가 없으며, 돌아설 수 있는 기회가 없으며, 반복할 수 있는 기회가 없으며, 다시 시작할 수 있는 기회가 없는 것이니,
29 너희들이 육에서 죽음의 그것까지 내려가도록 내가 나의 아들을 통하여 너희들에게 가르침이니, 이를 읽고 깨우쳐 행하는 백성과 이를 모르는 백성과의 그 차이가 어떠하더냐?
30 그래서 160권이 하늘에 오르는 길이요, 마지막 시대에 심판을 하기 위해 내리는 나의 성령이라는 것을 내가 너희들에게 전한 그 의미를 알도록 하라.
31 내가 너희들을 얼마나 사랑하기에, 너희들에게 오늘의 이 길을 가는 상을 내리는지 알겠느냐?
32 예수는 2천 년 전에 검을 내린다 할 때, 그는 몸부림을 쳤으며 더 이상 참고 인내할 수 없어 내가 너희들에게 '화평이 아니라, 검을 주러 왔다.'고 외쳤지만,
33 나 여호와는 기쁨에 의하여 너희들이 죽음의 길을 갈 수 있도록 160권을 내렸다 했으니,
34 움직이고 생각하며 나를 아버지라 찾으며, 뒤돌아갈 수 있으며, 회개하고 깨달을 수 있는 육의 세상에서 죽음을 맞이하도록 그리하라.
35 이것이 내가 너희들에게 내리는 가장 큰 은혜요, 영광이요, 축복이며, 내가 너희들을 사랑하는 증거이니라.

12,302 번째 하나님 말씀

2004년 7월 21일 21시 28분

1 사랑하는 나의 아들아!
2 "네, 아버님! 말씀하옵소서."
3 나 여호와가 너희들에게 명하기를, 너희들이 살아가면서 남에게 섭섭했던 것, 그리고 원수진 것, 도저히 용서할 수 없는 것, 그와 같은 마음의 너희 아픔은 모두 지워 버리며, 그와 같은 기

억은 하지 말며, 그와 같은 상대성 있
는 사람의 이름은 너희들이 생각하지
도 말라 하지 아니하였더냐?
4 그러니 그와 같은 자가 너희들에게 아
름답게 했던 것, 너희들에게 은혜를
베푼 것, 기쁨을 너희들에게 주었던
것, 그와 같은 것을 너희들이 생각해
서 그와 같은 고마운 것만을 생각하고
살며 그 감사한 것만을 생각하는 마음
을 가지고 살라 내가 너희들에게 그리
하지 아니하였더냐?
5 인간관계에서 너희들이 다 그와 같은
마음을 가지고 살면 되느니라.
6 너희들은 인간이기에 그와 같은 마음
을 가지고 살 수 없다 그리 말한다면,
너희들은 나의 뜻이요, 나의 명을 거
역하는 자들이니라.
7 너희들이 인간 세상에 살아가면서 어
떠한 사람이든 장점이 열 개가 있으면
또한 그 단점이 열 개가 있으며, 너희
들이 볼 때 단점이 열 개가 있는 자는
반드시 그 장점이 열 개가 있음이니라.
8 그러니 단점을 가지고 있는 그 하나의
잘못된 것을 보고 그가 가진 장점을
보지 못하는 그와 같은 어리석은 사람
이 되어서는 아니 됨이니라, 사랑하는
나의 아들딸들아!
9 너희들이 남들의 단점만 보지 말며 장
점도 같이 볼 수 있는 그와 같은 지혜
요, 깨달음이 있나니, 너희들은 절대
실패하지 아니함이니라.
10 그러니 남들이 장점을 가지고 있다
하면 단점도 있으며, 또한 단점을 가
지고 있는 사람이 남들이 가지고 있지
않은 장점을 가지고 있으니 좋은 점을
가지고 있다는 것, 그러니 그와 같이
감사하는 마음을 가지고 살라 했듯이,
11 너희들이 남의 장점만을 보며 감사한
마음을 가지고 얼마든지 살 수 있으
며, 그를 사랑할 수 있으며, 그와 더불
어 살아가는 데 기쁨으로 살아갈 수
있음이니라.
12 그러니 너희들은 단점만을 보고 모두
를 평가하지 말라, 사랑하는 나의 아
들딸들아!
13 도저히 용서할 수 없는 것, 이해할 수
없는 짓을 한다 해도 그는 또 너희들
이 따르지 못할 좋은 장점이 있으며,
아무도 할 수 없는 그와 같은 좋은 점
을 가지고 있는 자가 있음이니라.
14 그러니 그와 같은 것을 보고 너희 것
으로 만들며, 그와 같은 것을 보면 미
워하고 싫어할 사람이 없다는 것을
알라 그리 전하라.

12,303 번째 하나님 말씀

2004년 7월 21일 21시 32분

1 사랑하는 나의 아들아!
2 **"네, 아버님! 말씀하옵소서."**
3 나의 아들 예수가 성경에 기록하여 너
희들에게 전하기를, '화평이요, 평화
를 위하여 나의 아들 예수가 온 것이
아니요, 검을 주기 위해 왔다.' 하지
아니하였더냐?
4 그러니 검은 무엇이더냐?
5 바로 너희들의 죽음을 의미하는 것이
니, 죽은 자와 같이 그 밑에까지 내려
가고 내려가는 그 속에서 깨달음을 얻
어, 거듭 태어나는 생명으로 살 수 있

도록 하라는 그 의미를 내가 그리 전
했으며,
6 지금은 내가 나의 아들을 통하여 새로
운 성경이 그와 같은 역사를 한다 하
지 아니하였더냐?
7 그러니 너희들이 그와 같은 내 뜻을
알았다면, 구약과 신약의 성서요, 지
금 새로운 성경을 놓고 옳고 그름을
시시비비하지 말며, 이를 나 여호와의
뜻이라 아니라 그리 생각하지 말라.
8 구약도 신약도 하늘에서 내려온 나의
뜻이요, 제3의 시대의 새로운 성경이
야말로 너희들이 마지막 심판대에서
구원을 받고 못 받는 그 결실의 결과
를 내가 나의 아들을 통하여 160권의
새로운 성경으로써 세상에 내려보냄
이니,
9 이를 읽고 깨우치지 아니하면 결코 아
니 됨이니 그리 알라.
10 내가 나의 아들 너를 통하여 전한 그
뜻을 너의 제자들에게 너는 명확히 가
르쳐야 될 것이며, 그들에게 깨우침을
주어야 될 것이니라.
11 너희들 제자들은 자신을 다 죽여서 자
신을 다 희생하여 너희들은 없는 그와
같은 형태로써, 가장 낮은 자요, 죽은
자로서 오늘의 믿음이요, 오늘의 신앙
의 길을 가지 아니하면 아니 되며, 나
의 아들을 따라가는 그와 같은 삶을
살지 아니하면 아니 됨이니라.
12 너희들을 죽여서 만백성을 구하는 데
너희들은 희생양이요, 모두를 던져서
그들을 구하는 대명을 받은 자들이 나
의 아들을 따르는 제자들이요, 새로운
성경을 읽고 깨우친 백성, 너희들이니
라.
13 너희 자신을 죽여 너희들에게서 비치
는 그 빛을 보고 만백성들이 깨우치며
하늘에 오르는 길을 볼 수 있으며,
14 나의 새로운 성경이 진정한 창조주 나
여호와의 성령이라는 것, 이는 곧 심
판의 책이요, 심판의 성경이라는 것을
그들은 너희들을 보고 깨우칠 것이며,
너희들을 보고 모두가 선택하게 될 것
이니라.
15 그러니 너희들 모두를 던져 너희들이
바로 서는 삶을 살지 아니하면 아니
되기 때문이니라, 사랑하는 선택된 나
의 아들딸들아!
16 너희가 그렇게 하지 아니하면 나의 새
로운 성경은 세상을 덮는 역사를 이루
지 못할 것이며, 모두가 다 찢겨져 버
리고 태워져 버리고 지워져 버리는 그
와 같은 것을 면치 못할 것이니라.
17 그러니 너희들 자신을 다 버리고 너희
들이 남을 위한 삶이요, 남을 위해 너
희 자신을 희생하는 낮은 자의 삶으로
써 살아갈 때,
18 모든 백성들은 이를 보고 너희들을 따
를 것이며, 진정한 지도자라 하여 너
희들을 따르며 너희들과 더불어 가는
그 무서운 역사가 이루어질 것이니,
그리하지 아니하면 아니 됨이니라, 사
랑하는 나의 아들딸들아!

12,304 번째 하나님 말씀

2004년 7월 21일 21시 37분

1 사랑하는 나의 아들아!
2 "네, 아버님! 말씀하옵소서."

3 몇천 년 동안 내려오면서 종교 집단의
지도자들이 한 짓이 무엇인 줄 알겠느
냐?
4 너희들의 손으로 지은 교회요, 그와
같은 성전이 나 여호와가 존재하는 곳
이요, 그곳이 바로 나의 집이라 너희
들이 나의 피조물 만백성에게 선전 선
동하여 그들의 재물을 긁어모으는 그
와 같은 사악한 행위를 하지 아니하였
더냐?
5 그러니 그들이 사는 집이요, 그 가정
은 파괴되며 그 가정은 찢어지며 그
가정은 문을 닫는다 해도,
6 너희들이 나 여호와가 사는 집이요,
내가 존재하는 집은 궁궐처럼 호화롭
고 웅장하게 지어야 된다 하여,
7 그들로부터 수단과 방법을 가리지 아
니하고 재물을 갈취하여 오늘에 너희
들의 교회요, 성당이요, 회막이요, 그
모두를 운영하고 가지 않던가?
8 그것이 바로 너희들이 낮은 자요, 나
의 백성들이 갈 길이란 말이더냐?
9 너희들이 호화판의 그 장소를 만들어
놓고 그곳에 나의 피조물 만백성들을
모이도록 하며,
10 그곳에서 강론을 들은 자 구원을 받으
니, 밑천이 들어가지 않는 장사가 없
듯이 강론하고 가르치려면 많은 것이
들어가며 많은 것이 소비되며,
11 그리고 하나님의 십이라 하여 서희들
이 지은 도둑의 소굴이요, 그 죄의 소
굴인 교회라는 것, 그것을 또 운영하
기 위해서는 거기에 많은 경비가 들어
간다 하여 모든 백성들에게 갈취하는
그와 같은 추하고 더러운 행위를 이제
는 더 이상 하지 말라.
12 너희들은 나의 아들 예수의 보혈로써
구원을 받았다 하며 나의 아들 예수를
'주여, 주여!' 그리 부른다면, 과연 너
희들은 나의 아들의 그 삶을 들여다보
는가?
13 나의 아들이 너희들처럼 갖은 방법과
수단을 가리지 않고 재물을 거둬들이
며, 큰 교회를 지으며 성전을 지으며
성당을 짓기 위하여 발버둥쳤는가?
14 그는 그 모두를 헐어 버리라 하였음이
니라.
15 그리고 그는 동전 한 푼을 넣고 다니
지 아니하였으며, 동전을 담는 전대도
들고 다니지 아니하고 차고 다니지 않
은 것이 나의 아들 예수의 삶이니라.
16 그러니 너희들이 그와 같은 예수를 구
세주요, 너희들의 본보기요, 예수를
따라 하늘에 오르는 길을 오고자 하는
자,
17 그렇다면 나의 아들 예수의 이름을 팔
아 호화로운 궁궐과 같은 그와 같은
장소요, 교회요, 성당이요, 그 무덤을
만들지 말라.
18 그리고 나의 아들 예수가 동전 하나
지니고 다니지 않았던 그와 같은 삶을
너희들이 그대로 깨우쳐 살도록 그리
하라.
19 나의 아들 예수가 어떠한 대가를 바랐
느냐?
20 너희들은 병을 고치는 것도 아니요,
죽은 자를 살리는 것도 아니요, 어떠
한 것도 역사하는 것이 없으면서 어찌
하여 나의 아들의 이름을 팔아, 내 이
름을 팔아 그와 같이 너희들이 재물을

거둬들이는가?
21 나의 아들은 너희들이 이루지 못하는
죽은 자를 살리며, 앉은뱅이를 일어서
게 하며, 눈먼 자를 눈 뜨게 하며 모든
기적을 이루어도 나의 아들 예수는 그
대가를 받지 아니하였거늘,
22 너희들은 그와 같은 기적의 역사도 보
여 주지 못하면서 어찌하여 나의 피조
물 만백성들에게 나의 집을 짓는다 하
여 호화롭게 궁궐처럼 짓는 것이 나
여호와에게 기쁨이요, 내 집이라 하여
그를 짓기 위하여 온갖 방법을 다 동
원하여 사악한 짓을 하고 있는가?
23 더 이상 너희들이 대가 없는 이와 같
은 장사를 하지 말라.
24 주는 것 없이 너희들이 거둬들이는 사
악한 짓을 하지 말라.
25 너희들이 짓는 궁궐이요, 호화로운 그
곳은 내 집도 아니며, 나는 거기에 거
하지도 아니하며, 그곳은 죽은 무덤이
라 내가 명한 것을 명심하도록 하라.
26 너희들이 그 죽은 무덤을 치장하고 바
르고 하는 데 더 이상 관계하지 말라.
27 무덤이라는 것은 많은 자가 죽으면
시체를 묻게 됨이니, 너희들이 더 큰
교회를 짓는 것은 나의 피조물 만백성
들을 거기다 더 많이 묻어 버리는 것
임을 알아야 될 것이니라.

12,305 번째 하나님 말씀

2004년 7월 21일 21시 46분

1 사랑하는 나의 아들아!
2 **"네, 아버님! 말씀하옵소서."**
3 지금 피조물 만백성 너희들을 낳아
준 부모를 부모라 하지 아니하며, 한
부모에서 태어난 형제요, 자매를 형제
요, 자매라 그리 부르지 못하도록 가
르치고 만든 것이 오늘의 종교 집단의
지도자이니라.
4 그러니 너희들의 가장 근본이요, 내가
사랑하는 그 가정을 파괴시킨 자들이
요, 그 집단의 기초인 그 가정을 파괴
시켰으니,
5 거기에서 사랑이 싹트고 거기서 너희
들이 나눔이 싹트며 서로 존경하고 아
끼는 것이 싹터야 할 기본의 사랑의
전당인 가정을 다 모두 파괴시킨 것
이 오늘의 종교 집단의 지도자 너희
들의 형국이니라.
6 그러니 너희들이 사랑의 근본인 가정
을 다 파괴시킨 그와 같은 사악한 짓
을 해 놓았으니,
7 이 세상이 사랑은 메말랐으며 사랑은
찾을 수 없으며, 그리하여 모두가 다
나의 사랑을 파괴시킨 것이요,
8 기초의 가정을 파괴시켰으니, 너희들
이 곧 사탄이요, 마귀라 함을 알겠느
냐?
9 너희들이 낳아 준 부모를 공경하여,
부모가 자식을 사랑하며 한 부모 밑에
난 형제요, 자매가 서로 돕고 살며 의
지하며 사랑이 거기서 싹트니, 그것이
하늘의 사랑을 싹틔울 수 있는 기본이
요, 근본이며,
10 인간 세상에서도 사람을 존경하며 사
랑의 싹이 틀 수 있는 가정을 다 짓뭉
개 버렸으며, 그를 다 쪼개 버렸으며,
그를 다 파멸시켜 버렸으며, 조각조각
파산을 내 버린 것이 오늘의 종교 집

단 지도자의 사악한 수법이니라.
11 그리하지 아니하면 너희들을 따르지
아니하며, 그 기초의 사랑을 파괴시키
지 아니하면 나 여호와의 사랑을 받아
들일 것이며,
12 사랑으로써 역사하는 백성들이 너희
들을 절대 따르지 아니하며, 너희들의
사악한 방법에 너희들에게 재물을 바
치며 울고불고 구원해 달라 매달리는
그와 같은 역사가 있을 수 없기 때문
에, 너희들이 기본인 가정을 다 파괴
시킨 자요,
13 그러니 낳아 준 부모가 부모가 아니
요, 한 부모 밑에 자란 형제가 형제가
아니요, 자매가 아니라 그리 나의 피
조물 만백성들을 세뇌시켜 끌고 가느
니라.
14 너희는 그러면서 뭐라 말하느냐?
15 너희들의 부모요, 형제요, 자매라는
것은 너희들과 같은 종파에서 같은 믿
음의 길을 가는 백성이 저희들의 부모
요, 자매요, 형제라 그리 전하고 가르
치느니라.
16 누가 자신의 형제요, 자매요, 부모냐
고 묻는다면 너희들은 가차없이 그리
말하느니라.
17 낳아 주고 길러 준 부모요, 형제보다
도 믿음의 종교 집단에서 같이 울고불
고 구원받는다며 매달리는 자, 그와
같은 자들이 부모요, 형제와 자매라
그리 말하도록 너희들이 가르치고 있
다면,
18 과연 이것이 어찌 이 세상에서 있을
수 있으며 인간 세상에서 있을 수 있
는 일인가?
19 그러기에 너희들이 어찌 가르치는가?
너희들이 잘못 가르치고 있음이니라.
20 너희들은 들으라. 너희들이 인간 세상
에 손자요, 아들이요, 할아버지요, 또
할머니요, 어머니도 나를 아버지라 다
부름이니,
21 나 여호와와 너희들이 일대일의 관계
로써 모두가 역사하며 존재한다 하였
음이니라.
22 그러니 어찌하여 너희들이 믿음의 길
을 가는 자요, 내 품에 있는 자, 믿음
의 길을 가는 자만이 형제요, 자매요,
부모라 그리 말하는가?
23 엄연한 부모요, 형제요, 자매는 너희
들을 낳아 주고 길러 준 자가 부모요,
한 부모 밑에 세상에 태어나 같이 자
란 자들이 바로 그 형제요, 자매라는
것을 너희들은 저버리지 말라.
24 어찌하여 인간관계의 모든 질서를 파
괴하는 그와 같은 행위를 하는가?
25 믿음의 길을 같이 가는 자, 너희들은
모두가 다 형제와 같은 마음으로 그리
가면 될 것이요, 서로가 사랑하고 존
경하며 신뢰하되,
26 너희 부모를 버리며 너희 자매요, 형
제를 버리면서 그리 가는 것이 하늘에
오르는 길이며, 믿음의 길을 가는 백
성이요, 그것이 강한 믿음이요, 진실
한 믿음이라 나의 피조물 만백성들을
그리 우롱하여 끌고 가지 말며, 그리
속여 재물을 갈취하는 짓을 하지 말라.
27 너희들은 제 부모가 누구며 제 형제가
누군가를 구분하지 못하도록 하며, 이
와 같은 험악한 지경에 이른 것이 오
늘의 나의 피조물 만백성들이요, 구원

을 받았다는 자들이요, 울고불고 광란의 짓을 하는 그와 같은 백성들이 하고 있는 짓이니라.
28 모든 백성은 나의 뜻의 주관하에 너희가 쓰이고자 세상에 나왔으며 너희들은 쓰일 곳이 다 있는 자들이니라.
29 그러니 너희들이 믿는 자, 안 믿는 자, 그와 같은 것으로써 구분하는 행위를 하지 말라.
30 너희 자신이 참진리인지 비진리인지 그 믿음 자체도 모르면서 나의 피조물 만백성을 저희들과 같이 가는 믿음으로써 모두를 평가하지 말라.
31 그것으로써 너희들이 함부로 구분치 말라.
32 너희들이 마음대로 구분하여 형제요, 자매요, 낳아 주고 길러 준 부모의 그 모든 관계도 다 분산시켜 놓고 그들을 끌어들이는 사악하고 사악한 짓을 하는 것이 오늘의 종교 집단의 지도자이니라.
33 너희들이 부모와 자식과의 그 끈끈한 정이 있을 때, 너희들이 말하는 그 성전의 교회에 와 재물을 바치지 아니함이니,
34 그 가족의 단합된 힘이요, 가족의 한 힘이요, 그것으로써 사악한 자에 넘어가지 아니하기 때문에,
35 나의 백성 그들로부터 재물을 거둬들이며 그들을 너희들에게 끌여들이기 위해서는 부모요, 형제요, 자매의 그 관계를 다 찢어 놓고 벌려 놓아야만 되는 것이요,
36 그리하여 믿는 자가 진정한 부모요, 형제요, 자매보다 더 소중하다 그리가르치느니라.
37 네 부모는 너를 낳은 분이 부모요, 너희 형제요, 자매는 한 부모 밑에서 태어난 자가 형제요, 자매라는 것을 잊지 말라.
38 하늘의 뜻이요, 인간의 천륜을 무시하며, 인간관계도 모르는 자들이 하늘에 오르는 길이요, 나의 백성을 인도하여 천국에 인도한다는 헛된 소리를 하지 말며 헛된 짓을 하지 말라.
39 너희들이 헛된 믿음으로 나의 사랑하는 백성들을 지옥으로 인도하는 그와 같은 짓을 하지 말며, 그대로 쇠사슬로 묶어 끌어가는 그와 같은 행위를 더 이상 하지 말라.
40 너희들의 그 죄를 어찌 감당하려 하느냐?

12,306 번째 하나님 말씀

2004년 7월 21일 21시 50분

1 사랑하는 나의 아들아!
2 "네, 아버님! 말씀하옵소서."
3 선택된 나의 아들을 따르는 너희들이 가야 할 길이요, 이루어야 할 길이며, 사는 게 무엇이며, 역사할 것이 무엇인 줄 알고 있느냐?
4 사랑하는 나의 아들을 따르는 제자 너희들은 들으라.
5 나의 새로운 성경을 읽고 나의 아들을 통하여 내린 강론을 직접 들으며 하늘의 메시지를 듣고 깨우쳐 가는 그 백성이 어떠한 삶을 살아야 될 것이며, 어떠한 형태로써 거듭나야 하는 것인가를 너희 스스로 깨우쳐 그 길을 가

도록 해야 될 것이며,
6 내가 너희들에게 내린 대명이요, 그
역사할 것이 무엇인가를 알아 철저히
행하는 그와 같은 삶을 살도록 하지
아니하면 아니 됨이니라.
7 나 여호와는 너희들 자신이 변화되는
삶이요, 너희들이 변화되는 그 빛을
만백성들 앞에 비추어 주어,
8 그들이 너희들이 변한 모습이요, 그
찬란한 빛을 볼 수 있도록 행하는 것
이요, 그리 변화되는 것이 너희들이
가야 할 길이라 내가 너희들에게 명하
지 않았더냐?
9 너희들의 선함을 보고 너희들의 선한
행위를 보고, 너희들이 선함을 실천하
며 남들이 알 수 없는 길을 가는 것,
그리고 남들이 이룰 수 없는 것을 이
루어 가는 것,
10 너희들이 지킬 수 없는 것이며 상상할
수 없는 그 모두를 나 여호와의 뜻에
따라 행하고 지키는 그와 같은 삶이요,
11 그리하여 거기서 나는 진정한 빛을 보
고 만백성을 구할 수 있는 기회를 제
공해 주는 것이 너희들이 가야 할 길
이라는 것을 알라, 사랑하는 나의 아
들딸들아!
12 너희들이 남들이 생각할 수도 없으며
감히 노선할 수 없는 것, 시킬 수 없는
보는 계명들을 목숨을 나 바쳐 지키며,
13 그들로 하여금 너희들을 바라보며 너
희들에게서 나는 빛을 봐, 그들도 너
희들을 따라서 갈 수 있으며, 용기를
내어서 누구도 지킬 수 없는 그 길을
갈 수 있으며,
14 너희들이 누구도 깨달아서 행할 수 없
는 그 깨달음이요, 그리고 내가 내린
계명이요, 새로운 성경에 기록되어 있
는 너희들이 지키고 살아가야 할, 그
누구도 엄두도 내지 못하는 그 길을
지키고 가는 그와 같은 삶을 살 때,
15 나에게 받은 은혜요, 영광의 그 모두
가 다 너희들이 빛이 되어 세상을 비
추는 그와 같은 아름다움을 살 때,
16 모든 백성들이 그를 보고 거듭나는 은
혜를 얻을 것이며, 그들이 거듭나는
은혜 속에서 다른 백성을 또 그들이
거듭나도록 인도하며 깨우쳐 그와 같
이 이루어져야 된다는 것을 잊지 말라.

12,307 번째 하나님 말씀

2004년 7월 21일 21시 56분

1 사랑하는 나의 아들아!
2 "네, 아버님! 말씀하옵소서."
3 지금의 종교 집단의 지도자 너희들이
말하느니라.
4 너희들은 하늘의 종이요, 만백성의 종
이라 그리 말하느니, 과연 오늘의 종
교 집단의 지도자들이 하고 있는 짓,
너희들이 지금 이끌어 가는 그와 같은
집단이요, 그 모두를 보라.
5 과연 너희들이 바로 하늘의 종이요,
만백성의 종인 자세로 살아가는가?
6 빈부의 차이도 어떠한 능력도 떠나,
이 세상에 존재하는 백성이 너희들보
다 더 낮은 자가 없다 하는 그와 같은
것이 바로 만백성의 종의 신분이 아니
더냐?
7 그러니 과연 너희들이 오늘의 행하는
짓이요, 살아가는 그 형태가 너희들보

다 더 낮은 자요, 너희들보다 더 어려
운 길을 가는 자가 없다 말할 수 있는
가?
8 너희들은 제왕적인 대우를 받기 위하
여 지금 모두를 다 역사하는 자요, 인
간 사업적으로 나의 아들과 나의 이름
을 팔아, 주는 것도 없이 갈취하는 장
사꾼이 되어 지금 이와 같은 행위를
벌이고 있다 함을 어찌하여 모른단
말이더냐?
9 너희들 종교 지도자가 과연 만백성의
종이요, 나 여호와의 하늘의 종으로서
행하고 역사하는가?
10 너희들은 하늘의 종이요, 나 여호와의
종이기에 어렵고 힘든 길을 가도록
해서는 아니 되며, 제가 하는 짓이요,
그 행위는 내 뜻에 따라서 하는 것이
니, 살인을 해도, 간음을 해도, 간통을
해도 그를 탓하지 말며, 남의 재물을
갈취해도 탓하지 말라, 이는 나 여호
와의 뜻이요, 하늘의 뜻이라,
11 그리고 나 여호와가 주관하지 아니하
는 것이 없기에, 종교 지도자는 기름
부음을 받은 목자니, 제가 하는 행위
는 내 뜻에 의한 것이라 너희들이 그
리 가르치고,
12 그걸 듣고 믿고 가는 이와 같은 불쌍
하고 처량한 백성들이 오늘의 신앙
속에 죽기 아니면 살기로 구원에 매달
려 너희들에게 코가 꿰어 끌려가는
가련한 백성들의 신세가 되어 있음을
알라.
13 그들 같은 노예가 세상에 없으며 그
들 같은 종이 지금 없음이니라.
14 어느 종이, 어느 노예가 대가 없이 종
교 집단의 지도자에게 십일조요, 기타
헌금을 갖다 바치듯이 바치는가?
15 내가 그들에게 말하니, 네 부모에게
단 1년이라도 한번 그리해 보라 함이
니라.
16 낳아 주고 길러 준 공이 1년 동안 그
걸 받을 만한 자격이요, 권리가 있지
않다 생각하는가?
17 이 사악한 자들아! 구원은 너희들을
위하여 하늘이 존재하는 것이 아니며,
나 여호와가 존재하지 아니함을 너희
들은 알라.
18 너희는 만백성의 가장 낮은 자라 하
느니라.
19 너희들은 말로써는 만백성의 종이요,
하늘의 종이라 그리 말하면서, 과연
만백성의 종과 같이 살아가는가?
20 그와 같이 살아가는 종교 지도자를 나
여호와는 볼 수 없으며, 누구도 그러
한 자를 볼 수 없음이니라.
21 그러면서 너희들은 나의 백성들 앞에
서 하늘을 향하여 울고불고하며 뭐라
하느냐?
22 '나는 종이로소이다, 하늘의 종이로소
이다.' 하면서 너희들이 무엇하느냐?
23 아무리 너희들이 '나는 종이다.' 울고
불고해도 어떠한 짓을 하느냐?
24 그러니 너희들이 부질없는 짓을 하지
말라 내가 말하는 것이다.
25 '나는 종이로소이다, 나는 만백성 중
의 하나님의 종이다.' 너희들이 말은
그리하고 울고불고 콧물 짜는 짓은 하
나,
26 행동과 생활은 왕과 같이 못 해서, 왕
과 같은 대우를 받지 못하여 병이 나

있는 자들이 오늘의 종교 집단의 지도
자라 함을 알라.
27 그리고 믿음이라는 구원을 받았다는
그 맹종 맹신하는 자, 저희들이 특권
을 가졌으며 특혜를 받은 백성이요,
28 그리 하늘에 와 무조건 제가 올 수 있
는 제자리가 정해져 있는 것처럼 착각
속에 헤매는 그들이 머지않아 이 세
상에 종착역을 맞이했을 때,
29 저희들보다 고통스럽고 힘들고 어려
운 짐을 지고 지옥으로 가는 자는 없
음을 알라 그리 전하라.

12,308 번째 하나님 말씀

2004년 7월 21일 22시 01분

1 사랑하는 나의 아들아!
2 "네, 아버님! 말씀하옵소서."
3 나 여호와가 너희들에게 나의 아들 예
수를 통하여 신약의 성경에 뭐라 가르
쳐 전했느냐?
4 나는 나의 아들을 통하여 너희들의 육
의 행동에 대해서 그 심판의 기준이
요, 육의 행동에 대해 그 죄의 대가를
너희들이 치른다는 것을 엄연히 기록
하여 전했느니라.
5 '살인하지 말라, 누구든지 살인하면
심판을 받게 되리라.' 한 나의 뜻을 너
희들이 과연 모르는가?
6 너희들이 어찌하여 이를 읽고도 행하
지 아니하며 이를 지키지 아니하느냐?
7 너희들이 이러고도 육의 행위는 구원
과 관계없다 말할 수 있다 생각하는가?
8 너희들은 과연 이 대목을 읽지 아니하
였으며 이 대목을 모른단 말이더냐?
9 '한 자요, 한 획도 고치지도 빼지도 더
하지 말라.' 나의 피조물 만백성들에
게 울부짖는 지도자들이, '살인하지
말라. 살인하는 것은 누구든지 살인하
는 그 심판을 받는다, 육의 행함은 모
두를 심판받는다.'는 그 무서운 사실
을 어찌하여 한 입 가지고 두말한단
말이더냐?
10 하기야 너희들이 재물을 긁어모으며
나의 피조물 만백성들을 긁어모으려
면 한 입 가지고 열 마디, 백 마디를
다 바꿔서 뒤집어서 할 수 있는 것이
오늘의 종교 집단의 지도자들이니라.
11 그러니 그 신도들이 그 말이 무엇인
줄을 모르고 그저 '아멘, 할렐루야!'
요, 손뼉 치고 눈물 흘리고 콧물 짜고
울고불고 광란의 짓을 하니, 무슨 말
을 한들 어떠하겠느냐?
12 그러니 너희들이 오늘의 그와 같은 행
위를 하는 것이니라.
13 너희가 육의 행위는 구원과 관계없다
말할 수 있겠느냐, 이러고도 너희들이
그 말을 할 수 있는가?
14 사악한 백성, 너희 지도자들은 나의
백성들을 더 이상 우롱하지 말라.
15 육의 행함이 심판의 기준이 된다 하는
나의 아들을 통하여 내리는 새로운 성
경이 너희들이 잘못되었다 말할 수 있
는가?
16 내가 지금 나의 아들을 통하여 너희들
의 심판의 기준이요, 구원을 받고 못
받는 것, 나에게 오르고 못 오르는 것,
그 모두는 육의 세상에서 어찌 살았느
냐를 기준으로 내가 심판한다 하였음
이니,

17 이 새로운 성경에 기록된 내용이 두렵
고 무서운 줄 너희들이 알아야 되거
늘, 어찌하여 이것이 사탄이요, 이단
의 장난이라 그리 말하느냐?
18 너희들이 그와 같이 말하는 자, 어떠
한 벌이요, 체벌을 받는지 알겠는가?
19 너희들이 그와 같은 말을 하는 자는
나 여호와 위에 있고자 하는 자요, 나
위에 권세를 누리는 자요, 나보다 위
에서 나를 통제하는 자라는 오만불손
한 자들이니라.
20 나 여호와가 지키며 행하라는 것을 아
니라 가르치는 자는 바로 무엇이더냐?
21 나에게 도전하는 자요, 내 뜻을 거역
하는 자요, 너희들이 나보다 더 높게
있고자 하는 사악한 자들이요, 어리석
은 백성이라는 것을 너희들은 알아야
될 것이니라.
22 어찌하여 살인하면 심판을 받는다는
그 행위가 심판과 구원을 받고 못 받
는 것은 관계가 없다 너희들이 가르치
니, 과연 그러면 너희들은 무엇으로써
심판하여 역사를 이루는가?
23 나에게 와 너희들이 심판대에 서는 것
은 당연한 것이며, 누구든지 거기를
거치지 아니하는 자 없으니,
24 너희들이 그 심판대에서 죄를 지은
것, 육의 세상에서 사악한 짓을 한 것,
그와 같은 것으로써 심판을 받지 아니
하며 죄목을 받지 않는다, 그리고 죄
가 되지 아니한다 가르치는 자,
25 그것이 바로 나보다 높은 자요, 창조
주의 역할을 하고자 하는 사악한 무리
들이 하는 짓이라는 것을 잊지 말라.

12,309 번째 하나님 말씀

2004년 7월 22일 05시 50분

1 사랑하는 나의 아들아!
2 "네, 아버님! 말씀하옵소서."
3 작다 하여 소홀히 하며, 크다 하여 너
희들이 비중을 두는 그와 같은 삶을
살아서는 아니 됨이니라.
4 작고 작은 것을 다스리지 못한다면,
결국은 거기서부터 모두가 무너지게
되어 있으며, 작은 것을 소홀히 하는
자, 큰 것을 이룰 수 없는 것이 인간
세상에 너희들의 살아감이니라.
5 그러니 나 여호와가 너희들에게 내리
는 모두를 지키라 함은 너희들이 작다
하여 지키지 아니하며, 크다 하여 지
키는 그와 같은 것으로 간다면, 너희
들은 결코 변화될 수 없으며, 깨달음
이라는 그 길을 갈 수 없음이니라.
6 그러니 내가 내리는 모두는 다 작고
크다 너희들이 평가하지 말며, 너희들
생각으로써 그와 같이 판정하지 말라.
7 그 결과를 너희들이 모르기 때문이니
라.
8 그리하여 너희들이 지금 작은 것은 그
저 소홀히 하며, 큰 것은 지키려 애를
쓰는 그와 같은 믿음으로는 아니 됨이
니라.
9 작은 것을 너희들이 하나하나 잘 지키
고 잘 다스려 나가야 됨이니라.
10 큰 제방도 뭐라 말하였느냐?
11 작은 물줄기가 새기 시작하면 결국 무
너진다 했듯이, 너희들이 작은 것을
지키지 아니하며 작은 것을 피해 가다
보면, 너희들은 깨닫고 변화된 그와

같은 백성이 아니며, 그로 인하여 모
두가 다 무너짐이니라.
12 그러니 나의 아들을 따르는 제자들이
요, 그리고 새로운 성경을 읽고 깨우
친 백성, 너희들은 인간 세상에 살아
가면서 매사에 작은 것을 튼튼히 하도
록 그리하라.
13 그리하면 실수가 없을 것이니라.

12,310 번째 하나님 말씀

2004년 7월 22일 05시 55분

1 사랑하는 나의 아들아!
2 "네, 아버님! 말씀하옵소서."
3 너희들이 살아가면서 지키고 알아야
될 것이 있음이니라.
4 나의 사랑이 어느 한 곳에 집중되어
전해지며, 그곳에서만 나의 사랑이 베
풀어진다는 그와 같은 생각에서 깨어
나도록 그리하라.
5 지금의 모든 종교 집단의 지도자들이
어찌 가르치는가?
6 너희들이 교회라는 곳, 성당이라는
곳, 성전이라는 곳을 지어 놓고 차려
놓은 그곳에만 어느 한 곳에 집중되
어 나 여호와의 사랑이 전해지며 거기
에 역사한다 그리 생각하지 말라.
7 그리하여 너희들이 더 큰 교회요, 더
큰 성당이요, 성전이요, 회막을 짓고
이루고자 하여 몸부림치지 않는가?
8 그리 생각하는 것이 너희들이 잘못됨
이니라.
9 나 여호와는 이 세상 어떠한 곳도 어
떠한 백성에게도 똑같이 너희들을 보
호하고 너희들을 사랑함을 어찌 모른
단 말이더냐?
10 내가 나의 사랑이라는 것이 무엇이라
했느냐?
11 불어오는 바람과 같다 하지 않았느냐?
12 너희들이 바람이 높고 낮은 것이 없으
며, 추하고 더럽고 깨끗한 것이 없이
모두를 다 감싸고 스쳐 가고 지나가듯
이,
13 나의 사랑이 그와 같이 세상을 다 덮
고 있음을 그러한 의미를 알아야 될
것이며, 그와 같은 이치를 깨달아야
될 것이니라.
14 너희들과 같이하고 있다는 믿음을 너
희들이 갖도록 하며, 확고한 그 믿음
을 가지라.
15 너희들을 이 세상에 태어나게 한 창
조주가 나 여호와요, 이 자연의 모두
를 나의 뜻에 의하여 역사한 것이니,
그게 바로 그 속에 나의 사랑 모두가
다 너희들을 감싸고 있다는 것을 너희
들이 어찌 모른단 말이더냐?
16 그러니 너희들이 특별한 인간이요, 정
해진 인간이요, 정해진 백성에 의하여
정해진 장소요, 울고불고하는 곳에만
내가 너희들과 같이한다 생각하지 말
라.
17 그와 같은 곳에 나는 같이하지 아니함
이라 말했느니라.
18 자연의 교회요, 자연의 아름다운 속에
서 나는 너희들을 감싸고 있으며 그
와 같은 곳에 내가 있음이라 너희들에
게 전했음을 잊지 말라.
19 너희들의 손으로 지은 온갖 나의 뜻을
거역하는 곳, 그와 같은 곳에 내가 결
코 존재하지 아니함이며 나는 그들을

모른다 함이니라.
20 너희들에게 나의 성령이 임하고자 하
나 너희들이 정녕 받아들일 준비가
되어 있지 아니하며, 그와 같은 백성
으로서 살아가지 못하기에, 너희들은
나를 보지 못하고 나의 음성을 듣지
못하는 것임이니라.
21 너희들에게 성령이 임하여 내가 역사
하여 모두를 이루어 주고자 해도 지금
의 너희들의 마음으로는 나를 알 수
없으며 나를 받아들일 수 없는 이와
같은 형국이 되어 있음이니라.
22 그러니 너희가 너무나 세속의 삶에 얽
매이고 있으며, 욕심의 근원을 버리지
못하고 너희 자신에게서 그를 뽑아
버리지 못하였기 때문에,
23 나에 대한 성령이요, 내가 너희들에게
임하고자 하는 것을 받아들이지 못하
는 것이지, 나 여호와가 주지 아니하
며 선별된 백성에게 주려 하는 것이
아니니라.
24 이방인이라 하든 어떠한 백성이든 나
의 뜻에 의하여 살아가는 자, 사랑을
베풀며 행하는 그와 같은 백성이 몸
소 실천한다면, 그 모두는 내가 기억
하고 있으며 그들을 내가 믿고 사랑함
이니라.
25 그러니 너희들은 특별한 인간으로 선
택된 인간으로서 어떠한 것을 은혜를
받고 안 받는 것, 그리고 지정된 장소
에 와야만 은혜를 받고 못 받는다 하
는 것, 이와 같은 모든 개념에서 다 벗
어나라, 그리고 그 속박에서 벗어나라.
26 그렇지 아니하면 너희들이 나를 볼 수
없다는 것을 명심하도록 그리하라.

12,311 번째 하나님 말씀

2004년 7월 22일 06시 00분

1 사랑하는 나의 아들아!
2 "네, 아버님! 말씀하옵소서."
3 너희는 나 여호와와 하나가 되는 끈이
요, 그것이 너희들이 나와 하나가 되
는 것이 하늘에 오르는 길이라 내가
그리하지 아니하였더냐?
4 그러니 너희들이 하나가 되는 것은 무
엇이더냐?
5 너희들이 사랑으로써 역사하여, 나 여
호와의 근본이 사랑이기에, 너희들이
사랑하는 마음이요, 베푸는 마음으로
살아가라 하였느니라.
6 그러기에 내가 왜 너희들이 그리 살아
가라 하는가?
7 너희들은 나 여호와와 하나의 끈으로
써 모두가 연결되며 그와 같은 고리로
써 이루어져야 되기 때문이니라.
8 그렇다면 너희들이 이 세상에 살아가
면서 같은 종류로써, 동질적인 같은
형태가 서로 만나서 하나가 될 수 있
는 것이 아니더냐?
9 그러니 너희들이 그와 같이 사랑을 베
푸는 백성이 먼저 되어야 한다 함을
잊어서는 아니 되느니라.
10 너희들이 물과 물은 하나가 될 수 있
지 않더냐?
11 그러나 물과 기름이 같이 하나가 될
수는 없는 것이니라.
12 그와 같이 너희들이 동질적인 형태요,
동질적인 뜻을 가지고 같은 형태로써
이루어진 모두는 다 하나가 될 수 있
는 것이 아니더냐?

13 그러니 너희들이 나와 하나가 되는 것
이 하늘에 오르는 길이요, 하나가 되
지 아니하면 나에게 오르지 못함이니,
14 너희들과 내가 하나가 되기 위해서는
나 여호와가 원하는 것, 내 뜻이요, 나
와 너희들이 같은 형태로 변화되지 아
니하면 아니 되기에, 너희들이 사랑으
로써 뭉친 백성이 되라 함이니라, 사
랑하는 나의 아들딸들아!
15 그러나 나의 백성 너희들이 지금의 형
태로써는 나와 결코 하나가 될 수 없
느니라.
16 그리고 하나가 될 수 있는 백성이 없
다 함을 너희들은 믿겠는가?
17 내가 그리하여 나의 아들을 통하여 너
희들에게 전했느니라.
18 죽음의 직전에 모두를 다 포기하고 그
모두를 지워 버린 깨끗한 마음, 그때
너희들이 나와 하나가 되는 것이니라.
19 그와 같이 나 여호와와 하나가 되는
것은 너희들이 그와 같은 마음이요,
그 극한 상황에서 모두를 다 포기하고
너희들의 인생도 포기할 때,
20 그와 같이 두 손을 놓을 때, 그때가 바
로 너희들이 나와 하나의 마음이 되
니, 그 속에서 거듭나는 역사를 이루
어 가지 아니하면 아니 되는 것이 너
희들의 운명이라 하였음이니라.
21 너희들이 사랑을 베풀며 진실된 마음
으로 살아가 나와 하나의 끈으로써
연결되는 것이 그와 같이 어렵고 힘든
길이니라.
22 그러나 너희들은 모두 다 갈 수 있으
며 행할 수 있음이니라.
23 인간이기 때문이니라.
24 생각하는 지혜를 높이 주었으며, 판단
할 수 있는 지혜를 주었으며, 너희들
이 자유의지대로 행동할 수 있는 그
모두를 내가 주었기 때문이니라.
25 다만, 오늘의 종교 집단의 지도자들이
나의 백성들을 잘못 끌어가고 있기에
한 사람도 그와 같은 백성이 없으며,
그와 같은 자격 있는 백성이 없으며,
준비된 백성이 없다는 나의 아프고 슬
픈 마음을 너희들은 알아야 될 것이
니라.
26 지금의 모든 종교 집단의 지도자, 그
신도들이 모두를 다 망가트린 자들이
니라, 그리고 무너트린 자들이니라,
그리고 모두를 다 파괴한 자들이니라.
27 그들이 이 세상에 계속 존재하는 한
너희 후손들 또한 너희들처럼 거짓 증
거하여 거짓된 속에서 허황된 꿈 속
에 살다 스스로 지은 죄를 스스로 면
제하며 용서해 달라 울고불고하다 그
테두리를, 그 한계를 벗어나지 못하
고, 저희들이 나의 심판대에 와 그 심
판에 대한 대가를 치른다 하지 아니
하였더냐?
28 나는 나의 아들을 통하여 너희들에게
알려 주었느니라.
29 너희들이 죽어 나에게 와 심판대에서
숙는 것은 영원히 거듭날 수 없는 지
옥으로 가는 길이요, 그 고통이란 이
루 말할 수 없음이니,
30 오늘의 육이 살아 있는 너희 육을 죽
여 거듭나는 것은 지금의 너희들이 죽
어 와 나에게 심판을 받아 다시 나는
것보다 비교할 수 없는 그와 같은 오
늘의 편안함이요, 오늘의 너희들이 아

무런 고통도 아니요, 힘든 길이 아니
라 내가 너희들에게 전한 것,
31 이 의미를 깊이 깨우쳐 깨닫는 백성으
로서 어떠한 길을 가야 되며 어찌 가
야 하는 것인가를 스스로 선택하도록
그리하라, 사랑하는 나의 아들딸들아!
32 모두는 너희들의 선택의 여지에 달렸
음이니라.

12,312 번째 하나님 말씀

2004년 7월 22일 06시 06분

1 사랑하는 나의 아들아!
2 "네, 아버님! 말씀하옵소서."
3 나 여호와가 지금의 종교 집단의 지도
자들의 가르침으로는 성령이 임할 수
없으며, 너희들이 성령이 임하는 은혜
를 입을 수 없다 그리하였느니라.
4 정녕 이와 같은 오늘의 종교 집단 지
도자요, 그 믿음의 길을 가는 백성, 너
희들에게는 성령으로 임하지 못한다
는 것을 명심하라.
5 너희는 나 여호와와 하나가 될 수 없
음이니, 너희들이 결코 나와 하나가
될 수 없는 것은 무엇이더냐?
6 나와 너희들이 같은 생각이요, 동질의
의미가 하나도 없으며, 닮은꼴이 없으
며, 같은 기질이 없으며, 그리고 같은
성분이 없는 그와 같은 형국으로 되어
버렸음이니라.
7 너희들이 세상에 나갈 때 천사와 같은
마음을 가지고 나가니, 그 모두는 나
와 하나의 끈으로 연결된 그 선상에서
세상에 나갔느니라.
8 그러나 너희들이 살면서 육의 세상에
서 변하여 육의 욕심에 의하여 너희들
의 모두가 다 무너지다 보니, 오늘에
그와 같이 되었음을 알라.
9 그러니 나는 모두를 거둬들였으며, 너
희가 성령을 받을 수 있는 것, 천사와
같은 마음의 그 모두를 내가 너희들로
부터 거둬들이지 아니하면 아니 되는
것과 같이, 너희들의 모두가 다 무너
지고 너희들이 쓰러져 있음을 알아야
될 것이니라.
10 너희는 나의 뜻을 받아들여야 한다는
것을 어찌하여 모른단 말이더냐?
11 너희 스스로 알면서도 행하지 않는 자
들이 수없이 있음이니라.
12 성서를 너희들은 몇십 번, 몇백 번씩
정독한 자, 그 속에 하나의 가르침이
틀리는 것이 있겠는가?
13 너희는 그 모두를 다 읽어 봤으며 그
모두를 다 알았느니라.
14 그러나 거기에서 너희들이 어렵고 힘
들게 가야 하는 길은 선택하지 아니하
며, 인간 너희들의 교리로써 만들어
나의 피조물 만백성을 우롱하고 가기
때문에, 너희들이 나와 하나가 될 수
없으며 한 길로써 임할 수 없다 함이
니라.
15 나의 성경의 뜻을 받아들여야 한다고
그리 생각하고 깨닫는 백성들이라면,
너희들은 나의 성경의 뜻을 정독하여
읽으며 그 뜻을 있는 그대로 깨우치
고 전하라.
16 그렇지 않고 너희들 생각으로, 너희들
마음대로 연구하고 생각하는 그와 같
은 삶으로써는 너희들은 그 속에 있는
진정한 뜻을 알 수 없느니라.

17 지금 성경을 읽고 울고불고하며 믿음의 길을 가는 백성들, 아무리 나의 뜻대로 성령을 받아들이고자 하여도 받아들이지 못하며 역사하지 못한다고 생각하는 백성, 너희들은 변화되는 삶을 살 수 없는 백성이니라.
18 선하고 착한 것처럼 변화되었으나, 유사시에 너희 성격이요, 악습이 그대로 튀어나오는 그와 같은 삶은 바로 무엇이더냐?
19 죽음의 직전까지 내려가서 너희 것으로써 만들어 거듭나지 못했기 때문에 그러하니라.
20 그리하여 나의 피조물 만백성들이 역사하지 못함이니라.
21 이는 곧 너희들이 무엇이더냐?
22 먹이를 공격하기 위하여 발톱을 숨기고 있는 맹수와 같은 너희 형국이니, 너희들은 아니라 해도 그리되어 있는 꼴이니라.
23 그러니 결국은 그와 같은 너희들의 형태의 믿음으로써는 너희들이 나에게 올 수 없는 것이니라.
24 그렇다면 너희들이 어찌하여 그와 같이 되었는가 그것부터 너희들이 생각해야 되지 않겠느냐?
25 지금 믿음의 길을 가는 백성, 또한 그렇다 하였느니라.
26 모두가 80퍼센트 이상 너희들이 불안하며 공포요, 흔들리는 마음속에 있나 하였지 않더냐?
27 그 또한 마찬가지이니라.
28 모두를 너희들이 그게 어디로부터 무너졌으며, 어디로부터 이와 같은 불안한 마음을 가지고 있으며,
29 울고불고 구원을 받았다 해도, 그것이 정녕 구원이 맞는가 아닌가 흔들리며 비틀거리는 너희들의 마음이요,
30 그리고 너희들 스스로 아무리 변하고 변했다 해도 맹수가 공격할 때 그 발톱을 사용하듯이, 그와 같이 튀어나오는 너희들의 그 변화되지 않은 그 모두는 어찌하여 그리 무너지며, 어찌하여 그와 같은 마음의 한계에 지금 와 있는가를,
31 그 원인과 그 뜻을, 그리고 그와 같은 발생된 것, 그와 같은 모두를 분석하는 그와 같은 삶을 살아야 되며 생각해 봐야 되느니라.
32 모두가 지금 잘못되고 불안한 마음을 그 원인이 어디서부터 시작되었는가, 어디서부터 너희들이 무너지기 시작하였으며, 어디서부터 이와 같이 불안한 마음을 갖게 되었는가,
33 그리고 너희들이 깨우치고 깨우쳤다 하여도 유사시에 튀어나오는 악습이요, 습성, 그것은 무엇 때문에, 어디서부터 어찌 잘못하였기에 그것 하나를 다스리지 못하고 있는가를 그 원인부터 찾아야 될 것이며, 그리하여 그 대책을 강구하도록 그리하라.
34 그 대책을 강구하는 것이 가장 너희들의 급선무며 백성들이 해야 할 급한 일이라는 것을 잊지 말도록 그리 전하라.

12,313 번째 하나님 말씀

2004년 7월 22일 06시 11분

1 사랑하는 나의 아들아!

2 "네, 아버님! 말씀하옵소서."
3 너희들은 정녕 나 여호와의 뜻을 얼마
나 많은 세월이 흘러가야 깨달으며 나
의 뜻을 알 수 있겠는가?
4 얼마나 너희들이 오랜 세월을 보내며,
나 여호와는 얼마나 많은 세월을 참아
야 너희가 내 뜻을 알며 내가 역사하
는 것을 알 수 있단 말이더냐?
5 신약의 시대에 나의 아들 예수를 세상
에 보내 너희들을 깨우치고자 하여 내
가 2천 년이라는 그 세월을 기다렸으
며 너희들에게 그 시간을 주었음이니
라.
6 그러나 너희들이 깨닫고 변화된 백성
이 없음이니, 과연 너희들에게 얼마나
더 많은 시간을 주며 내가 더 얼마나
기다려야 된단 말이더냐?
7 그러니 나 여호와는 기다려 줄 수 있
으며 너희들에게 시간을 줄 수 있으며
세월을 줄 수 있음이니라.
8 그러나 너희들이 가면 갈수록 무너지
며, 가면 갈수록 대형화되며, 모두가
지금 무너지는 그와 같은 형국이 되어
버렸음이니,
9 그리하여 내가 더 이상 너희들을 기다
릴 수가 없으며, 너희들에게 더 많은
세월을 줄 수가 없기 때문이니라.
10 그러니 하나밖에 없는 나의 참진리의
길을 너희들이 보고 깨달아 내 뜻에
따라 살아가는 그와 같은 백성으로서
내가 다스리고자, 나의 아들을 통하여
오늘의 새로운 성경을 세상에 내려보
내느니라, 사랑하는 나의 아들딸들아!
11 내가 2천 년이라는 그 길고 긴 세월을
기다렸으나 너희들이 바로 서지 못하
기에,
12 지금 나의 아들을 통하여 새로운 성경
이요, 그 모두를 보고 듣고 읽으면 깨
우칠 수 있도록 내가 천 년이라는 세
월을 너희들에게 다시 내려 줌이니,
13 이보다 더한 사랑을 내가 어찌 베풀어
야 된단 말이더냐?
14 그리하여 나는 나의 아들을 통하여 천
년에 걸쳐서 지상의 낙원을 이루고자
함이니,
15 나는 천 년을 더 참는 그 아픔을 지금
인내하고 있으며, 너희들에게 천 년이
라는 세월을 내려보냈으니, 너희들은
지금서부터 굳건히 다지도록 그리하
라.
16 내가 너희들에게 4천 년이라는 세월
의 역사를 주었어도 너희들이 거듭나
지 못하여, 나의 아들 예수를 통하여
그 반인 2천 년을 또한 내가 주었음이
니라.
17 그러나 너희들이 2천 년 동안 오늘에
이루고 역사한 것이 무엇이 있느냐?
18 아무것도 없기에, 내가 천 년이라는
세월의 역사를 다시 나의 아들에게 내
려 줌이니,
19 이것은 하늘의 하루임을 너희들은 알
아야 될 것이며 그 두려움과 무서움을
알라.
20 구약의 시대에 내가 4천 년 동안 기다
렸지만, 그 많은 세월 속에 너희들은
나의 참뜻을 이해하는 백성이 없었으
며, 그리하여 신약의 시대에 내가 2천
년이라는 그 반의 세월을 너희들에게
주었음이니라.
21 그러나 너희들이 더 무너졌으며 더 사

악한 형국이 되어, 이제 마지막 내가
천 년으로써 너희들의 모두를 다스리
고자 함이니,
22 여기서 내 뜻에 동참하여 나에게 올
수 있는 백성, 너희들은 나의 새로운
성경을 접하고 읽고 깨우치지 아니하
면 아니 됨이니라.
23 구약의 성서를 가지고 4천 년을 내가
너희들에게 세월을 주었고 기다렸으
며, 신약의 성서로써 2천 년이라는 그
세월을 내가 너희들에게 주었으며 기
다렸음이니라.
24 그러나 그 모두가 다 무위로 끝나 버
렸음이니라.
25 그리하여 마지막 천 년이라는 이 세월
을 너희들에게 주어, 하늘에서 이룬
것같이 지상에서 이루고자 함이니,
26 이때에도 너희들이 오늘의 이와 같은
사악한 마음으로 내 뜻을 따르지 아니
하고 간다면, 결국 너희들은 어떠한
결과가 올 것인가, 스스로 깨닫도록
그리하라.
27 모두가 바닥으로 전락되는 그와 같은
길밖에 없을 것이니라.

12,314 번째 하나님 말씀

2004년 7월 22일 06시 14분

1 사랑하는 나의 아들아!
2 "네, 아버님! 말씀하옵소서."
3 나 여호와가 너를 통하며 너의 제자들
로 하여금 새로운 성경 160권을 세상
에 내보내 만백성을 구하는 마지막 시
대의 그 역사함은, '하나님! 말씀하옵
소서.', '하늘에 오르는 길'이라는 이
새로운 성경은 너희들의 어느 종교를
비방하기 위해서 하는 것도 아니요,
4 어느 종파를 집중적으로 타격을 주며
그를 제거하기 위해 내가 지금 나의
아들을 통하여 그리 역사하는 것이 아
니라,
5 모든 종파들이 잘못 가고 잘못 역사하
는 것을 내가 다스리고자 함이니, 그
리하여 이것이 하늘의 뜻이니라.
6 나 여호와가 지금 어떠한 종파를 비방
하며, 나의 아들을 통하여 또한 어떠
한 특정한 종파를 만들기 위해서 이와
같은 역사를 이루고 이와 같은 것을
하지 아니한다는 것을 너희들은 알고
있지 않으냐?
7 나의 아들을 통하여 새로운 성경이라
하여 세상에 내려보내면서 어느 한 종
파만을 집중적으로 비방하며 그를 타
도하기 위해서, 그를 무너트리기 위해
서 그와 같은 행위를 하며,
8 또한 어느 종파를 만들어서 그 이름
앞에 너희들이 모이라 한다면,
9 이는 진정한 참진리가 아니요, 나 여
호와의 뜻이 아님을 너희들은 알라.
10 나의 새로운 성경이요, '하나님! 말씀
하옵소서.', '하늘에 오르는 길'이라는
160권의 이 성경은 너희들을 결코 비
방하는 것이 아니요, 너희들을 깨우쳐
주고자 함이며,
11 특정 종파만을 내가 무너트리고자 하
는 것도 아니요, 그리하여 새로운 종
파를 만들어 새로운 역사를 이루고자
하는 것도 아님이니라.
12 다만, 나의 새로운 성경을 세상에 내
려보내니, 너희들이 성경을 받아들이

고 깨우쳐 스스로 거듭나는 그와 같은
역사를 이루는 것이니,
13 그리하여 지금까지 울고불고하며 '믿
는 자 구원이요, 믿지 않는 자 지옥'이
라는 그와 같은 형국으로써 너희 손으
로 지은 죄의 온상에 와 재물을 바침
으로써, 나의 아들 예수를 울고불고
찾는 것으로써 구원을 받는다는 그와
같은 복음의 방법이 아니라,
14 물 흐르듯이 종파도 없으며 남을 비방
하고 욕하며 내가 질타하는 것도 아니
요,
15 다만 나의 아들딸을 깨우치기 위하며
만백성을 깨우치기 위하여 너희가 잘
못 가는 것을 하나하나 기록하여 나의
새로운 성경에 전하는 것이요,
16 그리고 종파를 만들어서 내가 역사하
고자 하는 것이 아니요, 종파가 없이
오로지 나의 새로운 성경의 책표지 그
대로 너희들을 깨우쳐 가고자 함이니,
17 이게 바로 나의 뜻이요, 내가 역사하
는 위대함이라는 것을 너희들은 알라
그리 전하라.

12,315 번째 하나님 말씀

2004년 7월 22일 06시 19분

1 사랑하는 나의 아들아!
2 "네, 아버님! 말씀하옵소서."
3 구약이라는 성서를 내가 모세를 통하
여 내려보냈으며, 또한 내가 친필로
쓴 십계명 그 모두를 세상에 내려보내
지 않았더냐?
4 그러니 너희들이 이와 같은 것을 그대
로 알려 주고 전하고 깨우쳐 마음의
변화를 가져오면 되는 것이 나 여호와
의 뜻이거늘,
5 어찌하여 친필로 써 내린 십계명을 그
대로 지키지 아니하며, 모세를 통하여
내린 기적과 역사의 그 모두를 내가
보이며 나의 뜻을 너희들에게 전하고
자 했으며 너희들을 깨우치고자 하였
거늘,
6 현명한 지혜를 가진 나의 사랑하는 백
성 너희들이 그대로 알려 주고 전해
주는 것을 어찌하여 그대로 받아들여
너희 것으로 만들지 아니했단 말이더
냐?
7 너희들이 나에게 오를 수 있는 길을
찾도록, 하늘에 오르는 길을 볼 수 있
도록 나는 모세를 통하여 너희들에게
모두를 다 주고 가르쳐 주었으며 보여
주지 아니하였더냐?
8 그러한 너희들이 그 뜻을 거역하며,
오늘에 나의 새로운 성경을 받아들여
그대로 소화시키면 나에게 올 수 있다
는 그와 같은 것처럼, 나는 구약의 시
대에도 너희들에게 그와 같은 뜻을 전
했음이니라, 이대로 너희들이 읽고 깨
우쳐 이 길을 오는 것이 나에게 오르
는 길이라.
9 그러나 너희들이 옳고 그름을 찾을
수 있는 힘이요, 그와 같은 것 모두를
다 갖추고 겸비한 백성들이 그를 찾지
아니하고 그를 행하지 아니하는 것이
너희들의 오늘이니라.
10 그리하여 내가 할 수 없이 너희들에게
뭐라 했느냐?
11 가르치고 가르쳐도 모세와 그때의 그
방법으로써는 너희들이 깨달을 수 없

기에, 신약의 시대를 열어 내가 예수
를 세상에 내보냈음이니,
12 신약의 시대에 나의 아들 예수의 그
고통스러운 죽음과 새로운 신약 성경
이 세상에 내려왔음이니,
13 너희들은 그 신약 성경을 그대로 읽고
깨우쳐 너희 것으로 만들었다면, 오늘
의 이와 같은 험악한 세상은 결코 되
지 아니하였을 것이니라.
14 그러나 너희들은 구약의 시대에 나 여
호와가 내린 것도 너희들의 교리대로
너희들 인간의 생각으로 사사로이 풀
어 그 모두를 나의 피조물 만백성에게
생수를 먹이는 것이 아니요,
15 독소를 먹이는 그와 같은 형국으로 변
해 버렸으니, 오늘의 이 형태의 뿌리
를 거기서 너희들이 내렸으며,
16 신약의 시대에도 나의 뜻을 그대로 전
하고 가르쳤으면 될 것을, 사사로이
너희들의 생각대로, 너희 임의대로 풀
어서 나의 피조물 만백성들에게 독소
를 부어 넣는 그와 같은 행위를 했음
이니,
17 참뜻을 이해하지 못한 많은 백성들이
요, 그 지도자들이 오류를 범하며, 오
류는 오류를 범하여 악은 악을 기르는
이와 같은 형국이 되어,
18 너희들이 바로 살 수 있으며 바로 가
야 되는 그와 같은 것을 모두가 다 버
리고, 바로 살려고 하는 종교 집단이
없으며 바로 보려 하는 종교 집단이
없음이니라.
19 그러니 너희들이 짧은 인간의 생각이
요, 그 지식이요, 철학을 가지고 나 여
호와가 내린 구약과 신약과 그리고 제
3의 시대에 내린 새로운 성경, 이 모
두를 너희들이 혼합시켜,
20 참뜻은 변질될 대로 변질되었으며, 그
는 전해지는 것 자체가 잘못되었으며,
흐르는 그 자체가 잘못되었음이니, 지
금은 너희들이 오로지 교만과 아집에
싸여 있느니라.
21 저희들의 그 많은 인력이요, 너희들이
수없이 늘어난 그 죄의 온상인 교회
요, 성당이요, 성막이라는 것을 가지
고 그리 교만한 자가 되었으니,
22 내가 진정 내리고자 하는 구약이요,
신약이요, 새로운 성경의 모든 참진리
요, 참뜻은 알 수 없게 되었으며,
23 모두가 너희들이 타 종교나 공격하며
다른 사람들의 집단을 공격하며 그들
이 존재하지 못하도록 그와 같은 싸움
의 장으로 만들지 아니하였더냐?
24 너희들이 반쪽의 종교요, 반쪽의 믿음
을 가졌다 해도 내가 오늘과 같이 슬
프지 않으며 가슴 아프지는 아니할 것
이니라.
25 모두를 다 너희들이 나를 거역하는 것
으로써 그 길을 가고 있는 것이 어리
석은 백성들의 오늘의 삶이라는 것을
잊지 말라.
26 그리하여 내가 마지막 시대에 하늘의
뜻을 지상에 역사하기 위하여 160권
의 새로운 성경을 내려보내어 너희들
의 손에 쥐여 주며 만백성의 손에 쥐
여 주는 이와 같은 역사가 시작되었음
을 알라.
27 그리하여 스스로 깨우치는 시대가 오
도록 그들을 인도하고 지도할 지도자
가 지금 필요함이니라.

28 그러니 나의 아들을 따르는 제자들처
럼 나의 아들의 강론을 들으며 나의
새로운 성경을 읽고 이를 먼저 깨우치
는 자가 나로부터 만백성을 깨우치는
지도자요, 하늘의 선생으로서 명받음
이니,
29 그 축복과 그 상과 그 영광은 따로 있
음을 너희들이 어찌하여 모른단 말이
더냐?

12,316 번째 하나님 말씀

2004년 7월 22일 06시 25분

1 사랑하는 나의 아들아!
2 "네, 아버님! 말씀하옵소서."
3 지금 구원이라는 중병에 걸려 있는 중
환자들, 너희들은 결국 죽음이라는 그
길밖에 더 있더냐?
4 그러니 너희들은 알아야 될 것이니라.
5 내가 나의 아들을 통하여 내리는 새로
운 성경을 너희들이 읽고 깨우쳐 그
중병에서 변화가 이루어지도록 해야
될 것이니라.
6 너희들은 두려워하지 말라, 어찌하여
너희들은 나의 새로운 성경을 읽고 너
희들이 변화가 이루어지는 것, 그 닥
쳐오는 것을 그리 무섭고 두려워한단
말이더냐?
7 만백성 너희들은 들으라.
8 나의 새로운 성경을 너희들이 접하고
읽음이니, 이는 하늘의 뜻이요, 이는
나 여호와가 역사하는 것임을 너희들
은 알고 있음이니라.
9 그러나 너희들이 이를 읽고 깨우쳐 이
새로운 성경이요, '하나님! 말씀하옵
소서.' 하는 이 책대로 그 속에 빠져
버리면,
10 오늘의 잘못된 믿음이요, 거짓된 믿음
에서 살아왔던 그 변화가 너무나 무서
우며, 그 변화가 닥쳐오는 것이 두렵
고 무서워 이를 선택하지 못하는 그
많은 백성들이 있음을 나 여호와는 아
느니라.
11 사랑하는 나의 아들딸들아! 구원의
중병에 걸려 있는 자, 너희들은 나의
새로운 성경을 읽고 너희들에게 그 변
화가 무서우리만큼 회오리보다도 더
강한 바람으로 휘몰아칠 것이니, 그리
닥쳐온다 하더라도 그를 두려워하지
말며 무서워하지 말라.
12 그것이 너희들의 생명을 잃고 너희들
의 모두를 다 버리는 것이 아니라,
13 너희들이 완전한 나의 백성으로서, 건
전한 백성으로서 중병에 걸려 있는 그
곳에서 헤어나는 길이 거기에 있음을
알라, 사랑하는 나의 아들딸들아!
14 그와 같이 무서우리만큼 닥치는 회오
리바람의 그 강풍을 맞지 아니하고는
너희들이 그 중병에서 깨어날 수 없기
때문이니,
15 그 무섭게 닥쳐오는 변화를 요구하는
그 두려운 마음을 억제하지 말며 그
마음을 버리지 말라.
16 그렇다 하여 너희들이 나의 새로운 성
경을 던지고 놓아서는 아니 됨이니,
그보다 더 어리석고 불쌍한 백성은 없
음이니라.
17 사랑하는 나의 아들딸 너희들이 이제
알아야 될 것이니라.
18 너희들이 나의 새로운 성경을 읽고 또

읽음으로 너희들의 마음이요, 너희들
의 믿음이요, 그 모두가 너희들에게
이제는 태풍으로 닥쳐오니,
19 지금까지 평화롭게 살아왔던 그 모두
가 무너지며 깨지며, 지금까지 왔던,
그 목숨을 바쳐 왔던 종교 집단의 지
도자요, 그리고 너희들이 돈을 주고
산 그 명예 속에서 거기에 모두를 누
리고 살던 그 모두가 다 무너지고 그
들을 버려야 되는 것이 두렵고 무서워,
20 닥쳐오는 그와 같은 깨달음이요, 회오
리처럼 무섭게 변화를 요구하는 그와
같은 나의 새로운 성경을 읽지 못하고
중단하고 던져 버리는 그와 같은 어리
석은 백성들이 수없이 있음이니,
21 그것이 닥쳐오는 회오리바람이 너희
들을 죽음으로 인도하는 것이 아니요,
너희들이 거듭나는 세상이요, 나 여호
와의 품으로 올 수 있는 길을 인도한
다는 것을 알라.
22 내가 여기서 너희들에게 묻고자 함이
니라.
23 너희들이 지금 수십 년 동안, 평생 성
경을 가지고 공부했으며, 너희들을 구
원한다는 종교 지도자들의 가르침을
받아 변화되는 삶을 산다 해도, 너희
들이 과연 얼마나 변했으며 얼마나 다
른 사람으로 변모하여 살아가는가?
24 너희들은 마음속에 악습이요, 버렸나
하는 그 잘못된 생각들이 수시로 튀어
나오는,
25 맹수가 진승을 공격할 때 모든 발톱과
이빨을 드러내는 것처럼 무서우리만
큼 그와 같이 튀어나오는 것에 너희
자신이 몸서리칠 것이며, 너희들이 슬
퍼하고 괴로워할 것이니라.
26 그리고 너희 자신이 원망스러울 것이
니라.
27 그것이 오늘의 종교 집단이요, 너희들
이 구약과 신약을 가지고 잘못된 종교
지도자에게 배우고 공부한 결과가 아
니더냐?
28 그러나 너희들이 스스로 나의 새로운
성경을 한 권, 두 권 읽으면 어떠한 무
서움을 느끼느냐?
29 스스로 너희들이 시시각각으로 마음
이 변하는 것을 너희들의 눈으로 볼
것이며, 네 마음으로 그를 느끼게 될
것이며, 네 마음속에 요동치는 그것으
로써 너는 느끼게 될 것이니라.
30 단 한 권을 정독했을 때 너희들이 시
시각각 읽을 때마다 너희들의 마음의
변화요, 용솟음치는 그와 같은 무서운
것을 느끼게 될 것이니,
31 어찌하여 그를 잡지 아니하며, 거기에
매달리지 아니하며, 오늘의 잘못된 종
교 집단의 지도자요, 믿음에 의하여
사로잡혀 거기에 매달리려 하여,
32 이 변화되는 것, 시시각각으로 너희들
을 다시 만드는 그 위대한 나의 새로
운 성경을 버려 버리고 덮어 버리고
보지 아니하려 하느냐?
33 그것이 그리도 두렵고 무섭너냐?
34 너희들을 죽이는 것이 아니요, 너희들
을 시험하는 것이 아니요, 너희들을
광야로 끌고 가는 것이 아니니라, 사
랑하는 나의 아들딸들아!
35 그 닥쳐오는 회오리바람같이 시시각
각으로 너희들에게 매질하며 너희들
을 두려움으로 몰고 가는 그것이 비로

나 여호와의 뜻이요,
36 구원이라는 중병에만 매달리는 그와
같은 백성을 구원하는 길이요, 살리는
길이라는 것을 잊지 말라, 사랑하는
나의 아들딸들아!
37 너희들이 그와 같이 무서운 충격의 태
풍을 맞이하지 아니하고는 깨어날 수
없으며 거듭날 수 없다는 것을 알라.
38 모두가 다 중병에 걸려 있는 자들이니
라.
39 모두가 환각상태에서 지금 캄캄한 밤
을 헤매고 있는 너희들이라는 것을 잊
지 말라.

12,317 번째 하나님 말씀

2004년 7월 22일 06시 31분

1 사랑하는 나의 아들아!
2 "네, 아버님! 말씀하옵소서."
3 너희들이 수십 년 동안 평생 옳고 맞
다 믿어 온 그 믿음이 지금 잘못되었
다 그와 같이 깨달을 수 있는 기회가
있다 하였느니라.
4 그리고 나의 새로운 성경을 읽을 때,
너희들이 그와 같은 마음속에 동요를
이룬다 하지 않았더냐?
5 너희들이 동요를 이루며 태풍보다도
무섭게 몰아닥치는 것, 시시각각으로
무서우리만큼 너희 자신이 변하며 마
음이 변화되는 것에 두려워하지 말라.
6 그 마음이 바로 무엇이던가?
7 그 마음이 너희들이 새로운 변화요,
새로운 역사를 이루는 것이라 하여 두
려워하나,
8 그것이 바로 나로부터 받아 나간 그
마음의 원상태로 돌아오는 그와 같은
형국임을 너희들은 알라.
9 그것이 바로 너희들이 태풍처럼 무섭
고 받아들일 수 없으며, 시시각각으로
변화되는 네 모습에, 너희가 혹시나
쓰러져 가는 것이요, 마귀요, 사탄에
게 이끌려 가는 것이 아닌가 하며,
10 너희들은 종교 지도자가 가르치기를
사탄도 나 여호와와 똑같이 역사하며,
사탄이 너희들에게 그 유혹하는 말은
이루 말할 수 없는 꿀과 같은 말이라
그리하는 것, 그와 같은 것에 얽매여
그 중병에서 벗어나는 그 치료약을 받
지 못하는 어리석은 백성이 되지 말라.
11 너희들의 마음이 변하는 것, 그 동요
하는 것, 그 무서우리만큼 깨닫는 것,
그 모두가 다 너희들에게 원상태요,
그것이 그리 가는 것이 본마음이니라.
12 그러니 너희들의 본마음이요, 너희들
의 자세로 돌리고자 하는 것이요, 돌
아가는 것이니, 너희들이 그리 돌아가
지 아니하고 그를 막아 버린다면 결국
무엇이더냐?
13 너 스스로 네가 갈 수 있는 길을 막으
며, 네가 스스로 거듭날 수 있는 그 모
두를 포기하고 막는 백성들이 아니더
냐?
14 너희들은 그리할 것이니라.
15 단 한 번에 너희들의 모든 마음을 뒤
집어 주고 너희들을 거듭나게 하면 되
지 않는가, 너희들이 그리 생각할 것
이니라.
16 그러나 너희들이 변화되어 나에게 오
는 것은 모두의 자유의사이니라.
17 너희들은 지금 내가 나의 아들을 통하

여 새로운 성경, 이 책으로써 만백성을 구하기 위하여 물이 흐르듯이 전하는 이유가 무엇인 줄 알겠느냐?

18 너희들의 그 아름다운 눈이요, 세상을 마음대로 보고 느낄 수 있는 그 눈도 태양의 빛이 없는 암흑 속에서 며칠 있다 나오면, 그 눈은 바로 태양을 바라볼 수가 없으며, 태양을 바라보는 순간에 그 눈을 버리게 됨이니라.

19 지금 너희들이 암흑 속에 있으며 지옥과 같은 속이요, 중병에 걸려 있는 자, 너희들에게 갑자기 내가 어떠한 변화를 이룰 때,

20 너희가 암흑에 있다가 바로 태양을 볼 수 없는 것처럼 너희들의 모두가 무너지고 쓰러지기 때문이니라.

21 그리하여 내가 서서히 너희들을 하나하나 다스려 나가며 서서히 훈련시켜, 너희들의 체질과 너희들의 몸과 마음의 모두를 바꿔 가는 것이니,

22 다만 나의 새로운 성경을 읽고 또 읽을 때, 스스로 너희들이 변화되는 것을 모르며, 서서히 너희들이 전진하는 것을 모르느니라.

23 오늘은 너희들이 열 발짝을 갔으나 내일은 스무 발짝을 가며 백 발짝을 갈 수 있는 것, 이와 같이 서서히 깨우쳐 주고 너희들이 변하지 아니하면 모두가 한 번에 무너지고 한 번에 다 타 버리느니라.

24 그리하여 내가 이와 같은 길을 역사하니, 너희들은 그와 같이 타 버리지 아니하며 사탄에 무너지지 아니하려고 너희들이 모든 힘을 다하여 또 거부하고 또 되레 공격하며 무너뜨리고자 하니,

25 그 모두를 내가 알아서 지금 모두를 다스려 나가기 위하여 서서히 물 흐르듯이 너희들을 깨우쳐 감이니,

26 이 생수를 접하는 자는 구원이요, 이 생수를 마시는 자는 중병에서 고칠 수 있으며 거듭날 수 있는 백성이요,

27 이를 피하고 도망가는 자는 결국 네 죄에 네가 걸려 그 대가를 치른다는 것을 의심치 말며, 이 세상에 가장 불행하고 불쌍한 백성이 그와 같은 백성이라는 것을 전하라.

28 나의 새로운 성경을 너희들이 사탄이요, 이단이라 하며 뱀을 보듯이 던져 버리고 찢어 버리고 태워 버리고 죽이려 하는 것, 그것이 가장 어리석은 백성이요, 불쌍한 백성의 행동이라는 것을 알게 될 것이니라.

29 그 모두는 육체의 병도 고치지도 못하며 마음의 병도 고치지도 못하며 너희들의 마음도 다스리지 못하며 육체도 다스리지 못하여, 너희들의 갈 곳은 한 곳이라는 것을 잊지 말라 그리 전하라.

30 모두가 지금 너희들은 육체도 병들어 가며 정신도 병들어 가는 것이 지금 진행되고 있으며 또 질주하고 있음이니, 이를 막도록 그리하라.

31 이는 나의 새로운 성경이요, 나의 아들을 통하여 내리는 징론이요, 이를 듣지 아니하고 너희들이 막을 수가 없음이니 그리 알라.

12,318 번째 하나님 말씀

2004년 7월 22일 06시 37분

1 사랑하는 나의 아들아!
2 "네, 아버님! 말씀하옵소서."
3 내가 한 장의 그림으로 너에게 보여
주었으니, 너는 무엇을 보았으며 무엇
을 느꼈느냐?
4 "네, 아버님! 저는 보았사옵나이다.
5 제가 거듭나고 바로 가기 위해서는
제가 어떠한 것도 다 지워야 된다는
것, 인간 세상에서 얽히고설킨 사랑했
던 사람들, 그리고 제가 무엇을 위하
여 그 목적을 위하여 제 인생의 60평
생을 살아왔던 것, 이루고자 했던 것,
그리고 그리워하는 것, 소유하고 싶은
것, 그리고 지난날의 삶에 대한 것, 그
모두를 다 지워 버리지 아니하면 제
가 거듭날 수 없으며,
6 그 모두는 저의 발목을 잡으며 저를
무너트리는 그와 같은 형국이 되기에,
모두를 다 지워 버려야 된다는 것을
저는 보았사옵나이다.
7 아무리 소중한 사람도, 아무리 그리운
사람도, 아무리 잊을 수 없는 사람도,
그리고 놓을 수 없는 것도, 그리고 꼭
소유하고 싶었던 것도, 꼭 이루고 싶
었던 그 욕망이요, 인간 세상에서 이
루어졌던 그 모두를 다 지우고 놓지
아니하면 아니 된다는 것,
8 오늘의 아버님께서 이제 가장 소중하
고 가장 그리우며 그리고 지우지 못하
는 그것마저도 놓지 아니하면 아니
되는 것을 보여 주셨사옵나이다.
9 그렇지 아니하면 그것이 곧 죽음이요,
제가 만백성을 구할 수 있는 능력을
상실하며 저 자신이 죽어 가는 것을
느꼈사옵나이다."
10 사랑하는 나의 아들아! 네가 그를 보
았으며 그를 깨달았다면 너의 제자들
도 그리 가라 전하라.
11 인간 세상에 얽히고설킨 그와 같은 생
각, 이루고자 했던 것, 갖고 싶어 했던
것, 목표를 세웠던 것,
12 그리고 너희들이 그리워서 잊지 못하
는 사람, 그리워서 지우지 못하는 사
람, 가슴속 한 곳에 묻고 있는 그와 같
은 마음이 있어서는 너희들이 새로운
성경을 받아들일 수 없으며 내 뜻을
받아들일 수 없음이니,
13 가슴속에 묻어 두고 있는 보고 싶은
사람, 그리운 사람, 그리고 정리하지
못하는 사람, 그 모두를 다 뽑아 버리
고 지우라 그리하라.
14 그리하여야 나의 새로운 성경을 만드
는 백성으로서 바로 설 수 있으며, 새
로운 성경을 전하는 사람으로서 바로
설 수 있으며, 그리고 하늘의 선생으
로서 너희들이 지도자로서 바로 설 수
있음이니,
15 그를 버리지 못하면 너희들은 이것도
저것도 아님이니라.
16 진흙탕에 양쪽 발을 디디면 어찌 헤어
나겠느냐?
17 그러니 너희들이 한쪽부터 힘을 모아
그곳에서 나와야 되지 않겠느냐?
18 너는 그 그림을 너의 제자들에게 그리
전해 주라.
19 그리운 사람, 그리고 보고 싶은 사람,
그리고 갖고 싶은 것, 지울 수 없는

것, 그리고 지워지지 않는 추억이요,
그 모두를 다 너희들이 눈을 감고 버
려야 된다는 것,
20 그리고 손을 쥐었다 폈을 때 아무것도
남지 않듯이, 손을 쥐었다 놓듯이 너
희들의 모두를 지우라 그리하라.
21 너희들이 희생하고 봉사하여 만백성
을 구하는 그 역사를 이루지 아니하면
아니 됨이니, 그와 같은 마음이 되라
함이니라.
22 바람이 되라 함이니라.
23 아무것도 없는 바람이 되라.
24 지금의 너희들이 바람이 되지 아니하
며, 지금의 너희들이 아무것도 없는
모두를 비운 사람이 되지 아니하면,
25 내가 사랑하는 나의 아들딸 너희들을
깨우치기 위해서 얼마만큼 너희들에
게 훈련이요, 고통과 시련을 주어야
되겠는가?
26 너희들에게 욥과 같은 고통을 주어야
될 것이며, 너희들이 광야에서 살아왔
던 그 모세의 고통이요, 자식을 바쳐
제물로써 올려야 했던 아브라함의 그
아픈 마음과 같은 그 두렵고 무서운
마음이요, 그 모두를 너희들이 다 체
험한 다음에 거듭나는 백성으로 가겠
느냐?
27 지금의 너희들이 있는 세상에서 모두
를 지금서부터 지우라 그리하라.
28 생각하지 말라 하라, 기억하지 말라
하라.
29 오로지 너희들이 참진리요, 나 여호와
의 뜻에 따라 살아가는 것, 그리고 만
백성을 위해서 살아가는 것,
30 거기에 너희들의 빛이 있으며, 그 빛
을 보고 만백성을 구할 수 있도록 하
는 그것이 너희들의 봉사요, 희생이니
라.
31 너희들이 그리 다스려 놓고 그와 같이
닦아 놓지 아니하며 터를 만들어 놓지
아니하면, 아무것도 이루어질 수 없음
이니,
32 나의 아들을 따르는 제자들이요, 선택
된 너희들이 오늘의 힘들고 어려운 삶
이 영광된 것이요, 축복된 것이요,
33 너희들이 나의 새로운 성경을 읽고 다
스려지고 변해 감이니, 이게 너희와
내가 하나가 되는 위대한 그 고리라는
것을 잊지 말라 그리 전하라.
34 그리운 사람, 보고 싶은 사람, 만나고
싶은 사람, 지우지 못하는 사람, 단 한
번이라도 보고 싶은 사람, 그 모두를
다 지우며 지우라.
35 그리고 눈을 감고 너희들이 나를 생각
하며, 눈을 감고 아무것도 없는 창공
을 그리며 생각하며, 네 마음을 거기
다 한 고리로 한 끈으로 만들도록 하
라 그리 전하라.

12,319 번째 하나님 말씀

2004년 7월 22일 12시 36분

1 사랑하는 나의 아들아!
2 "네, 아버님! 말씀하옵소서."
3 너희들이 비우고 또 비우는 마음은 뭐
라 했느냐?
4 아무것도 너희들에게 잡히는 것이 없
으며, 너희들 마음속에 아무것도 남아
서는 아니 된다 하였음이니라.
5 그러니 이 세상에 너희들이 귀하고 소

중한 것이 부모와 자식 사이요, 그리
고 형제와 자매요, 그와 같은 인간관
계가 아니더냐?
6 그 모두를 다 너희들이 초월하는 그와
같은 깨달음이요, 마음 자세로 가는
것, 그것이 비운 길이요,
7 그 비움 속에서 거듭나는 은혜요, 영
광을 얻게 된다 함이니라.
8 그러니 이제 나의 아들을 따르는 제자
들이요, 그리고 새로운 성경을 읽고
깨우친 백성, 너희들 자신부터 한번
들여다보라.
9 과연 너희들이 그와 같은 길을 갈 수
있으며, 그와 같이 역사할 수 있으며,
그리 가고 있는가?
10 너희가 생각할 때 너희들 자신도 그리
갈 수 없으며 그와 같이 역사할 수 없
을 것이라 그리 생각하느니라.
11 그러나 사랑하는 나의 아들을 따르는
제자 너희들은 들으라.
12 나의 160권이 너희들의 화평이요, 부
귀영화를 위한 것이 아니요, 너희들의
육을 죽이는 데, 그 육을 죽이기 위하
여 내가 너희들에게 내려보낸 것이라
했지 않더냐?
13 그와 같이 너희들이 노력하고 노력하
면 그와 같이 될 수 있으며 이루어진
다는 것을 알아야 될 것이니라.
14 그리하여 용기와 자신을 잃지 말며 행
하는 백성이요, 그를 행할 수 있는 것
이 너희들이기 때문에 너희들이 나에
게 선택된 백성이니라.
15 나의 새로운 성경을 읽고 가는 백성
너희들도 정녕 의심하며 두려운 마음
을 갖고 있거늘,
16 저희들이 죄를 짓는 것, 그저 그와 같
은 것을 회개하고 용서만 빌면 모두가
다 끝난다는 것, 편안하고 편안한 길
의 믿음의 길이라는 것으로 그리 착각
하고 가는 백성, 그들이 과연 그것을
지키고 행할 수 있겠느냐?
17 그러니 그들은 생각할 수도 없으며,
저희들이 계산에 두지도 못하며, 감히
그와 같은 생각을 하지 못하기 때문에,
18 그와 같은 것을 지키고 간다는 너희들
을 그리 욕되게 함이니라.
19 사랑하는 나의 아들아! 너희들이 세
상에 태어남이니, 너희들은 이 세상에
나오기 전에 내가 뭐라 했느냐?
20 천사와 같이 아름다운 마음을 가지고
너희들이 세상에 나오나,
21 너희들은 이미 세상에 육을 가지고 태
어나기 전에 지옥과 천국이요, 그 모
두를 볼 수 있는 백성들이었으며, 그
를 다 보고 세상에 나왔음이니라.
22 그리하여 너희들이 세상에 나올 때 나
에게 서약하기를 너희들은 절대 지옥
의 길로 가는 세상의 삶을 살지 아니
하고 나에게 오르겠다는 그와 같은 언
약이요, 약속을 하고 세상에 나갔다
하지 않더냐?
23 그리하여 너희들이 죄를 짓고 나에게
와 심판을 받으며, 내가 너희들에게
한 번의 기회를 준 것이 나의 백성들
의 축복이요, 영광이라 하지 아니하였
더냐?
24 그러면 너희들이 이 세상에 와 천사와
같은 마음으로 살다 나에게 와야 되는
것이 당연한 것이요, 그를 위해서 목
숨을 바쳐서라도 그를 행하고 지켜야

되거늘,
25 어찌하여 이와 같이 혼탁한 자들이요,
죄를 죄라 모르고 이렇게 살아가는가?
26 그러니 너희들이 바로 나에게 올 수
있는 백성이던가?
27 올 수 없으며 너희들이 돌아올 수 없
는 백성들이니라.
28 내가 너희들이 세상에 나가기 전에 지
옥과 천국이요, 그 모두를 다 보여 주
었으며, 그러니 너희가 세상에 내려가
살면서 아무리 고통스럽고 힘들어도
한 점의 부끄럼이 없는 삶을 살다 나
에게 와야 한다 하여,
29 그리하지 못할 때 지옥에서 그 대가를
치르는 그들의 형태를 보고 가지 않았
느냐?
30 그러니 너희들이 그리 가는 백성이 되
지 말라 하여 내가 너희들에게 그리
천국과 지옥을 다 보여 주고 세상에
내보냈거늘,
31 어찌하여 너희들은 세상에 나가는 순
간에 모두를 망각하며 잊어버리고 그
와 다른 삶이요, 정의로운 삶이요, 하
늘을 향하여 한 점의 부끄럼이 없는
삶을 살지 못하는가?
32 이것이 너희들이 선택해야 할 길이고
가야 할 길이라는 것을 잊지 말도록
그리 전하라.

12,320 번째 하나님 말씀

2004년 7월 22일 12시 52분

1 사랑하는 나의 아들아!
2 "네, 아버님! 말씀하옵소서."
3 모든 종교 집단의 지도자 너희들이 어
떠한 행위를 하고 있느냐?
4 너희들이 과연 나의 뜻에 따라 가는
백성들이 할 수 있는 짓을 하는가?
5 종교 집단의 지도자 너희들이 너희들
의 교회를 지으며 성전을 지은 것은
나 여호와의 집이라 하여 내 이름을
팔아 지어 놓고서,
6 너희들은 그 모든 재산을 세습 체제로
써 세습 문제를 가지고 추한 모습이
요, 시시비비하는 것을 모르는가?
7 어찌하여 그와 같은 추한 짓을 하는
것을 나 여호와만 알며 하늘의 천사들
만 그를 안다 하느냐?
8 그와 같은 험악한 행위를 서슴지 않고
하는 것이 종교 집단의 지도자들이요,
그것이 빈손이요, 나의 아들 예수처럼
아무런 동전 한 푼 가지고 있지 않은
그와 같은 자세로써 살아가는 자들이
더냐?
9 그 재물을 가지고 싸우는 자들이 그것
이 사탄이요, 마귀의 자식이 하는 일
이니,
10 나의 아들 예수의 이름을 경배하며 그
를 구세주라 부르며 너희들의 그 고통
의 죄를 씻어 주었다 하며 그 은혜를
갚기 위하여 살아간다는 백성들이 과
연 어떠한 행위를 하고 있는가?
11 그러면서 너희들은 그것도 너희들의
그 추한 모습이 문제 되는 것이 아니
요, 목회사들이 부정과 비리요, 악행
을 한다 해도 그것은 다 문제 되는 것
이 아니요, 그것은 문제 될 것이 없다
그리 말하지 않느냐?
12 다만, 너희들이 악행을 하며 죄를 지
으며 문제를 일으키며 부정부패를 하

며 재산의 세습 문제로 시시비비를 하
고 성도들과 갑론을박, 또는 송사를
할 때,
13 그와 같은 것은 하늘에 오르는 길과는
별개의 문제요, 다만 나 여호와와 좀
더 멀어지는 것이요, 그리고 나에게
조금 떨어지는 것이요, 나에게 부끄러
운 행위를 하는 것이지,
14 너희들이 구원을 받고 안 받는 것과는
관계가 없다 그리 생각하며, 나를 믿
으며 나를 경배한다는 마음을 가지고
짜깁기하여 중언부언하는 그와 같은
기도만 열심히 하며,
15 주일을 지켜 재물을 바치며 헌금을 내
기만 하면, 너희들은 모두를 다 구원
을 받는 것이라 그리 가르치지 않느냐?
16 그러면서 종교 지도자들이 말하느니
라.
17 인간이 나약하기 때문에 범죄하지 아
니할 수 없으며, 인간이 나약하기 때
문에 실수하지 아니하고 살 수 없기
때문에,
18 실수하고 범죄하는 것은 너희들이 하
늘에 오르는 것에 걸림돌이 아니요,
심판의 걸림돌이 안 되며,
19 다만 나 여호와로부터 좀 멀어지는 것
이요, 나 여호와의 마음을 불편하게
하는 것, 그것으로써 다 모두가 지워
지며 그것으로 끝난다 그리 가르치고
말하지 않느냐?
20 그러면서 너희들은 나 여호와를 믿기
만 하면, 나 여호와를 믿는다고 하기
만 하면 그와 같은 것은 아무것도 아
니라 그리 말하느니라.
21 그러니 너희들이 재물을 거둬들이기
위하여 온갖 수단과 방법을 가리지 않
는 것이 아니더냐?
22 그러한 생각을 갖고 있는 것이 종교
집단의 지도자요, 또 구원을 받았다
몸부림치는 백성, 너희들이니라.
23 너희들은 마음에 나 여호와만 두고 있
으면 모든 것이 다 되며 죄가 되지 아
니한다 그리 가르치느니라.
24 그러니 너희들이 범죄하는 일을 할 수
있으며, 범죄를 저질러도 죄라 생각지
아니하며,
25 다만 주일에 열심히 나오며 헌금이요,
재물을 갖다 바치며 나를 믿는다 그리
생각하고 너희들 마음속에 나를 믿고
나를 심어 두면 된다 그리 말하느니,
26 너희들은 과연 너희들 마음속에 너희
가슴에 내가 심어졌으며 나의 성령이
심어졌다 생각하는가?
27 모든 백성 너희들은 들으라.
28 나의 성령이 너희들에게 임하지 아니
하면 아니 됨이니, 나의 성령이 임하
는 것은 무엇이더냐?
29 너희들이 마음의 준비가 되어 있으며
받을 자격이 되어 있어야 하느니라.
30 그러니 너희들이 자격이 되어 있지 아
니하며 그 마음속에 준비도 되어 있지
않은 자에게 성령이 내릴 수 있다 생
각하는가?
31 너희들이 도둑질하는 마음, 거짓 하는
마음, 그리고 부정부패요, 악행을 하
는 자들, 그와 같은 자들에게는 나의
성령이 임할 곳이 없으며 성령이 임할
수도 없다는 것을 알라.
32 그러면서 종교 지도자 너희들이 만백
성을 가르칠 때, 세습 문제요, 재산 문

제를 가지고 싸우는 것, 그와 같은 것은 양보하며 이해하는 것이 하늘의 뜻이라 하니,

33 너희들이 부정한 것이요, 비리요, 악행은 절대 해서는 아니 된다 그리 가르치며, 작은 죄라도 용서받지 못하며 그 작은 죄가 하늘에 와 구원을 받지 못하는 그와 같은 것으로써 심판대에 서게 된다 그리 가르치고 다스려도 그들이 바로 갈까 말까, 바로 설 수 있을까 말까 하느니라.

34 너희들이 악습이요, 잘못된 것을 버리고 거듭나는 것이 죽음보다도 더 어렵고 힘든 길이거늘,

35 그리하여 그리 다스리고 엄하게 가르쳐도 그들이 바로 설까 말까 하거늘,

36 너희들이 지금 그와 같이 가르치는 것, 그와 같이 지도하는 방법, 그것이 얼마나 잘못되었으며, 내 뜻을 거역하는 것인가를 아느냐?

37 너희들이 학업을 하는 그 제자들에게 선생이 말하기를, 대충대충 공부해도 사회에 나가서 부귀영화를 누리고 밥 먹고 사는 것은 별거 아니니, 학업을 할 때 즐기고 노는 것도 즐거운 것이며, 그를 위해 살아도 하자가 없다 하면,

38 그 선생은 당장은 존경받고 박수 받을지 모르나, 그 선생은 그 제자를 죽이는 자이니, 오늘의 종교가 그와 같은 것으로써 거듭날 기회가 없으며,

39 육의 삶에 역사하는 것이 아니기 때문에, 그와 같이 가르치고 인도해서는 아니 되는 것이 믿음이요, 하늘에 오르는 길이라는 것을 알라.

12,321 번째 하나님 말씀

2004년 7월 22일 12시 58분

1 사랑하는 나의 아들아!

2 **"네, 아버님! 말씀하옵소서."**

3 모든 백성 너희는 들으라.

4 이방인이라 하는 자, 믿음의 길을 가는 백성이라 하여 자만과 오만에 빠져있는 백성, 그리고 방황하는 백성, 다른 형체를 갖고 잡신이요, 신이라 하여 모시고 받든다는 행위를 하는 자, 그 모든 백성 너희들은 들으라.

5 나 여호와가 내리는 새로운 성경이요, '하늘에 오르는 길'이요, '하나님! 말씀하옵소서.' 하는 이 책에 귀를 기울이지 아니하면 아니 됨이니라.

6 모두는 나의 아들을 통하여 내리는 강론이요, 새로운 성경에 너희들이 귀를 기울이도록 그리하라.

7 이는 나의 성령이요, 내 모두를 태워 내가 책으로써 글로써 표현하여 너희들을 깨우치고자 마지막 내리고 전하는 것이기 때문이니라.

8 이 새로운 성경을 접하지 아니하면 너희들이 구원의 열매요, 결실을 맺을 수 없으며,

9 이를 읽지 아니하고 이를 보고 깨우치지 아니하는 백성은 나 여호와가 거둬들이지 아니하며 거둬들일 수가 없기 때문이니라.

10 사랑하는 나의 아들딸들아! 너희들은 내가 이와 같이 전하는 것을 명심하고 또 명심하여, 너희들이 거듭나고 바로 나지 아니하면 아니 됨이니라.

11 나의 아들의 입을 빌어 세상에 내보내니

는 '하나님! 말씀하옵소서.', '하늘에 오르는 길'인 이 귀하고 소중한 책을 너희들이 정독하라.
12 그리하지 아니하면 너희들은 아무것도 알 수 없으며 내 뜻을 알 수가 없으며, 너희들이 어찌 가야 할 것인가, 어찌 역사하는 것인가를 전혀 알지 못함이니라.
13 나의 160권의 새로운 성경이 왜 귀하고 소중한 것인지 아느냐?
14 이 새로운 성경 속에는 너희들이 태어나기 전부터 어떠한 존재로써 어떠한 대명을 받고 어찌 태어났는지부터 너희들이 살다 육의 종착역에 당도할 때까지 살아가는 방법, 행해야 하는 것, 그 모두가 다 여기에 상세히 기록되어 있으며 모든 정답이 여기에 있기 때문이니라.
15 그러니 너희들이 나에게 와 심판을 받을 때, 그 삶의 길이요,
16 그리고 심판대에 설 때, 어떠한 것이 은혜요, 어떠한 것이 죄가 되는 것인가, 그 모두가 다 이 속에 기록되어 있기 때문이니라.
17 나 여호와가 너희들을 보고 모른다 할 때 그때까지, 내가 너희들을 가슴에 안을 때까지, 너희들은 그 결과가 얻어질 때까지 모든 답이 여기에 있음을 알라.
18 너희들이 하늘의 천국의 문에 들어서는 답도 여기에 있으며, 너희들을 '나는 모른다.' 내가 너희들에게 그리 대답하는 것도 또한 이 속에 다 있음이니라.
19 그 어떠한 자가 그와 같은 대답을 받게 될 것이며, 어떠한 자가 내 품에 천국의 문을 들어올 수 있는가, 그 모두를 이 책 속에 상세히 기록하여 전하고 있음이니 그리 알라.
20 너희들이 그리 갈구하고 소원하고 원하는 구원의 과정이요, 구원될 수 있는 자와 버림을 받을 자, 그 모두도 다 상세히 기록되어 책으로써 내가 전함이니,
21 새로운 성경을 읽는다면 죄를 짓지 아니하며, 최소한도 지옥에 가는 삶은 면할 수 있는 그 위대한 깨달음을 느끼게 될 것이니라.
22 그러면서 너희들이 세상에서 가장 낮은 자로서 거듭나는 그와 같은 은혜를 입었을 때, 너희들은 나를 볼 수 있으며 나에게 올 수 있는 영광을 얻게 됨이니라, 사랑하는 나의 아들딸들아!

12,322 번째 하나님 말씀

2004년 7월 22일 13시 05분

1 사랑하는 나의 아들아!
2 "네, 아버님! 말씀하옵소서."
3 너희들이 세상에 태어나는 것은 나 여호와가 주관하여 태어나며 생명을 얻어 세상에 나가니, 너희가 세상에서 살면서 가장 중요한 것이 무엇이며 행해야 될 것이 무엇이라 생각하느냐?
4 이는 너희들이 두말할 것 없이 나의 계명이라 그리 말할 것이니라.
5 너희들이 나의 계명을 지키고 그리 살다 나에게 오도록 하는 것이 나 여호와의 뜻이니라.
6 그리하여 내가 너희들을 세상에 내려

보낸 것이 아니더냐?
7 그러나 너희들은 세상에 나가면서 나
여호와에게 어찌했는가?
8 너희들은 약속을 하고 내려간 자라 내
가 나의 아들을 통하여 그리 가르쳐
주었느니라.
9 너희들이 세상에 태어날 때는 나에게
약속을 했으며, 그때 나에게 심판을
받을 때까지 지은 죄요, 그 모두를 사
할 수 있는 그와 같은 기회를 달라 울
고불고하여, 그와 같은 한 번의 기회
를 받은 것이라 내가 그리하지 않았더
냐?
10 다행히 너희들이 내가 내리는 그 받는
체벌 중에 다시 태어나는 것에 해당
되는 자, 그리하여 너희들은 그와 같
은 은혜를 받아 세상에 다시 한 번 태
어난 백성이라 내가 그리 말하였거늘,
너희들은 지금의 삶을 과연 어찌 사
는가?
11 너희들을 뒤돌아보지 아니하면 아니
된다는 것이 나 여호와의 뜻이니라.
12 그리하여 나 여호와가 항상 너희들이
세상에 나가 새로운 생명으로서, 백성
으로서 살아가도록 그리 내려보내고
또 내려보내는 것이 아니더냐?
13 그리고 너희들은 세상에 나올 때 모
두를 다 짐김하며, 너희들이 지옥과
천국이요, 그 모두를 보고 그를 너희
눈으로 직접 확인하여, 그리하여 너희
들을 내가 세상에 내려보내는 그와 같
은 역사가 이루어진다는 것을 너희들
은 알겠느냐?
14 그러니 내가 개개인을 세상에 내려보
내니, 누구나 가릴 것 없이 너희가 나
를 아버지라 부르고 나를 창조주 아버
지라 그리 부르지 않는가?
15 나 여호와가 직접 개개인의 육을 통하
여 세상에 너희들을 내려보낸 백성이
라는 것, 이것이 너희들이 얼마나 귀
하고 소중한 것인가를 아는가?
16 그러니 너희들이 나의 계명대로 지키
고 살다 나에게 오면 되는 것이거늘,
17 그를 지키지 못하며 그대로 행할 수
없다는 종교 집단 지도자들의 그 잘못
된 가르침에 의하여, 지금 모두가 다
얻고 이룰 수 있는 것을 다 버리고 가
는 백성들이니라.
18 종교 집단의 지도자가 하는 말이 너희
들이 듣기에는 타당할 것 같으니라.
19 그리고 그는 그럴 수 있을 것이라 생
각하는 것으로써 가르치느니라.
20 인간은 나약하기 때문에 지키지 못하
며 너희들이 그리 행할 수 없다 그리
말하니, 너희들은 들으라.
21 너희들이 나의 계명을 지킬 수 없으며
내가 내리는 새로운 성경대로 그리 살
수 없다면, 너희들은 하늘나라 나에게
오르는 것이 아니요, 다른 장소로 불
려 가는 백성이라는 걸 알라.
22 다른 곳으로 불려 가는 것은 내가 어
디라 말하지 아니하여도 너희들 스스
로 알 것이니라.
23 그러니 너희들이 나의 계명이요, 그
모두를 지킬 수 없다 말하는 자, 인간
이 나약하기 때문에 지킬 수 없으며,
인간이기 때문에 그와 같은 역사를 이
룰 수 없다 변명을 대는 자,
24 그 모두가 다 나약한 자요, 자신이 없
는 자요, 노력하지 아니하려는 잘못된

자들로부터 너희들의 귀를 더럽게 하
는 것이며, 너희들을 지옥으로 이끌어
감이니라.
25 그러니 너희들이 나에게 나의 나라에
오지 못하고 다른 장소로 불려 가는
그와 같은 백성이 되지 말라 하는 것
이 나 여호와의 뜻이니라.

12,323 번째 하나님 말씀

2004년 7월 22일 13시 09분

1 사랑하는 나의 아들아!
2 "네, 아버님! 말씀하옵소서."
3 내가 진실로 진실로 너희들에게 명함
이니, 이제 나의 새로운 성경의 강론
을 듣고 읽었으며, 그를 만드는 제자
들이요, 또 그를 다루는 너희들은 알
것이니라.
4 너희들의 모든 기회는 지금의 육의 세
상에서 너희들이 지금 존재하는 이 세
속의 삶에서 모든 것을 이루어야 된다
는 것,
5 그러니 구원을 받는 것, 나에게 오르
는 그 모든 역사하는 것은 너희 육이
존재해 있으며, 여유로움이 있으며,
생각할 수 있으며, 다시 시작할 수 있
으며, 되돌려 할 수 있는 이와 같은 모
두가 다 보장되는 이 세상에서 모두를
다 역사해야 될 것이요,
6 그러니 나에게 올 수 있는 그 모두는
세상에서만이 기회가 있음을 너희는
알라.
7 여기서 너희들이 구원을 받지 못하는
백성, 여기서 인정받지 못하는 백성,
지옥이라는 것이 어떠한 것인 줄 알겠
느냐?
8 지옥이라는 곳은 어떠한 형태로 너희
들이 다스려 보고 대가를 치르더라도
거기에는 인정사정이라는 것이 통하
지 아니하며, 인정과 사정을 보는 그
와 같은 단어가 없는 곳이라는 것을
너희들은 알라.
9 인정사정없는 곳이 바로 지옥이니라.
10 너희들은 이와 같은 세상을 다 보고
세상에 태어난 백성이요, 이 모두를
내가 너희들에게 보여 주지 아니하고
세상에 내려가 바르고 곧게 살라 하여
생명을 주어 거듭나게 한 자가 없음을
너희들은 알라.
11 모두를 나는 너희들에게 다 보여 주었
으며, 너희들이 바로 살아 네 자리에
오도록 하는 네 자리까지 다 보여 준
것이 나의 피조물 만백성, 세상에 내
려간 너희들이니라.
12 너 자신이 어찌 다스려 가느냐에 따라
서, 아무리 힘들고 어려워도 너 자신
이 그와 같이 갈 수 있는 길이 무엇인
가를 너는 지금 느끼고 있지 않으냐?
13 "네, 아버님! 저는 어떠한 힘든 고통
이 있다 해도 이제 갈 수 있으며 가겠
다 생각을 굳히고 있으며 그리 가고
있사옵나이다."
14 네가 그와 같이 굳힌 것이 무엇이더냐?
15 "네, 아버님! 이 세상의 삶이 아무리
고달프고 힘들고 어렵다 해도, 지옥의
인정사정없는 그곳에 가서 영원히 나
오지 못하는 세상에서 고통 속에 그
모두를 다 감수해야 되는 그보다는,
16 아무리 여기서 고통스럽다 해도 지옥
이 여기보다는 천배 만배 헤아릴 수

없이 더 고통스럽고 힘들 것이라 그리
생각되옵나이다.
17 그러니 여유가 있고 편함이 있으며,
마음대로 생각할 수 있으며, 돌이켜
갈 수 있으며, 좌우로 마음대로 이동
하며, 바르게 잡을 수 있으며, 흐트러
지는 마음을 세울 수 있는 것,
18 마음 하나 먹고 마음 하나 다스리면
되는 이 세상에서 어떠한 고통이 있다
해도 지옥의 고통만은 못하기에, 여기
서 모두를 인내하고 지키고 살아가겠
다는 마음을 가지고 그리 달려가고 있
사옵나이다."
19 그러니라, 사랑하는 나의 아들아!
20 모든 악습을 참고 견디고 인내하는
것, 여기서만이 너희들이 통하며 여기
서만이 역사할 수 있는 것이니라.
21 아무리 유혹하고 너희들을 무너트리
고자 해도 그것이 너희들이 생각해서
불법이요, 욕되는 일이요, 해서는 안
되는 그와 같은 일이라면, 너희들은
목숨을 던지더라도 행하지 않는 그와
같은 삶을 살라.
22 그것이 바로 너희들이 지상에서 거듭
남이요, 그와 같은 백성이야말로 나에
게 올 수 있는 백성이요, 내가 영광을
이룰 수 있는 백성이요,
23 인정사정없는 지옥으로 끌려가지 않
는 백성이요, 그와 같은 영원히 고통
속에 사는 것을 면제받는 백성이라는
것을 잊지 말도록 그리하라.

12,324 번째 하나님 말씀

2004년 7월 22일 13시 16분

1 사랑하는 나의 아들아!
2 "네, 아버님! 말씀하옵소서."
3 너희들은 천사와 같은 마음이요, 아름
다운 인간의 본성의 마음을 가지고 세
상에 태어남이니, 너희들이 세상에 태
어나기 전에 그 모두를 다 보고 깨우
칠 수 있는 기회를 내가 너희들에게
주었다 하지 않더냐?
4 너희들이 세상에 새로운 생명이요, 백
성으로 태어나기 전에, 심판을 받았을
때 어떠한 죄의 대가를 치르는 것인
가, 그 형벌에 대한 것, 네가 치를 것
을 나 여호와가 다 보여 주었으며,
5 그리고 천사가 사는 세상과 사탄이 사
는 세상이요, 그 모두를 다 내가 너희
들에게 보여 주었으며, 그를 다 볼 수
있도록 해 너희들을 교육시켜 세상에
내려보낸 것이 나의 백성 너희들이 세
상에 나오는 길이라 내가 하지 아니하
였더냐?
6 너희들이 세상에 태어날 때는 내가 모
든 죄의 대가를 치르는 것에 네가 어
떠한 형벌을 받는다는 것까지 다 보여
주었으며,
7 천사와 사탄이 무엇이며, 그리고 그들
이 어떤 차이가 나는 것인가, 그 모두
를 내가 보여 주고 너희들을 세상에
내려보냈다 그리하지 않았느냐?
8 그러니 너희들이 세상에 태어날 때 올
고 나오는 세상의 그 삶이 무엇인 줄
알겠느냐?
9 너희들이 나로부터 심판을 받아 인간

으로 나가는 그와 같은 은혜를 입음이
니, 이는 곧 그와 같은 은혜를 입기 전
에 조금만 더 노력했으면, 조금만 더
바르게 살았더라면 인간 세상에 내려
오지 아니하고 구원의 은혜를 받을 수
있는 것을, 그러나 다시 인간의 세상
으로 내려와 인간 세상의 삶을 살아야
되며,
10 또한 그 영혼에서 조금만 더 노력하고
조금만 변화되었더라면 구원을 받을
수 있을 것을, 그 구원을 받지 못하고
애걸복걸하고 울고불고하다 세상에
나오니,
11 너무나 억울하고 분해서 울음으로써
터트리고 세상에 나온다면 너희들은
어찌 생각하느냐?
12 너희들이 울고불고 애걸복걸하여, 또
한 너희들이 세상에 나올 수 있는 그
와 같은 삶을 살아서 내가 너희를 세
상에 거듭나는 그와 같은 삶으로 내
려보냈다 했으나, 너희들은 그와 같이
나오는 것이 또한 어떠한 것이더냐?
13 조금만 더 너희들이 잘 살고 조금만
더 아름답게 살았다면, 인간 세상의
그 어렵고 힘든 세상을 내려오지 아니
하였을 것을,
14 그것이 억울하고 분하여 너희들도 모
르게 세상에 나오는 데 눈물을 흘리고
울며 소리를 지르며 나오는 것이라면,
너희들은 과연 어떠하겠느냐?
15 너희들이 또한 그리하여 울면서 세상
에 나옴이니라.
16 너희들이 너무나도 억울하고 너무나
도 마음이 아파, 세상에 나올 때 울며
나온다는 것을 알라.
17 그러나 너희들이 또한 죽을 때 네 뜻
대로 왔던 곳으로 가지 못하며, 네 마
음대로 살지 못하며, 네가 온 곳으로
가지 못하는 것을 알기에, 죽을 때 또
한 울면서 가는 것이 너희들의 운명이
라는 것을 알라.
18 너희들이 갈 때는 두 갈래의 길이 있
으니, 하늘에 오르는 길을 가지 못하
며, 지옥이라는 길을 네가 나로부터
버림을 받는 그 길을 가니, 울며 가는
것이니라.
19 세상에 나올 때는 너희들이 좀 더 노
력했더라면, 좀 더 변화되는 삶을 살
았더라면, 지금 본 하늘의 낙원에서
살 수 있는 그와 같은 백성이, 잘못 살
았기에 다시 한 번 아래 세상으로 내
려가는 것이 너무나 억울하고 가슴이
아파 안 내려오려고 몸부림치다 억울
해서 눈물의 소리를 지르며 울며 세상
에 아기로 태어나는 너희들이니라.
20 그러니 너희들이 그때 태어나면서 모
두를 다 망각하며 모두를 다 잊어버리
느니라.
21 그리하여 잊어버린 너희들에게 또 이
세상에 나와 너희들이 아름답게 살지
못하며 후회하고 후회하여 눈물로써
세상에 울며 나왔던 그 전철을 또 밟
으려 하나,
22 이번에 돌아왔을 때는 그와 같은 기회
도 없음을 너희들은 알아야 될 것이니
라.
23 그러니 너희들이 올 때 울고 오며, 갈
때 울고 가는 의미라도 알고 살아가
라, 사랑하는 나의 아들딸들아!
24 그리하여 내가 나의 아들에게 뭐라 전

하였느냐?
25 너희들이 마지막 순간에 숨을 거둘 때
웃을 수 있는 삶을 살며, 웃을 수 있는
백성의 길을 가라 하지 않느냐?
26 단 1초의 웃는 시간을 위하여 너희들
이 살아가는 백성이요, 그 삶을 위하
여 너희들의 모든 악습을 버리고 살아
가라 내가 말한 그 애절한 뜻을 소홀
히 들어서는 아니 될 것이니라.

12,325 번째 하나님 말씀

2004년 7월 22일 18시 21분

1 사랑하는 나의 아들아!
2 "네, 아버님! 말씀하옵소서."
3 나 여호와가 너희들에게 뭐라 말하였
느냐?
4 너희들이 나로부터 구원을 받을 수 있
는 그와 같은 자격이요, 그 구원을 받
고자 한다면, 나는 너희들에게 가장
기본적인 것을 지키고 살아가야 한다
말하였느니라.
5 그리하여 내가 나의 새로운 성경에 기
록하여 전하기를, 너희들이 구원을 받
고자 한다면 자기 자신이 소중한 존재
임을 우선 깨우치고, 자신을 소중히
관리할 줄 아는 백성이 되어야 한다
하였음이니라.
6 이것은 너희들이 너희 자신의 오만이
요, 자만이며, 그와 같은 마음에서 너
희 자신이 소중하고 귀한 것이 아니요,
7 나 여호와로부터 생명을 받아 나간 것
이요, 그와 같이 생명을 받아 나간 그
자체가 선택이요, 그 선택된 백성이
은혜요, 그 영광이 얼마나 위대한 것
이던가?
8 그러니 너희들이 나로부터 생명을 받
아 나간 그것이 귀하며 소중함을 알
아, 너희 자신이 소중하며, 너희 자신
의 존재 그 모두를 다 부끄러움이 없
는 그와 같은 삶을 살도록 너희 자신
을 다스리며, 자신을 소중히 관리할
줄 아는 자가 나에게 오를 수 있는 백
성이라 내가 그리하였느니라.
9 그리고 내가 너희들에게 또 뭐라 했느
냐?
10 너희들은 가정에서 불화 없이 가정생
활을 하며 그 가정을 잘 다스리는 자,
또 가정에서 제자리를 철저히 잘 지키
는 백성이 나에게 오를 수 있다 하였
음이니라.
11 이것이 너희들이 나에게 오를 수 있는
기본이거늘, 지금 너희들이 과연 어찌
믿음의 길을 가고 있는가?
12 모든 종교 집단의 지도자 너희들은 이
모두를 다 파괴시켜 버렸느니라.
13 저 혼자 구원받기 위하여, 제가 구원
받기 위하여 너희들은 부모·형제를
의식지 아니하며, 오로지 구원을 받으
면 된다는 그 구원의 병에 걸려 있어
지금 이웃이요, 네 형제요, 그 모두를
다 모름이니라.
14 구원을 받기 위하여 너희들이 그 욕심
을 내는 것이 무엇이더냐?
15 너희 자신이 소중하고 너희 자신이 귀
한 것이니, 그것은 나로부터 받아 나
간 너의 모두이기 때문에 너희들이 귀
한 것이 아니라,
16 인간인 너희 자신이 귀하며 인간 너희
자체가 소중한 것이니라.

17 너희가 인간으로 태어난 그 자체를 소
중히 생각하는 것이며, 인간의 생명을
가지고 있는 너희 인간을 존중하며 귀
히 생각하는 것이니라.
18 그리하여 너희들이 죽어서까지 고통
의 그 세월 속에 사는 것이 아니요, 하
늘에 오르는 길이요, 그 영광을 얻기
위하여 지금 구원이라는 그와 같은 중
병에 걸린 자들이 그들까지도 다 무너
지게 만들었느니라.
19 내가 너희들에게 또한 가정이 가장 중
요하며, 제자리를 지키는 백성이 나에
게 오를 수 있다 하였거늘, 오늘의 종
교 집단의 지도자들이 어찌 끌고 가는
가?
20 너희들은 그저 믿음을 찾으며 나 여호
와를 가슴에 묻고 믿으면 된다 하며,
21 그리고 너희들이 인간의 살아가는 것
은 아무런 관계가 없다, 부모·형제를
저버리며, 너희들의 모든 형제·자매
를 저버려도 된다 그와 같이 가르치고
있음이니,
22 가장 소중한 너희들 가정의 평화요,
가정의 사랑의 근본인 그 모두를 파괴
시키고 짓밟은 것이 오늘의 종교 집단
지도자들이 아니더냐?
23 그러니 너희들이 그와 같은 모두를 다
파괴시켜 놓고, 어떤 종파든 속해 있
는 그 속에서 믿음 생활을 철저히 하
며, 재물을 바치는 데 철저히 하며, 헌
금을 바치는 데 남보다 앞장서서 바치
며, 봉사하고 희생하는 데 남보다 먼
저 하는 그와 같은 길을 가면 구원을
받고, 구원의 자격이 있다 그리 가르
침이니,
24 그것이 다 나와는 부질없는 짓이요,
다 나와는 관계없는 짓들을 하고 있다
는 것이니라.
25 너희들 자신이 나로부터 생명을 받아
나간 것이기에 그 귀함과 소중함을 알
며,
26 내가 너희들에게 아름답고 좋은 곳에
쓰라 하였으니, 너희 자신이 좋은 곳
에 봉사하고 희생하는 그와 같은 너를
발견하지 아니하면 아니 되며,
27 너희 가정 또한 화목한 그와 같은 것
으로 하여금 너희들이 모두가 화목하
며 사랑이 무엇인가를 알게 됨이니라.
28 그 사랑의 근본인 가정을 모르고 가정
을 파괴시키고 그와 같은 역사를 하는
것은 너희들이 나에게 오를 수 있는
길이 없다 함을 알라.
29 저희 종파에만 와서 믿으면 구원을 받
는다는 그와 같은 지금 잘못된 속에서
나의 백성이 더 이상 그들에게 현혹되
지 말며 그곳에서 깨어나는 백성으로
서 거듭나는 길을 보도록 그리하라.
30 그렇지 아니하면 너희들이 나에게 오
를 수 없음이니라.

12,326 번째 하나님 말씀

2004년 7월 22일 18시 24분

1 사랑하는 나의 아들아!
2 **"네, 아버님! 말씀하옵소서."**
3 나 여호와가 너에게 일찍이 가르쳤음
이니, 인간은 제자리요, 제 직분에 충
실한 백성, 그와 같은 사람이야말로
내가 너희들을 믿을 수 있으며, 너희
들을 사랑한다 하였으며, 너희들을 기

억한다 하였음이니라.
4 인간 삶의 자세가 바르지 못하며 바로 살지 못하는 자, 남으로부터 신뢰를 받지 못하며 신뢰를 잃고 사는 자,
5 그러니 인간의 기본자세가 되지 않은 백성은 나 여호와가 그를 기다리지 않으며, 그를 내가 찾지 아니하며, 그를 내가 보고자 하지 아니한다 하지 않더냐?
6 그러니 내가 보기도 싫으며 찾지도 아니하며, 내가 오는 것이 두려운 백성이라면, 그와 같은 자들이 울고불고 광란의 짓을 하는 그 기도 소리는 과연 어떠하겠느냐?
7 그 기도 소리는 더욱이 듣기 싫으며 그 기도 소리는 내가 개구리가 울부짖는 소리만도 못하다 한 뜻이 거기에 있음이니라.
8 그러니 제자리를 지키는 백성이요, 너희들이 제 직분을 다하는 백성으로서 살아가는 그와 같은 백성의 기도 소리요, 경배하는 것은 내가 받아들이며 나의 기쁨이니 그리 알라, 사랑하는 나의 아들딸들아!
9 모두가 자기 직분을 다하는 삶을 살며, 너희들이 한 점의 부끄럼이 없는 그와 같은 삶을 살도록 그리하라.
10 육의 세상에서 너희들이 한 점의 부끄럼이 없는 삶을 사는 백성, 그가 바로 나에게 오를 수 있는 백성이요, 선택된 백성이라는 걸 알라.
11 아무리 말을 잘하면 무엇하며, 재물이요, 금화요, 은화를 가지고 있으면 무엇하는가, 많은 백성들을 거느리고 있으면 무엇한다더냐?
12 저 자신의 직분에 충실하지 못하며 저 자신을 지키지 못하면, 그는 영원히 사는 세상에서 거듭날 수 없으며 은혜를 받을 수 없는 백성이니,
13 저 자신을 다스리지 못하며 나서는 자, 저 자신을 다스리지 못하며 지도자라 말하는 자, 그와 같은 백성이 가장 어리석고 불쌍한 백성들이니라.
14 저 자신을 다스리지 못하는 백성인 그 지도자에게 너희들을 맡기지 말라.
15 너희들의 귀하고 소중한 거듭나는 영광이요, 은혜를 얻고 못 얻는 그 소중한 것을 어찌하여 함부로 던져 버리고 함부로 맡긴단 말이더냐, 사랑하는 나의 아들딸들아!

12,327 번째 하나님 말씀

2004년 7월 22일 18시 26분

1 사랑하는 나의 아들아!
2 **"네, 아버님! 말씀하옵소서."**
3 내가 일찍이 너에게 전하기를, 인간 세상에 살아가는 얽히고설킨 인간 삶의 생각을 네가 버리지 못하면, 나에게 올 수 없으며, 만백성을 구하는 나의 아들로서 설 수 없다 하였음이니라.
4 그리하여 네가 인간의 생각을 버리지 못하는 것은 무엇이더냐?
5 네 머리로써 생각하며, 네 지혜로써 판단하며, 네가 모두를 육의 판단으로 행동에 옮기기 때문에 그것은 미래가 없으며, 거듭나는 것이 없으며, 영원히 존재하는 것이 아니요,
6 다 부서지고 깨지고 물거품처럼 없어지는 그와 같은 것에 모두를 바치며

거기에 매달리는 삶을 산다 하지 아니
하였더냐?
7 그래서 내가 너희들에게 그러한 삶을
살지 말라 한 것이니라, 사랑하는 나
의 아들아!
8 내가 너에게 뭐라 하였느냐?
9 믿음이요, 나의 뜻에 따라 하늘에 오
르는 진정한 선택된 백성이란, 자신을
먼저 생각하지 아니하며, 자신을 먼저
생각해서도 아니 되며, 가장 낮은 자
가 되라 하지 아니하였더냐?
10 이제는 네가 네 갈 길이 무엇이며 네
가 낮은 자의 자세가 무엇인지 알지
않는가, 사랑하는 나의 아들아!
11 그러니라, 죽음의 직전까지 너희 자신
을 낮추고 내려가서 다시 시작하는 그
와 같은 너희들의 삶을 살아야 되기
때문에, 인간의 인연이요, 인간의 본
연의 생각이요, 그 모두를 다 지워 버
리라 내가 일찍이 너에게 깨우쳤거늘,
12 네가 지금까지 그를 버리지 못하고 이
제야 내 뜻을 알아들으니, 지금이라도
철저히 지키고 행하고 가도록 그리하
라.
13 내가 너를 사랑하느니라, 사랑하는 나
의 아들아!

12,328 번째 하나님 말씀

2004년 7월 22일 18시 31분

1 사랑하는 나의 아들아!
2 "네, 아버님! 말씀하옵소서."
3 믿음이 무엇이며, 신앙이 무엇이며,
나 여호와가 존재하는지 그 아무것도
모르는 나의 아들 너에게 내가 깨우
쳐, 믿음의 길을 가며 신앙의 길을 가
는 백성, 나 여호와를 찾으며 그리고
하늘에 오르고자 하는 백성, 예수의
죽음에 대한 보답으로써 너희들이 은
혜를 갚겠다는 백성, 그 모두는 다 한
마음이 되어야 되며,
4 종파의 소속이요, 그것을 따지지 말
며, 그 모두를 가슴에 안고 사랑하는
사람의 마음으로 가지 아니하면 아니
된다 내가 일찍이 가르쳤음이니,
5 그때는 네가 그 뜻을 알지 못했으나,
지금은 그 뜻을 알고 있을 것이니라.
6 "네, 아버님! 이제야 제가 아버님께서
주신 그 말씀의 뜻을 조금은 알겠사
옵나이다.
7 이 모두는 아버님께서 생명으로 내려
보낸 주신 것이요, 그리하여 소중한
것이요, 또 아버님께서 그 생명을 주
어 내보낸 모든 백성들이 아무리 지금
육의 세상에서 악하고 잘못 살아간다
해도,
8 그들은 아버님께서 관심을 가지고 계
시며, 지금 그들이 바로 서기를 바라
시며, 그들을 기다리는 아버님의 마음
이 애절하시기 때문에,
9 저희들은 모든 백성을 누구나 다 사랑
해야 되며, 그를 제 몸보다도 더 사랑
하는 그와 같은 마음으로 가야 된다는
것을 저는 이제야 깨우쳤사옵나이다.
10 성서에 기록하여 전하기를, '네 이웃
을 네 몸과 같이 사랑하라.'는 아버님
의 그 말씀을 모든 종교 집단이요, 믿
음의 길을 가는 백성들이 지금 잘못
알고 잘못 깨우치고 있으며, 왜 그와
같은 말씀을 하셨는지 그 자체를 모르

기에,

11 그들은 종파라는 것을 가지고 종파가 다른 사람을 정적으로 삼으며 원수로 삼으며, 사탄이요, 이단이라 몰아붙이며, 대화하기도 싫어하며, 같이 논하기도 싫어하는 그와 같은 백성들이 지금 이 세상을 지배하고 있사옵나이다.

12 그러니 믿음이요, 그 아버님의 사랑이요, 아버님의 역사하시는 근본을 모르니,

13 그들이 얼마나 아버님의 가슴에 못질을 하는 그와 같은 행위를 하고 있는지,

14 몇천 년 동안 그 모두를 받으면서 참고 계시는 아버님의 마음이 얼마나 저리고 아픈 것인가를 이제야 저는 깨닫고 깨달았사옵나이다, 아버님!

15 아버님께서 모두를 사랑하라 처음에 주신 그 말씀, 무당이라는 자, 또 저희들이 말하는 서낭당에 절하는 자, 돌무덤이요, 바닷가에 절하는 자, 강가에 절하며 소원을 비는 자, 그와 같은 모든 백성들이 인간으로 태어난 것,

16 그 인간으로 태어난 자체가 아버님의 아들딸로서 생명을 받아 가지고 나왔으니, 아직도 아버님께서 그들이 돌아오기를 바라며 그들에게 관심을 가지고 계시기에,

17 그들이 가고 있는 종파요, 그 소속은 아무것도 아니며, 오로지 아버님의 아들딸로서 세상에 나와서 아버님께 갈 수 있는 그와 같은 은혜요, 축복이요, 영광을 누릴 수 있는 그 백성이라는 것,

18 그것이 소중하고 귀하며 위대한 것이라는 것을, 그리하여 모두를 사랑해야 한다는 것을 이제야 알았사옵나이다."

19 사랑하는 나의 아들아! 그러면 네가 그들을 모두 사랑하는가, 그리고 그들을 가슴에 안고 있는가?

20 모든 종교 집단 지도자들이 그와 같이 가야 할 것이니라.

21 지금의 믿음의 길을 가는 백성이요, 지도자들은 결코 그러한 마음으로 갈 수 없으며, 그와 같은 행동을 할 수 없음이니라.

22 오로지 나의 새로운 성경을 읽는 너를 따르는 제자들이요, 그리고 이를 읽고 깨우친 만백성, 그들만이 내 뜻에 따라서 행할 수 있으며 역사할 수 있는 백성임을 알라.

23 어떠한 믿음이든 어떠한 종파에 속해 있는 백성이라도 너희들이 생각하고 가는 길을 따를 수 없으며 너희들의 마음을 알 수도 없느니라.

24 그러니 내 뜻에 따라서 행하고 내 뜻에 따라서 역사하는 것은 너희들 뿐이기에, 너희들이 소중하고 귀한 나의 백성이라 함을 잊지 말라.

12,329 번째 하나님 말씀

2004년 7월 22일 18시 35분

1 사랑하는 나의 아들아!

2 "네, 아버님! 말씀하옵소서."

3 이 세상에 생명체를 가지고 존재하는 그 모두는 다 나의 피조물이요, 내가 모두를 관장한다 하였음이니라.

4 이 지상에 존재하는 모든 것은 다 나 여호와가 관장한다 하였음이니, 내가

너희들을 다스리고 너희들을 관장하
는 것은 무엇이더냐?
5 이는 곧 너희들이 자유의사가 없으며
마음대로 행할 수 없다 함이 아니더냐?
6 모두는 나 여호와의 프로그램이요, 나
의 계획에 의해서 너희들의 모두가 역
사하고 움직인다 너희들은 그와 같이
믿고 또 그리 가느니라.
7 그러하니라. 너희들은 자유의지가 없
음이니라.
8 오로지 나 여호와의 계획에 의하여 너
희들의 모두가 역사하고 움직이느니
라.
9 그러나 다만 너희들은 알아야 될 것이
니라.
10 너희들이 악과 선을 선택하는 것, 그
리고 아름다운 삶을 사는 것, 악한 삶
을 사는 것, 인간 세상에서 천사와 같
이 사는 것, 죄를 짓고 사는 것, 그것
만큼은 자유의지요, 자유의사에 달렸
다 함을 명심하도록 하라.
11 너희들이 스스로 구원을 받는 것이요,
나에게 오르는 것은 너희들의 노력 여
하에 달렸기 때문에 그것은 너희들의
자유의지요, 자유의사이나,
12 이 세상에 어떠한 것도 너희 자유의지
대로 네 마음대로 행하고 역사할 수
있는 것은 없다 하는 것, 이것을 너희
들은 알아야 될 것이니라.
13 그러기에 이 우주 공간에 모두가 존재
하는 것이 질서를 지키고 있으며,
14 그 모두가 다 너희들이 서로 부딪치고
물고 뜯는 그와 같은 무질서한 세상이
되지 아니하며, 이 모두가 존속한다는
것을 알라.
15 나 여호와의 계획에 의하여 내 의사에
의하여 모두가 짜졌으며 내 계획에 의
하여 너희들이 지금 움직이기 때문이
니, 너희들은 그와 같은 너희들 자신
을 들여다보도록 그리하라.
16 그리고 너희들은 자유의지가 없으며
나 여호와가 모두를 주관한다는 것을
잊지 말라 이르라.
17 다만, 너희들이 죄를 짓는 것, 그리고
악의 구렁에 빠지는 것, 그리고 천사
의 삶을 버리는 것, 그리고 나 여호와
의 뜻에 의해 역사하지 않는 것,
18 구원받고 못 받는 것은 너희들 자신에
게 달렸으며 너희들의 몫이기 때문에,
그와 같은 것은 스스로 하는 자유의지
요, 너 자신의 의지요, 네 뜻에 달렸다
는 것을 모든 백성들에게 엄연히 구분
하여 그를 깨우쳐 주도록 그리하라.
19 너희들이 자유의지가 없으며 모두는
나 여호와의 뜻에 의하여 주관한다 하
니,
20 너희가 죄를 짓고 살인하는 것, 어떠
한 음탕한 짓을 하는 것, 그 모두도 다
나 여호와의 뜻이요, 너희 뜻이 아니
라 하여,
21 종교 집단의 지도자들이 제가 지키지
못하는 것, 십계명대로 살지 못하는
것, 천사와 같은 삶을 살지 못하는 것
을 그와 같은 이유요, 변명으로써 저
희들을 덮어 나가는 것이 오늘의 그
어리석은 백성들이니라.
22 그러니 내가 너희들에게 일찍이 깨우
쳐 준 깊은 의미를 알라.
23 이 세상의 모든 생명체는 소중하며 다
하나로 연결되어 있다 하지 않더냐?

24 그러니 너희들이 하나로 연결되어 그
와 같은 삶을 사는 것은 각자가 너희
들에게 지킬 수 있는 법도요, 너희들
이 행하고 살아가야 할 그 모두를 내
가 너희들에게 내려 준 것,
25 인간은 인간으로서의 도리를 다하며,
동물은 동물로서, 사자는 사자로서 자
기 직분을 다하고 살아갈 때,
26 너희들의 모두가 하나로써, 하나의 생
명체로서, 나 여호와에게 대우를 받을
수 있는 똑같은 존재라는 것을 알라.
27 너희들이 스스로 타락하며 지옥 불에
달려가고자 하는 네 마음이 사악하게
검게 타 버린 것은 네 자유의지지 내
뜻이 아니기에, 그와 같은 백성은 내
가 모른다 함이라는 것을 너희들은 알
도록 하라.
28 그 백성은 나로부터 받을 수 있는 은
혜요, 혜택이 없을 것이니라.
29 다만, 내가 지키고 행하라는 나의 계
명이요, 새로운 성경대로 너희들이 지
키고 살아간다면 너희 자신이 변하게
될 것이며,
30 변하는 자, 나로부터 이룰 수 없는 은
혜와 영광이요, 축복을 받게 된다는
것을 절대 잊지 말라.

12,330 번째 하나님 말씀

2004년 7월 22일 18시 39분

1 사랑하는 나의 아들아!
2 **"네, 아버님! 말씀하옵소서."**
3 내가 아무것도 모르며 믿음을 모르는
너에게 음성으로써 명했으니, '너는
나의 새로운 성경이요, 새로운 뜻을
기록하여 만백성에게 전하라, 내가 내
리는 것을 기록하여 만백성에게 전하
라.' 그리하였으니, 너는 '예!' 그 대답
한 마디로써 오늘의 이 위대한 역사를
이루어 가지 않더냐?
4 그때 네가 아무것도 모를 때, 내가 너
에게 뭐라 했느냐?
5 사랑하는 나의 아들 너는 나에게 기도
할 때 무엇인가를 달라 하며 원하는
기도를 하지 말라 하지 아니하였더냐?
6 그리고 내가 너에게 너희들이 지키고
가야 할 가장 중요한 것이 뭐라 했느
냐?
7 나 여호와를 찾으며 나를 경배하며 하
늘에 오르는 길을 온다는 백성들이 절
대 거래하는 마음으로써 행동해서는
아니 되며, 거래하는 마음으로써 너희
들이 기도해서는 아니 되며, 거래하는
마음으로써 믿음의 길을 가면 아니 된
다, 내가 처음에 너에게 그리 명했으
니,
8 너는 그때 그것이 무엇이며 그 뜻이
무엇인지도 몰랐느니라.
9 모든 백성들이 기도할 때 울고불고 달
라 하며 소원하는 것, 그것도 너는 모
르고 있었으며, 나 여호와가 내려 주
고 은혜를 베푼다는 그 의미도 몰랐을
때, 너는 내가 너에게 내린 그 내용을
그리 기록하여 전했느니라.
10 나 여호와는 거래하는 하나님이 아니
요, 그러니 너희들이 거래하는 기도를
하지 말라 그리 전하라는 것, 너는 이
를 기록하여 만백성에게 전했음이니
라.
11 그러니 지금의 네가 160권의 새로운

성경을 쓰며, 나로부터 성령을 받아
역사했으며, 너의 제자들로부터 듣고
또한 저희들이 했던 그 행위요, 모든
종교 집단의 그 기도 소리요, 울부짖
는 것이 과연 어떠하더냐?
12 "네, 아버님! 해도 해도 너무하며, 너
무나 지나친 것 같은 행위를 하옵나이
다.
13 조금만 움직이는 것도 아버님께 은혜
요, 영광을 바라며, 그리고 아버님께
은혜와 영광만을 달라 울부짖나이다.
14 무엇을 달라, 무엇을 이루어 달라, 아
버님의 음성을 듣게 해 달라, 아버님
의 형체를 볼 수 있게 해 달라, 심지어
는 감히 말할 수 없으며 바랄 수 없는
그와 같은 것까지도 저희들이 달라,
이루어 달라, 그리 목메어 기도를 하
고 있는 그와 같은 형국이니,
15 얼마나 그들이 썩었으며 얼마나 잘못
갔는지, 모두를 달라는 것으로 역사하
는 그와 같은 백성들이기에, 아버님께
서 달라 하는 기도요, 거래하는 기도
를 하지 말라 하셨던 그 뜻을 알겠사
옵나이다."

12,331 번째 하나님 말씀

2004년 7월 22일 18시 48분

1 사랑하는 나의 아들아!
2 "네, 아버님! 말씀하옵소서."
3 나의 피조물 만백성 너희들은 이제 살
아가면서 깨닫고 볼 줄 아는 지혜를
가져야 될 것이니라.
4 나의 아들을 따르는 제자들이요, 그리
고 나의 새로운 성경을 읽고 깨우친
만백성, 너희들은 사람을 보되, 너희
들이 외형이요, 겉모습으로써 사람을
보지 아니하며, 그 내면의 가지고 있
는 마음을 보아야 함이니, 내면에 가
지고 있는 마음이란, 또 무엇이더냐?
5 너희들이 인간적으로 선하고 아름답
게 살아가는 마음의 내면을 보는 것
과, 얼마나 그 믿음이 진실된 사람이
요, 믿음에 얼마나 충실한 사람인가를
먼저 봐야 될 것이니라.
6 이는 왜 너희들이 그와 같이 선별하지
아니하면 아니 되는 줄 알겠느냐?
7 인간의 마음으로써 착하고 인간의 마
음으로써 온순한 것, 그리고 인간의
마음으로써 누구도 따라갈 수 없는 아
름다운 마음을 가지고 사는 백성이요,
그와 같은 마음은 결국 어떠한 결과가
나오느냐?
8 그들도 때로는 무너질 수 있으며, 때
로는 그들이 그 스스로 포기하는 그와
같은 역사가 있기 때문이니라.
9 그러나 아름다운 천사와 같은 마음을
가지고 있는 그 스스로 깨우친 백성
과, 진정한 믿음이요, 나 여호와가 존
재하며 하늘에 나 여호와가 있어 아름
다운 마음으로 살아간다는 그와 같은
마음으로 변화된 백성, 그 마음이 변
화된 백성은 영원히 변하지 아니하며
무너지지 아니함이니라.
10 그러니 내가 너희들에게 사람을 보되
너희들이 겉모양을 보지 말며 내면의
사람을 보라 하였으니,
11 너희들은 그것이 인간의 선하고 착한
그 마음으로써 내면을 보고 외면을 보
는 것이라 그리 생각할 것이니라.

12 그러나 이제 나의 아들을 따르는 제자들이요, 만백성을 구하는 대업을 이룰 너희들은 네 동반자요, 너희들의 이웃이요, 너희들과 같이 갈 수 있는 백성들을, 마음이 온순하고 착하고 착하지 아니하는 것으로써 모두를 선별하려 하지 말라.
13 그것으로써 너희들이 모두가 선별되며 이루어지는 것이 아니니라, 사랑하는 나의 아들딸들아!
14 너희들은 무엇을 봐야 되는가?
15 그가 과연 진실된 믿음이요, 얼마나 굳건한 믿음으로 가는가, 그 믿음의 마음을 봐야 되는 것이니, 믿음의 마음을 보도록 그리해야 되느니라.
16 그러니 그 믿음의 마음은 또한 어떠한 것인가?
17 진정한 믿음이요, 참진리의 믿음의 길을 가는 백성인가, 그렇지 않으면 잘못된 믿음의 길을 가는 자인가, 허황된 믿음의 길을 가고 있는 자인가,
18 그와 같이 허황된 믿음의 길을 가는 백성, 또한 너희들이 인간의 마음이 선하고 착하여 어렵고 힘들 때 넘어지는 것처럼, 그와 같은 믿음으로 가는 백성은 그들이 무너지며 스스로 포기하며 스스로 쓰러지는 그와 같은 것을 맞이하게 됨이니라.
19 그는 나 여호와의 진리요, 내 뜻이 아니기에, 너희들이 정녕 나 여호와의 뜻에 의하여 참진리의 믿음의 길을 가는 백성인가 아닌가, 그것까지도 들여다볼 수 있으며 분별할 수 있는 능력을 가져야 되는 것이니라.
20 모든 백성들은 인간으로서 선한 마음으로써 그를 평가할 것이니라.
21 그러나 너희는 진정한 믿음의 길을 가는 백성을 볼 줄 알아야 되며,
22 진정한 믿음이 아니요, 위장된 믿음으로써 가는 백성들의 사악한 마음, 그를 들여다볼 줄 아는 그와 같은 지혜를 얻어야 되며,
23 그와 같이 인간의 내면과 외면을 볼 수 있는 깨달음을 얻으라는 것은, 바로 그와 같은 것에 실수하지 말라 내가 명하는 것이니라, 사랑하는 나의 아들딸들아!

12,332 번째 하나님 말씀

2004년 7월 22일 18시 57분

1 사랑하는 나의 아들아!
2 "네, 아버님! 말씀하옵소서."
3 나는 나의 아들에게 전하여 너희들에게 깨우쳐 주었음이니라.
4 너희들이 하늘에 보물을 쌓아 놓는다는 것, 금화와 은화를 하늘에 많이 쌓아 놓아야 복을 받는다 말하는 자, 그들이 거짓된 자들이요, 사기요, 너희들을 혼란케 하는 자라 내가 그리 말하였느니라.
5 하늘에는 보물을 쌓아 놓을 곳도 없으며 쌓아 놓을 필요도 없으니, 첫째는 그와 같은 보물이 필요치 아니함이니라.
6 너희들이 보물이요, 금화와 은화라는 것은 살고 있는 이 지상에 있는 것이요, 그와 같이 지상에서 필요한 그것이 어찌하여 하늘의 보물이요, 하늘에 그를 쌓아 놓을 수 있다 말하더냐?

7 그와 같은 것은 나의 하늘에서는 보물
이 아니며, 천국에서는 그것이 티끌만
도 못한 것이라 하지 아니하였더냐?
8 그러니 그 오물밖에 되지 아니하는 것
을 너희들이 어찌하여 하늘에 쌓아 놓
는다 그리 가르치느냐?
9 그리고 그것들은 하늘나라에 올 수도
없음이니라.
10 천사만이 하늘나라에 올 수 있음이니,
너희들이 보물이라 하는 그 금화와 은
화의 그 때 묻고 추한 것이 묻어 있는
그것이 어찌하여 하늘에 오른다 생각
하느냐?
11 그러니 너희들이 그와 같은 착각 속에
서 깨어나며, 거짓된 자들에게 현혹되
지 말라.
12 지상의 금화와 은화는 너희들의 인간
의 세상에서 거래하는 것이지, 그것이
하늘나라에 무슨 관계가 있으며 이해
관계가 거기 있다 말하느냐?
13 그러니 그와 같은 짓을 하여 거둬들이
지 말라 그리 전하도록 하며, 그들에
게 더 이상 바치는 어리석은 행위를
하지 말라.
14 나 여호와가 너희들에게 뭐라 말하였
느냐?
15 내가 너희들에게 내리는 그 상과 은혜
도 부서지고 깨지고 너희들이 잃어버
리는 것이 아니라, 써도 써도 닳지 아
니하며, 줄지 아니하며, 부서지고 깨
지지 아니하며, 잃어버릴 수 없는 것,
그와 같은 것이라 하지 아니하였더냐?
16 내가 내리는 상이 그러하거늘, 어찌하
여 내가 인간 세상의 오물만도 못한
것을 보물이라 하겠느냐?
17 너희들에게 필요한 금화와 은화라는
것은 너희들에게 소중한 것이지, 나
여호와에게 소중하더냐?
18 그러니 그와 같은 것을 가지고 너희들
이 지금 하늘에 오를 수 있다 없다 평
가하고 그를 점수 매기는 어리석은 짓
을 하지 말며,
19 그들에게 현혹되어, 거듭나는 영광의
은혜를 잃지 말도록 그리하라, 사랑하
는 나의 아들딸들아!
20 너희들의 재물이요, 그와 같은 것은
나와는 아무런 관계도 없으며 필요치
않으니라.
21 너희들의 손으로 지은 교회 또한 죄의
온상이요, 그리하여 나와 관계없다는
것을 알라.
22 아무리 지상의 전부를 너희들이 나에
게 바친다 해도 그것이 다 부질없는
것이요, 나와는 관계없는 것이라는 것
을 알라, 사랑하는 나의 아들딸들아!
23 그 모든 것이 하늘나라에 필요한 것이
아니니라.
24 너희들이 그리 나에게 필요한 것처럼
나의 피조물 만백성들을 현혹하는 헛
된 신앙이요, 믿음의 길을 가지 말라
하라.
25 그와 같은 것은 다 부질없는 짓이요,
나를 욕되게 하는 것이요, 하늘을 욕
되게 하는 짓이요, 하늘을 더럽히는
행위를 하는 것이라는 것을 명심하고
또 명심하도록 그리하라.
26 헛된 신앙의 믿음의 생활을 하고 있기
에 너희들이 썩어질 대로 썩어졌으며,
너희들의 육은 그대로 들림을 받을 수
있다, 그리고 너희들이 육을 가진 채

로 하늘에 오를 수 있다 그와 같은 말
을 하는 것이니라.
27 정녕 하늘나라에는 재물이 필요도 없
으며, 그와 같은 지상의 보물은 인간
세상에서 필요한 것이지, 나에게는
관계없다 하였음이니,
28 그 썩을 대로 썩은 육이요, 썩어져 가
는 그 육을 가지고 너희들은 들림을
받아 그대로 하늘에 오르는 영광을 얻
었다는 그와 같은 말을 하지 말며,
29 그와 같은 기대 속에 허황된 믿음이
요, 꿈속의 믿음에서 헤매지 말라.
30 그와 같은 것은 있을 수도 없으며 그
와 같은 것은 역사하지 아니함이니라.
31 나 여호와가 명확히 나의 새로운 성경
에 기록하여 너희들에게 전하느니라.
32 너희들이 이제는 그 무지 속에서 맹신
하는 믿음에서 벗어나라.
33 잘못된 종교 지도자들 밑에서 벗어나
지 못하고 지금 그와 같이 가는 신도
너희들, 그들이 정신을 차리지 아니하
면 거듭날 수가 없음이니라.
34 그러니 스스로 정신을 차리고 냉정을
찾아서 더 이상 속지 말며 바른 믿음
의 길을 가도록 그리하라.
35 그리고 그들을 단죄하는 데 너희들이
앞에 서야 될 것이니라.
36 잘못된 신앙의 테두리에서 벗어나지
못하고 너희들이 얽매어 착각 속에서
오류를 범하고 또 범하고 있다면, 결
국 너희들은 나로부터 버림을 받는 길
밖에 없다는 무서운 사실을 알라 그리
전함이니라.

12,333 번째 하나님 말씀

2004년 7월 23일 05시 35분

1 사랑하는 나의 아들아!
2 "네, 아버님! 말씀하옵소서."
3 나의 피조물 만백성 너희들이 살아가
면서 지난 것은 다 버리며 새것을 취
하는 그와 같은 마음의 형태로써 살아
가느니라.
4 그러나 나의 아들을 따르는 제자들이
요, 나로부터 선택된 너희들은 지난
역사의 모두를 버리는 것이 아니라,
5 그것을 너희들이 오늘에 거울로 삼아
너희들을 다스려 나가는 데 그와 같은
도움의 기초가 되도록 그리하여야 됨
이니라.
6 너희들이 이 세상에 가장 위대한 거울
은 무엇이라 하였느냐?
7 네 앞에 있는 사람이요, 너희들의 형
제요, 네 이웃이요, 다른 사람들의 살
아가는 모습을 보는 것이 가장 큰 거
울이라 하였느니라.
8 그러니 너희들이 과거사에 역사한 것,
지나온 과거의 그 모두를 중요한 거
울로써 쓸 줄 아는 사람이 현명한 백
성이요,
9 그를 지워 버리고 잊어버리고 하는 백
성은 현명한 백성이 되지 못함을 알라.
10 내가 너에게 보여 주었듯이, 너를 따
르는 제자들이요, 너 또한 그러하니라.
11 모두가 과거의 것은 지워 버리며 오로
지 너희들이 새로운 것만을 찾는 그와
같은 마음 자세로 살아서는 제대로 다
스려져 나갈 수가 없음이니라.
12 그러니 구약과 신약이요, 그것 또한

그러하니라.
13 새로운 성경이 세상에 나왔음이니, 그
것만이 위대하며 새로운 성경으로써
너희들이 모두를 역사하고자 한다면
아니 됨이니라.
14 그러니 너희들은 구약과 신약의 그
과거에 먼저 역사했던 것을 거울삼아
야 될 것이며, 그곳에서 전하고 깨우
치고자 하는 그 뜻을 같이 깨우쳐 나
가는 현명한 사람으로서 살아가야 됨
을 잊지 말라.
15 그리하여 내가 너에게 그와 같이 한
장의 그림으로써 그를 다 보여 주었음
이니 그리 알라, 사랑하는 나의 아들
아!
16 나의 아들을 따르는 제자 너희들은
구약과 신약의 모든 역사했던 것을
지워 버리며 버리려 하지 말라.
17 그것이 또한 너희들을 받치며 다 같
이 이루어져 가야 되는 것이기 때문이
니라.
18 오늘의 믿음의 길을 가는 종교 집단의
지도자들이 획을 긋느니라.
19 과거는 과거요, 현재는 현재고 미래는
미래라 하여 저희들이 과거를 인정하
지 아니하며, 과거는 다 지나간 것이
라 하며,
20 나의 아들 예수가 나오며 신약의 성
서가 세상에 나오니, 모두는 다 지워
버리고 끝난 것이라, 과거에 얽매어서
매달리는 것은 사탄이요, 이단이 하는
짓이라 너희들이 그리 말하느니라.
21 그러면서 또한 너희들이 어찌 가는가?
22 지금 내가 새로운 성경을 나의 아들을
통하여 너희들을 구원하고자 내리나,
이는 또 사탄이요, 마귀라 그리 말하
니,
23 이게 과거를 인정하지 아니하며 과거
의 소중함이요, 과거의 거울을 볼 줄
모르는 어리석은 백성들이요,
24 너희들이 과거의 거울을 보지 아니하
며, 미래에 펼쳐지는 그 미래의 거울
을 보지 아니하고 어찌하여 역사할 수
있단 말이더냐?
25 그러니 나의 아들을 따르는 제자들이
요, 그리고 나로부터 선택된 백성, 너
희들은 과거의 묵은 것을 소중히 하
는 그와 같은 마음을 가지고 살라.
26 인간관계에서도 그리 가야 될 것이요,
그리하여 내가 특별히 너희들에게 이
뜻을 전함이니, 깊이 깨우쳐 음미하도
록 하라.
27 모두가 가운데에서 과거와 미래를 다
버리는 어리석은 오류를 범하고 있는
그와 같은 백성을 닮지 말며,
28 너희들은 오로지 미래가 있으며 또 과
거가 있으며 현재가 존재하는 이와 같
은 현명한 속에서 깨우쳐 가도록 그
리하라, 사랑하는 나의 아들딸들아

부 록

【하나님께서 가르쳐 주신 운동】

천재지변이 일어날 때, 동물이나 미물들은 미리 알고 대피하지만, 인간은 알지 못하고 큰 화를 당합니다. 하나님께서 인간에게 가장 높은 지혜를 주시고 완벽하게 창조해 주셨기에 동물들보다 더 잘 알 수 있지만, 욕심으로 마음이 혼탁해져서 한 치 앞을 보지 못하는 것입니다.

마찬가지로, 인간은 누구나 스스로 필요한 운동을 해서 건강을 지킬 수 있도록 하나님께서 만들어 주셨습니다. 우리의 머리에서 우리 몸에 필요한 동작을 해 달라고 끊임없이 신호를 보내지만, 인간이 혼탁하게 살아서 그 신호를 알아채지 못합니다. 그러니 자연스럽게 자기 몸이 원하는 그 신호를 따라서 운동하는 것이 하나님께서 가르쳐 주신 운동 방법입니다. 바로, 우리의 영이 육을 이끄는 운동입니다.

▶ 하나님 운동법

1. 눈을 감고, 발을 어깨너비로 벌리고 바르게 선다.
2. 몸에 힘을 풀고, 허리를 숙이면서 손과 머리를 아래로 내린다.
3. 허리를 펴고 싶을 때, 천천히 펴면서 하고 싶은 동작을 하면 운동이 시작된다. (사람마다 다르다.)
4. 멈추지 말고, 어떤 동작이든지 자기 몸의 느낌대로 계속 이어서 한다.

▶ 참고 사항

① 눈을 감은 상태로 아무 생각 하지 않고, 자기 몸의 느낌대로 움직입니다.

② 마음을 비우고, 욕심을 버리고, 지난날의 잘못을 반성하면서 몇 차례 시도하다 보면, 자기도 모르게 하고 싶은 동작이 끊임없이 생깁니다.

③ 운동 장소는 방 안이든 운동장이든 관계없으며, 걷거나 달리고 싶을 때는 눈을 떠도 됩니다.

④ 매일 40분 이상, 주 4회 이상, 3개월 이상 하면 음식 조절에 들어갑니다.
- 음식으로 생긴 병은 음식으로 치료하게 되며, 어떤 음식을 먹어야 하는지 스스로 알게 됩니다.
(자기 몸에 필요한 음식만 먹고 싶어집니다.)

⑤ 사랑하는 사람과 함께 운동하면 서로 치료해 주기도 합니다.

⑥ 운동을 하다가 몸의 어느 한 부분을 계속 손으로 자극한다면 그쪽에 이상이 있는 것이니, 의사에게 상담을 받고 적절한 치료를 받으면 됩니다.

⑦ 다이어트 및 기타 건강관리에 효과적입니다.

⑧ 꾸준히 운동하여 영이 맑아지면, 자신의 과거와 미래를 스스로 보게 됩니다.

누구나 스스로 하실 수 있습니다.

간 행 사

《새로운 성경》은:

· 새로운 성경은, 하나님께서 선량하고 선한 자를 선택하여 십계명을 암송하도록 하시고, 십계명을 암송한 다음에 음성으로써 들려주시는 말씀을 듣고 그대로 카세트테이프에 녹음해서 받아쓴 책입니다.

· 90분짜리 녹음테이프 700여 개에 달하는 말씀으로, 1999년 8월부터 2004년 7월까지 총 160권(권당 288쪽)을 완성하였으며, 그 이후에도 현재까지 계속 말씀을 내려 주고 계십니다.

· 새로운 성경은 "하늘을 두루마리 삼고 바닷물을 먹물 삼아 쓰고 써도 다 못 쓴다"는, 끝없이 방대한 하나님의 말씀이 두루마리로 직접 내려오는 것입니다. 이러한 새로운 성경은 구약과 신약을 폐하려는 것이 아니라 "인봉된 성서의 비유의 뜻"을 상세히 설명하여 완성하고자 하나님께서 직접 내려 주신 말씀입니다.

《새로운 성경》의 구성:

· 제 목: 2013년, 160권 모음집을 발간하면서, 본 도서의 제목을 "하나님! 말씀하옵소서"에서 《새로운 성경》 으로 명해 주셨습니다.

· 단행본: 각 권당 288쪽(신국판) 책이 160권까지 시리즈로 출판됩니다.
(모음집은 단행본을 16권씩 묶어서, 총 10부로 구성됩니다.)

《새로운 성경》의 성경적 근거:

· 신약 성경 [요한복음] 16장 13절에 "진리의 성령이 오시면 그가 너희를 모든 진리 가운데로 인도하시리니 그가 자의로 말하지 않고, 오직 듣는 것만을 말하며" 하신 말씀처럼 하나님의 음성을 들은 것만 기록하였으며,

· "장래 일을 너희에게 알리시리라" 하신 말씀과 같이 개인, 나라, 인류의 "장래"일을 하나님께서 알려 주시는 것만 기록하여 책으로 만들었습니다.

《새로운 성경》의 기록 방법:

· 1999년 8월부터 하나님께서 저에게 들려주시는 음성을 기록하였습니다. 처음에는 제가 들은 말씀을 불러 주면 저의 아내가 기록하여, 2000년 1월 29일에 1권 초판이 세상에 나왔습니다. 2000년 4월부터는 주시는 말씀을 받아 녹음기에 기록하기 시작하였습니다.

· 녹음을 시작하면서 하나님의 말씀을 받는 데 가속도가 붙었고, 2001년 5월 3일에 1부(1~16권까지)를 인쇄하여 출판하였으며, 2004년 7월까지 총 160권 분량의 말씀을 받아 기록하였습니다.

하나님께서 저에게 주신 것은:

· 첫째, 만백성을 상대로 내려 주시는 "기도", 둘째, 수시로 내려 주시는 "묵상", 셋째, 개인의 과거, 현재, 미래를 알려 주시는 "개인 기도", 넷째, 개인의 건강을 위해서 내려 주시는 "음식 처방", 다섯째, 하나님께서 가르쳐 주신 "운동"등이 있습니다. 이 중에 첫 번째, "기도"를 책으로 편찬하였습니다. 사람의 생사, 개인의 미래에 관한 천기는 수록하지 말라 하셨습니다.

강론 안내:

· 하나님께서는 지금도 매일 저에게 새로운 하늘의 비밀의 말씀을 내려 주고 계십니다. 수시로 내려 주시는 말씀을 정리해서 제자를 육성하라는 말씀에 따라 매주 강론을 하고 있습니다. 누구나 무료로 들으실 수 있습니다. (book160.com)

《새로운 성경》을 읽는 분들에게 드리는 선물:

· 개인 기도: 개인의 과거, 현재, 미래에 관하여 말씀을 내려 주십니다.

· 음식 처방: 사람은 음식을 먹고살다가 건강을 잃으니, 음식과 운동으로 건강을 되찾는 방법을 알려 드립니다. 단, 하나님이 계심을 믿고, 십계명을 지키겠다고 진실로 서약하는 분들께 알려드립니다.

《새로운 성경》의 은혜와 기적:

· 새로운 성경 전160권은 16권씩 묶어서 총 10부의 모음집으로 구성됩니다. 모음집 한 부를 읽고 깨우치는 자에게 하나님께서 다음과 같은 기적이 있다고 하셨습니다.

· "첫째, 그가 죽어 하늘에 갔을 때 그의 죄를 묻지 아니하며, 구원을 받는 위대한 은혜가 있으며, 둘째, 그의 소원과 소망이 이루어지고, 셋째, 죽은 자(부모, 형제, 자식, 사랑하고 은혜 입은 분)의 이름으로 구입한 책을 읽고 누군가 한 사람이 깨우칠 때, 그 죽은 자가 지옥에서 천국으로 구원을 받게 되며, 넷째, 유산, 중절 수술 등으로 태어나지 못한 아이를 위하여 구입한 책을 보고 한 명이 깨우쳤을 때, 그 아이가 사람으로 다시 한 번 태어나는 은혜를 받는다."

· "새로운 성경"을 3회 이상 정성을 다해 정독하는 자, 성서의 비밀을 알게 되고, 세상의 이치를 알게 되며, 세상을 지배하고 통제할 수 있는 지혜를 다 얻게 된다고 하셨습니다. 이 책은 만백성이 정독하고 이웃에게 전하여, 평생 가슴에 묻은 슬픔과 고통의 짐을 벗고 미래를 위한 힘찬 삶을 살아가도록 하는 책입니다.

끝으로

· 하나님께서는 흰 눈이 세상을 덮듯이 새로운 성경을 온 세상에 전하라고 하셨습니다. 《새로운 성경》을 각국어로 번역해서 온 인류에게 구원의 길을 깨우쳐 주고, 그 수익으로 가난하고 어려운 백성을 구제하여, 만백성의 영과 육을 함께 구원하는 선지자의 임무를 수행하라고 저에게 명하셨습니다.

· 하늘에서 내려 주신 말씀의 보화를 만백성에게 나누어 주는 것이 선지자의 임무라고 하셨습니다. 새로운 성경을 통해서 얻는 재물을 사용할 곳도 하나님께서 일일이 명해 주십니다. 모든 재물은 저의 자의로 쓸 수 없고, 하나님께서 명하시는 대로만 쓰여집니다.

· 어떤 명분으로든 십일조나 각종 헌금을 거두어들이지 말라 하셨으며, 국내뿐 아니라 각국에 성전과 단독 서점을 운영하며, 한국의 많은 젊은이들을 전 세계에 지도자로 내보내라고 하셨습니다.

· 우리는 세계적으로 새로운 성경을 보급하며 어려운 이들을 돕는 역사를 해 나갈 것입니다. 지금까지 비록 몇 명 안 되는 제자들과 함께 이러한 일을 역사했지만, 앞으로도 계속 하나님께서 기뻐하시는 일들을 해 나갈 것입니다. 부족한 저희에게 여러분들의 지혜와 성원을 보내 주시기를 바랍니다. 많은 분들의 참여와 도움을 간절히 기다립니다. 감사합니다.

한국어로 내려온 《새로운 성경》 단행본을 출간하며
2016년 4월 10일

발행인 **김 용 철**

한국어로 내려온

새로운 **성 경** · 10부 · 제160권

지은이 하나님 말씀
대역자 김용철

초판인쇄 1쇄 2017년 2월 1일
2쇄 2017년 6월 21일

펴낸 곳 도서출판 하얀마음
등록번호 제 10-2107호 (2001년 2월 14일)
주소 서울시 노원구 덕릉로86길 5, 2층
전화번호 02) 313-1114
팩스 02) 393-5554
전자우편 book160@hanmail.net
편집위원 조나영 김미향 이석교
제작지원 김서영 이상빈

도서상담 1600-7527
ISBN 978-89-5875-260-8 (04230)
978-89-5875-100-7 (세 트)

값 10,000원
잘못된 책은 구입하신 곳에서 바꾸어 드립니다.

※이 책은 10부로 제작되며, 각 부 16권씩 총160권으로 구성됩니다.※

1부	2부	3부	4부	5부	6부	7부	8부	9부	**10부**
1권	17권	33권	49권	65권	81권	97권	113권	129권	145권
2권	18권	34권	50권	66권	82권	98권	114권	130권	146권
3권	19권	35권	51권	67권	83권	99권	115권	131권	147권
4권	20권	36권	52권	68권	84권	100권	116권	132권	148권
5권	21권	37권	53권	69권	85권	101권	117권	133권	149권
6권	22권	38권	54권	70권	86권	102권	118권	134권	150권
7권	23권	39권	55권	71권	87권	103권	119권	135권	151권
8권	24권	40권	56권	72권	88권	104권	120권	136권	152권
9권	25권	41권	57권	73권	89권	105권	121권	137권	153권
10권	26권	42권	58권	74권	90권	106권	122권	138권	154권
11권	27권	43권	59권	75권	91권	107권	123권	139권	155권
12권	28권	44권	60권	76권	92권	108권	124권	140권	156권
13권	29권	45권	61권	77권	93권	109권	125권	141권	157권
14권	30권	46권	62권	78권	94권	110권	126권	142권	158권
15권	31권	47권	63권	79권	95권	111권	127권	143권	159권
16권	32권	48권	64권	80권	96권	112권	128권	144권	160권